# 로르샤흐 평가
# 실시와 채점

RORSCHACH ASSESSMENT:
ADMINISTRATION AND SCORING

로르샤흐 연구회 편저
김진영 · 고영건 · 김근향 · 김정호 · 민해원
이서윤 · 이승진 · 이원혜 · 이정애 · 임유진 공저

학지사

머리말

이 책은 한국임상심리학회의 로르샤흐 연구회에서 대표적인 심리검사 중 하나인 로르샤흐 검사(Rorschach test)의 출판 100주년을 기념하는 동시에 검사의 활용 가치를 높이기 위한 목적으로 집필한 것입니다. 로르샤흐 검사는 1921년 스위스의 정신과 의사인 헤르만 로르샤흐(Hermann Rorschach)가 처음 발표한 이래로 지금까지 대표적인 투사 검사로 자리매김하였습니다.

지난 100여 년간 로르샤흐 검사가 실증적·경험적 연구를 통해 한 개인을 이해하는 정신역동적 심리평가 도구로서 확고한 근거를 갖추고 있음에도 불구하고, 임상 현장에서는 많은 오해와 도전을 받아 왔습니다. 하지만 실제 임상 장면에서는 여전히 정신역동적 해석의 중요성이 강조되고 있습니다. 이러한 점을 고려해 볼 때, 유서 깊은 정신역동적 심리평가 도구로서 로르샤흐 검사가 가지고 있는 임상적 가치에 대해서는 그 누구도 평가절하할 수 없을 것입니다.

해외에서는 이러한 중요성을 고려해 1997년 존 엑스너(John E. Exner) 주도로 로르샤흐 연구회(Rorschach Research Council: RRC)가 설립되었으며 그의 사후에도 많은 연구자가 로르샤흐 검사를 발전시켜 나가기 위해 다양한 연구를 활발하게 진행하고 있습니다.

하지만 아쉽게도 국내에서는 로르샤흐 검사에 대한 공식적인 규준도 마련되어 있지 않을 정도로 관련 연구가 미흡한 실정입니다. 더 나아가 미국의 연구 결과가 국내에서도 적용 가능한지, 혹은 또 다른 새로운 해석이 가능한지 등 국내 실정에 맞는 다양한 검증 과정도 필요하지만 아직 미해결된 상황입니다.

이에 로르샤흐 연구회는 로르샤흐 검사만이 가지고 있는 임상적 가치를 발전적으로 계승하여 임상 현장과 우리 사회에 기여하고자 합니다. 또 로르샤흐 검사에 대한 지식과 기술을 집대성해 많은 임상심리전문가, 정신건강임상심리사, 임상심리초보 평가자, 임상심리 전공 대학원생들과 공유해 나가고자 합니다. 이를 통해 궁극적으로 미래지향적인 학문적 공동체를 결성함으로써 정신역동적인 심리평가 도구로서의 로르샤흐 검사의 임상적 가치를 시대적 요구에 맞게 계승, 발전시켜 나가는 동시에 로르샤흐 검사의 비전을 새롭게 제시하고자 합니다.

그 첫걸음으로, 본 연구회는 지난 2021년 한국임상심리학회 봄학술대회에서 로르샤흐 검사 출판 100주년을 기념하여 '한국에서의 로르샤흐 검사의 새로운 시작'이라는 심포지엄을 개최한 바 있습니다. 놀랍게도 그 심포지엄의 사전등록자는 621명이었고 당일에는 참석자가 1,000명을 넘기기도 했습니다. 이러한 수치는 한국임상심리학회 회원들이 로르샤흐 검사에 대해 가지고 있는 각별한 관심과 애정을 잘 보여 준다고 할 수 있습니다.

이 책은 로르샤흐 연구회의 두 번째 걸음이라고 할 수 있습니다. 임상 현장에서 근거기반 평가의 중요성이 강조되고 있는 시대적 요구에 발맞춰 로르샤흐 연구회에서는 이 책을 통해 로르샤흐 검사의 실시 및 채점 기준을 정교화하고자 합니다.

아마도 로르샤흐 검사를 실시하고 채점해 본 사람이라면 누구나 로르샤흐 검사의 실시와 채점이 결코 쉬운 작업이 아닐 뿐만 아니라, 실시 및 채점 과정에서의 표준화를 준수하기 위해서는 개선과 발전을 위한 꾸준한 노력이 필요하다는 점에 동의할 것입니다.

이 책은 교육현장을 포함해 다양한 임상 장면에서 로르샤흐 검사를 보다 정확하고 효율적으로 실시하고 채점할 수 있도록 돕기 위한 것입니다. 이를 위해 저자들은 지난 2021년 1월부터 9월까지 총 22회에 해당하는 세미나를 진행하였고 초안이 작성된 후에도 상당 기간에 걸쳐 연습문제와 실전문제의 완성도를 제고하기 위한 추가 작업을 하였습니다. 또 이 책의 주요 내용에 대해서는 임상 현장에서 활동하고 있는 임상심리전문가 열일곱 분에게 보내 초안 검토 작업을 진행하였습니다.

저자들은 이 책이 향후 한국 사회에서 '로르샤흐 검사의 슬기로운 활용'을 위한 초석이 되기를 간절히 바라고 있습니다. 장차 본 연구회에서는 로르샤흐 검사의 해석을 위한 가이드북 출간과 더불어 아동, 청소년 그리고 성인을 위한 한국 규준을 발표하기 위한 다각적인 노력을 기울여 나가고자 합니다. 이러한 작업들이 진행된다면, 아마도 그동안 현장에서 로르샤흐 검사와 관련해서 제기되었던 수많은 문제에 대해 비록 정답은 아니더라도 많은 전문가와 초보 평가자가 공유할 수 있는 좋은 답을 찾게 될 것입니다.

모든 저자가 주어진 현실적 여건하에서 최선을 다했으나 아마도 여전히 미흡한 점이 남아 있을 것 입니다. 앞으로 본 연구회는 세미나를 개최하는 등 지속적인 학술적 검토 작업을 통해 『로르샤흐 평가: 실시와 채점』의 완성도를 높이기 위해 계속 노력하겠습니다. 장차 로르샤흐 검사가 우리 사회에서 지금보다 더 큰 기여를 할 수 있도록, 로르샤흐 검사에 관심과 애정을 갖고 있는 분들의 많은 조언과 성원을 부탁드립니다.

2023년
저자 대표 김진영, 고영건

**감사의 글**

　먼저,『로르샤흐 평가: 실시와 채점』의 필요성을 인정해 출판을 진행해 주신 학지사의 김진환 대표님과 편집을 담당하신 박나리 선생님 등 모든 출판사 관계자분들께 감사의 말씀을 드립니다. 그리고 본 연구회의 간사로서 연구회의 크고 작은 일들을 위해 수고해 준 김현정 선생님에게도 감사의 마음을 전합니다. 아울러 저자들 외에 이 책의 초안을 검토하고 귀중한 의견을 주신 임상심리전문가 열일곱 분께 마음속 깊이 감사드립니다(아래 가나다순 기재).

김설민(건국대학교병원 정신건강의학과)　　김소형(국립나주병원)

김주용(전남대병원 정신건강의학과)　　　　남궁선(중앙보훈병원)

문가영(계요병원)　　　　　　　　　　　　박선주(화성시청)

박수미(한남대학교 상담심리학과)　　　　　박은희(한림대학교 평촌성심병원)

성태훈(지우심리상담센터)　　　　　　　　원성두(대구가톨릭대학교 심리학과)

이든샘(계요병원)　　　　　　　　　　　　이성애(경희대학교병원)

이소라(중앙보훈병원)　　　　　　　　　　임소영(한림대학교 동탄성심병원)

정승아(조선대학교 상담심리학과)　　　　　조은정(전북대학교병원 정신건강의학과)

황인애(포티파이)

# 차례

**제1부  로르샤흐 평가의 실시와 채점**

**제1장  로르샤흐 평가의 실시 절차 ___ 17**

**제2부   학습 점검 퀴즈와 채점 연습**

# 『로르샤흐 평가: 실시와 채점』을 위한 안내

◧ 이 책에서는 국립국어원 외래어표기법에 따라 'Rorschach'를 '로르샤흐'로 번역하였다.

◧ 이 책은 엑스너(John E. Exner, Jr.)의 종합체계(Comprehensive System)에 기초해 작성되었다. 엑스너 종합체계와 관련해 주로 참고한 문헌은 다음과 같다.

- Exner, J. E., Jr. (2001). *A Rorschach workbook for the comprehensive system* (5th ed.). Asheville, NC: Rorschach Workshops.
- Exner, J. E., Jr. (2003). *The Rorschach: A comprehensive system: Basic foundations and principals of interpretation* (Vol. 1., 4th ed.). Hoboken, NJ: John Wiley & Sons, Inc.

◧ 본문 중 **고딕체**로 표기된 부분은 엑스너의 종합체계에서 명확하게 소개되지 않았으나 로르샤흐 연구회에서 엑스너의 종합체계를 바탕으로 연역적으로 추론하거나 임상 현장에서 전통적으로 계승되어 온 내용들을 정리한 것이다.

제1부

# 로르샤흐 평가의
# 실시와 채점

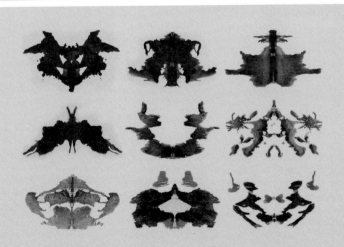

# 로르샤흐 평가의 실시 절차

 아마 여러분은 이전에 한 번쯤 로르샤흐 검사에 관한 이야기를 들어 본 적이 있을 것이다. 어쩌면 수업에서 배웠거나 스스로 책을 찾아 공부했거나 직접 로르샤흐 검사를 받아 봤을 수도 있다. 만약 로르샤흐 검사를 직접 받아 본 적이 없다면, 이 책을 읽기 전에 반드시 검사를 받아 볼 것을 권한다. 로르샤흐 검사를 받아 보기 전에 이 책을 읽게 된다면, 자신의 내면세계를 의미 있게 탐색해 볼 기회를 영원히 잃어버리게 될 것이기 때문이다.

 이전에 로르샤흐 검사를 받아 본 적이 있다면, 로르샤흐 검사를 받았을 때의 경험을 떠올려 보자. 평가자는 먼저 수검자에게 10장의 카드를 차례로 보여 주고 각 카드에 대해 응답하게 한 다음, 카드를 처음부터 다시 보여 주면서 앞서 응답한 내용에 대해 조금 더 자세한 설명을 요청했을 것이다. 그 후, 평가자는 수검자의 반응을 로르샤흐 언어로 채점하고서 이를 바탕으로 검사 결과를 수검자에게 해석해 주었을 것이다.

 이렇게 큰 흐름 정도만 살펴보면, 로르샤흐 검사는 웩슬러(Wechsler) 지능 검사와 같이 실시 절차가 복잡한 심리검사들보다는 비교적 실시하기가 쉬운 검사처럼 보일 수 있다. 그러나 실제로는 결코 그렇지 않다. 평가자가 숙련되지 않은 상태에서 진행한다면, 로르샤흐 검사의 진가가 발휘되기 어렵다. 로르샤흐 검사를 올바르게 실시하고 채점하기 위해서는 체계적인 훈련이 필요하며, 로르샤흐 검사의 해석 과정 역시 높은 수준의 숙련도를 필요로 한다. 평가자가 이러한 숙련도를 갖춘다면, 로르샤흐 검사는 임상 현장에서 분명히 유용하게 활용될 수 있다. 로르샤흐 검사는 다른 어떤 심리검사보다도 수검자의 내면을 깊이 있게 이해하는 데 도움이 되는 정보를 풍부하게 제공하기 때문이다.

이 장에서는 로르샤흐 검사의 실시와 관련된 내용을 구체적으로 살펴보고자 한다. 그리고 나서 로르샤흐 검사의 채점에 관해 살펴볼 것이다. 이 순서는 로르샤흐 검사의 진행 순서와 같다. 사실 로르샤흐 검사에서 실시 과정과 채점 과정은 긴밀하게 연관되어 있다. 로르샤흐 검사를 잘 실시하기 위해서 평가자는 채점의 원리를 숙지하고 있어야 한다. 즉, 채점의 원리를 잘 이해하고 있어야 검사를 실시하면서 채점하는 데 필요한 정보들을 효과적으로 수집할 수 있다. 먼저, 이 책을 순서대로 읽으면서 실시와 채점 방법을 익히고 난 후, 다시 실시 부분으로 돌아와 여러 차례 반복해서 읽어 보기 바란다. 로르샤흐 검사의 실시 및 채점 과정을 통합적으로 이해하는 데 도움이 될 것이다.

## 1. 검사 실시 전 고려사항

로르샤흐 검사를 실시하기에 앞서 평가자는 스스로 로르샤흐 검사를 실시할 만한 준비가 되어 있는지 점검해 볼 필요가 있다. 로르샤흐 검사를 실시할 준비가 충분히 되어 있지 않다면 검사를 전문적으로 활용하기 어려울 뿐만 아니라, 윤리적으로도 중요한 문제가 발생할 수 있으므로 검사를 실시하기 전에 평가자는 필수 역량을 갖추어야 한다.

## 1) 로르샤흐 검사를 실시할 수 있는 평가자인가

| 🍃 핵심 요약 | |
| --- | --- |
| 로르샤흐 검사 평가자의 자격 | □한국심리학회 공인 임상심리전문가 또는 보건복지부 공인 정신건강임상심리사 1급<br>□상기 자격을 가진 전문가의 지도를 받는 수련생(대학원 재학생, 정신건강임상심리사 2급 포함) |
| 로르샤흐 검사를 위한 교육 | □임상심리전문가 또는 정신건강임상심리사 1급의 지도 하에 로르샤흐 종합체계 매뉴얼 학습<br>□한국임상심리학회 산하 로르샤흐 연구회에서 인준하는 로르샤흐 교육 프로그램 이수 |

평가자는 로르샤흐 검사에 관한 충분한 전문성을 갖춰야 한다. 그러기 위해서는 심리학 전반에 걸쳐 풍부한 지식을 갖추고 있어야 하며 로르샤흐 검사의 특성을 잘 이해하고 있어야 한다. 로르샤흐 검사의 실시 및 해석을 위한 기본적인 자격은 체계적인 임상 수련을 받은 후 임상심리전문가 또는 정신건강임상심리사 1급에 준하는 자격을 취득한 경우이다. 대학원 재학생, 정신건강임상심리사 2급의 경우에는 상기 자격을 가진 전문가의 지도를 받는 조건하에서 실시할 수 있다. 로르샤흐 검사의 기본적인 실시 자격을 갖추었더라도 검사를 제대로 활용하기 위해서는 실시와 채점 방법을 숙지해야 한다. 이 책에 담긴 실시 및 채점 훈련 프로그램을 이수하면 로르샤흐 평가자로서 유능성을 갖추는 데 도움이 될 것이다. 따라서 로르샤흐 검사를 정확하게 실시하기 위해서는 실시 및 채점 방법에 관한 설명을 읽는 데서 그칠 것이 아니라, 반드시 이 책에서 소개하는 것과 같은 수준의 실시 및 채점 훈련 과정을 이수해야 한다.

## 2) 로르샤흐 검사를 실시하기에 적합한 수검자인가

> **☾ 핵심 요약**
> □ 수검자가 아동인 경우, 언어적인 의사소통이 원활한가?
> □ 수검자에게 지적장애나 신경인지장애가 있어 인지 기능의 손상이 심각한 수준인가?
> □ 로르샤흐 검사를 통해 평가자가 수검자에 관해 알고 싶어 하는 정보를 얻을 수 있는가?
> □ 로르샤흐 검사를 통해 수검자가 자신에 관해 알고 싶어 하는 정보를 얻을 수 있는가?

### ◆ 수검자의 특성

엑스너(John E. Exner, Jr., 이하 엑스너)가 제작한 규준을 참고할 경우, 아동부터 노인에게까지 로르샤흐 검사를 실시할 수 있다. 그러나 의사소통이 원활하지 않거나 지적장애가 매우 심하다면 로르샤흐 검사를 통해 의미 있는 정보를 얻기 어려울 수 있다. 신경인지장애와 같이 인지 기능의 손상이 시사되는 경우에도 수검자의 상태를 신중히 판단해 검사를 시행해야 한다.

### ◆ 검사의 목적

기본적으로 로르샤흐 검사는 수검자의 심리적인 특성에 관한 깊이 있는 통찰을 제공해 줄 수 있다. 보다 구체적으로 로르샤흐 검사는 수검자의 정서 상태나 자신에 대한 느낌, 대인관계, 정보 처리에서의 지각적 특징 등을 알아보는 데 유용하게 활용될 수 있다.

평가자는 수검자가 로르샤흐 검사를 받는 이유가 무엇인지, 검사를 통해 무엇을 알고 싶어 하는지를 확인해야 한다. 그래야 로르샤흐 검사를 해석할 때 초점을 어디에 맞춰야 하는지를 가늠할 수 있으며 수검자에게 도움이 되는 방식으로 검사를 실시하고 해석할 수 있기 때문이다.

필요하다면 평가자는 검사를 실시하기에 앞서 수검자에게 로르샤흐 검사의 목적을 설명해 주어야 한다. 의외로 수검자들은 로르샤흐 검사의 목적을 명확하게 알지 못한 채 검사에 임하는 경우가 많다. 그럴 때는 최근의 스트레스 상황은 무엇인지, 삶에서의 지속적인 고민거리는 없는지, 대인관계에서 불편한 점이 무엇인지 등에 관해 물어보는 것이 도움이 될 수 있다.

◆ **수검자의 동의**

마지막으로 로르샤흐 검사를 실시하기 전에 검사의 효율적인 진행 및 평가자와 수검자 간 협조적인 관계를 맺기 위해 수검자의 동의를 받아야 한다. 일반적으로 수검자가 스스로 원하거나 평가자가 필요하다고 판단할 때 심리평가가 진행된다. 의료체계 내에서는 의사가 심리평가를 의뢰하기도 한다. 어느 경우든 수검자에게 로르샤흐 검사에 대해 설명하고 검사 자료의 활용 목적과 범위에 대한 동의를 받아야 한다. 이때 가능하면 서면으로 동의를 받는 것을 추천한다. 수검자가 검사를 거부할 경우에는 반드시 그 이유를 확인해야 한다. 수검자가 심리평가에 대해 부담을 느끼거나 심리평가 결과에 대해 염려할 수도 있고 심리평가의 필요성을 못 느낄 수도 있다. 혹은 정신의학적 증상이 심각하여 합리적으로 판단하기 어려운 상황일 수도 있다.

평가자는 수검자의 권리를 존중해야 하지만 수검자가 검사에 대해 동의하지 않는 경우에는 로르샤흐 검사의 방법과 목적 등에 대해 이해할 수 있도록 충분히 설명해야 한다. 이때 로르샤흐 검사를 실시하는 목적이 현재 겪고 있는 어려움을 해결하고 수검자가 더욱 성숙하고 행복하게 살 수 있도록 돕기 위함임을 강조하는 것이 검사에 대한 동의를 구하는 데 도움이 될 것이다.

## 3) 로르샤흐 검사의 실시 순서 및 단독 실시

> ◎ **핵심 요약**
> □ 종합심리평가에 포함된 경우 실시 순서를 고려하기
> □ 단독으로 실시될 경우 자기보고식 검사 또는 면담을 함께 실시하여 해석적 가치를 더하기
> □ 이전에 실시된 로르샤흐 검사 자료나 결과 보고서가 있다면 참고하기

일반적으로 로르샤흐 검사는 '종합심리평가'와 같은 심리검사 배터리(battery)에 포함시켜 실시된다. 이 경우 수검자의 방어나 저항을 줄이기 위해 로르샤흐 검사가 마지막에 배치되기

도 한다. 이처럼 종합심리평가에서 로르샤흐 검사가 마지막으로 실시될 때, 평가자는 수검자가 로르샤흐 검사를 지능검사처럼 정답이 있는 검사로 오인하거나 주제통각검사(TAT)처럼 이야기를 만들어 내는 검사라고 오해하지 않도록 주의해야 한다. 한편, 수검자의 특성이나 상태에 따라 로르샤흐 검사를 포함한 심리검사 세트의 실시 순서는 달라질 수도 있다.

로르샤흐 검사를 단독으로 시행하는 것이 가능한가? 본 연구회에서는 로르샤흐 검사 결과를 의미 있게 해석하기 위해서는 로르샤흐 검사를 단독으로 시행하기보다는 임상 현장에서 주로 활용되는 자기보고식 검사들(예: MMPI-2, SCT)과 함께 시행할 것을 추천한다. 아울러 구조화 면담 또는 반구조화 면담을 함께 실시할 것을 제안한다.

만약 수검자가 이전에 로르샤흐 검사를 이미 받은 적이 있다면 사전 검사 경험이 이후의 검사 과정에 영향을 미칠 수 있으며 검사 결과의 해석 과정에서 이전의 결과 보고서나 검사 자료를 함께 참고할 필요가 있기 때문에 평가자는 반드시 수검자의 검사에 대한 사전 경험 여부를 확인해야 한다. 또 최근에는 인터넷 등을 통해 로르샤흐 검사 카드를 본 적이 있는 사람들도 많기 때문에 검사를 실시하기에 앞서 수검자가 로르샤흐 검사 카드를 본 적이 있는지, 있다면 어떤 경로를 통해서 보게 되었는지를 반드시 확인해야 한다. 이러한 정보는 로르샤흐 검사를 해석할 때 중요한 고려사항이 될 수 있다.


## 2. 검사 준비


### 1) 검사 환경

검사를 실시하는 과정의 첫 단계는 사전에 검사실의 환경을 점검하는 것이다. 검사실의 물리적 환경이 중요한 이유는 다음과 같다. 첫째, 수검자가 편안한 분위기에서 검사에 집중할 수 있도록 해야 한다. 둘째, 검사 자극 외에 다른 요소들이 수검자의 반응에 영향을 미치는 것을 방지하기 위해서이다.

### ◆ 검사실 환경

검사실은 소음이 없고 조용한 곳이 좋다. 수검자가 편안하게 검사에 임할 수 있도록 검사실은 깨끗하게 정돈되어 있어야 한다. 조명은 로르샤흐 검사 카드의 고유한 색채가 왜곡되지 않도록 적절한 밝기의 백색 조명을 켜 두는 것을 권장한다. 검사실 내 그림이나 책, 화분 등의 소품을 두는 경우 수검자의 반응에 영향을 미칠 수 있다는 점을 염두에 두어야 한다. 같은 원리로 평가자는 옷차림에도 신경을 쓰는 것이 좋다. 로르샤흐 검사에서 카드의 색상 자체가 중요한 특성 중 하나이므로 평가자는 지나치게 다채로운 색상의 옷이나 화려한 장신구를 피해야 한다. **또 평가자는 수검자에게 신뢰할 만한 인상을 주기 위해 사회-문화적인 관례에 부합되는 복장을 갖추기를 권한다.**

### ◆ 자리 배치

평가자와 수검자가 앉는 자리를 정하는 것은 매우 중요하다. 엑스너는 평가자와 수검자가 정면으로 마주 보는 위치를 피해야 한다고 제안하였다. 정면으로 마주 보는 위치를 피해야 하는 가장 중요한 이유는 수검자가 카드를 보고 반응할 때 평가자의 영향을 최소한으로 받게 하기 위해서이다. 하지만 임상 현장에서는 현실적인 제약 때문에 평가자와 수검자가 마주 본 상태에서 검사를 진행하는 경우가 흔하다. 불가피한 경우가 아니라면, 엑스너가 제안한 자리 배치의 원칙을 지킬 것을 권한다.

평가자와 수검자가 나란히 앉는다면 수검자의 시야에 평가자가 들어오지 않기 때문에 수검자는 평가자의 영향을 덜 받고 평가자는 수검자의 반응을 더욱 편하고 정확하게 관찰할 수 있다. 그러나 이때는 로르샤흐 검사 카드나 반응 기록지 등이 수검자에게 노출되지 않도록 신경을 써야 할 것이다. 단, 평가자가 수검자와 나란히 앉기 어렵다면 수검자와 평가자가 앉은 위치가 서로 90°(ㄱ 자 혹은 ㄴ 자 배치)가 되도록 앉을 수도 있다. 평가자와 수검자의 위치뿐만 아니라 검사실의 구조도 고려하여 창문이나 책장 등 수검자의 반응에 영향을 줄 만한 요소를 최소화해야 한다.

## 2) 준비물

검사의 실시를 위해서는 기본적으로 로르샤흐 검사 카드 10장과 반응영역 기록지, 반응내용 기록지, 필기구가 필요하다. 이와 함께 본 연구회에서는 반응시간을 측정할 수 있는 시계와 반응내용을 기록하기 편하도록 클립보드를 추가로 준비하기를 권장한다. 그리고 로르샤흐 검사를 실시하는 목적과 검사 자료의 활용 범위가 명시된 검사 동의서도 준비한다.

### ◆ 기본 사항: 로르샤흐 검사 카드, 필기구, 기록지

**[카드]** 평가자는 우선 로르샤흐 검사 카드에 얼룩이나 흠이 없는지 확인한다. 로르샤흐 검사 카드는 잉크반점으로 되어 있기 때문에 작은 얼룩이나 흠도 수검자가 마치 원래의 자극인 것처럼 지각할 수 있다. 따라서 항상 깨끗하게 보관된 로르샤흐 검사 카드를 준비해야 한다. 또 오래 사용하여 카드의 잉크반점이 변색되거나 빛이 바랜 경우에도 수검자가 원래 자극과 다르게 지각할 수 있으므로 지나치게 낡은 카드는 폐기해야 한다.

평가자는 카드의 위아래가 바뀌지 않도록 유의한다. 채점할 때 반응영역에서 카드의 회전이 있었는지를 고려하므로 평가자가 카드의 위아래를 바꾸어 수검자에게 건네는 것은 중요한 문제를 야기할 수 있다. 또 카드를 제시하는 순서가 섞이지 않도록 정리해야 한다. 카드마다 반점의 특징이 다르고 내포하는 해석적인 의미도 달라서 이전 카드에 대한 반응은 이후 카드에 대한 반응에 영향을 줄 수 있다. 한편, 검사를 실시할 때 평가자는 수검자에게 카드를 직접 건네기 때문에 평가자는 카드를 편리하게 집어 들 수 있는 곳에 놓되, 수검자가 손을 뻗어 가져갈 수 없는 곳에 두어야 한다.

**[기록지]** 기록지에는 반응내용 기록지와 반응영역 기록지가 있다. 반응내용 기록지는 로르샤흐 검사 카드 번호별 수검자 반응의 순서, 반응시간, 반응내용, 질문 단계에서의 응답 등을 기록하기 위한 것이다. 반응영역 기록지는 10장의 로르샤흐 검

사 카드 반점을 축소하여 1장에 모두 넣어 인쇄한 것으로 평가자는 이것을 활용해 수검자가 반응한 영역을 정확하게 기록으로 남길 수 있다.

일반적으로 사용되는 로르샤흐 검사 반응내용 기록지는 네 개의 영역으로 나뉘어 있다([그림 1-1] 참조). 맨 왼쪽에는 카드 번호를 적는다. 두 번째 영역에는 반응 단계에서 수검자가 응답한 내용이 기록된다. 세 번째 영역에는 질문 단계에서 평가자와 수검자가 주고받은 내용을 적는다. 마지막으로 제일 오른쪽 영역에는 수검자의 반응에 대한 채점 결과를 기록한다. 일반적으로 로르샤흐 카드의 번호는 로마자로, 반응번호는 아라비아 숫자로 표기한다.

반응내용 기록지는 기관이나 평가자에 따라 엑스너의 양식을 수정해서 새로운 양식을 만들어 사용하기도 한다. 이때 중요한 것은 로르샤흐 검사를 채점하고 해석하는 데 필요한 내용들이 빠지지 않고 모두 포함되도록 하는 것이다. 로르샤흐 검사 카드 번호, 반응번호, 반응시간, 반응내용, 카드 회전 여부, 질문과 응답 내용, 채점을 위한 공간 등이 필요하다. 초보 평가자의 경우 채점 칸을 세분화하여 채점 요소들을 빠트리지 않도록 하는 것도 좋은 방법이다. 반응내용 기록지는 [그림 1-1]의 예시를 참고하기 바란다.

종종 수검자가 하나의 카드에서 5개 이상의 반응을 해서 총 반응 수가 50개 이상이 될 수도 있으니, 기록지는 넉넉하게 준비하는 것이 좋다. 때때로 수검자가 카드별로 첫 번째 반응을 산출하는 데 걸린 시간과 카드별 반응시간 관련 특이 사항은 중요한 해석적 의미를 지닐 수 있다. **이런 점을 고려해 본 연구회에서는 수검자가 '각 카드별로 첫 번째 반응을 하는 데 걸린 시간'을 비롯해 '각 반응시간들을 카드별로 기록해 둘 것'을 추천한다.** 예컨대, I번 카드에서는 5초 이내에 첫 번째 반응을 했지만 II번 카드 혹은 VIII번 카드 등에서는 첫 번째 반응을 하는 데 1분 이상이 걸리는 경우, 이러한 정보는 해석적으로 중요한 의미를 갖는다. 또 I번 카드에서는 첫 번째 반응과 두 번째 반응 사이에 몇 초 정도만 소요되었지만, IV번 혹은 IX번 카드에서는 첫 번째 반응 이후 두 번째 반응을 나타내는 데 상대적으로 오랜 시간이 걸리는 것도 해석적으로 의미 있는 정보가 될 수 있다. 일반적으로 반응시간이 길어지는 것은 반응을 산출하는 데 수검자가 어려움을 겪거나 심리적인 갈등을 경험했을 가능성을 시사한다.

## 로르샤흐 검사 반응내용 기록지

연령: 만　　세　　　성별:　　　　학력:　　　　직업:　　　　수검자 번호:

검사일:　　　검사 소요시간:　　　이전 수검이력: □없음(카드를 본 적이 있다 □그렇다 □아니다) □있음(언제: 에디션: 해:　　)

| 카드 번호 | 반응 | | 반응내용 | 질문 | 채점 |
|---|---|---|---|---|---|
| | 반응 번호 | 반응 시간 / 회전 | | | |
| | | | | | |

‖그림 1-1‖ 로르샤흐 검사 반응내용 기록지

[필기구] 반응을 기록하기 위해서는 필기구가 필요하며 가급적이면 두 개 이상의 색깔 펜 사용을 추천한다. 하나의 카드에서 여러 개의 반응을 하는 경우 반응영역을 표시할 때 서로 다른 색을 사용하는 것이 효율적이기 때문이다. 한편, 검사를 진행하는 동안에는 수검자가 필기구를 손에 쥐지 않도록 해야 한다. 반응 단계에서 수검자가 필기구를 사용해 로르샤흐 카드에 직접 반응영역을 표시하는 경우가 있기 때문이다. 검사를 실시할 때 평가자는 로르샤흐 카드에 펜의 잉크가 묻거나 펜의 자국이 남아 카드가 오염되지 않도록 각별히 주의해야 한다.

◆ 추가 사항: 클립보드, 초시계, 동의서

[클립보드] 기록지를 클립보드에 꽂아 사용하면 수검자의 반응을 기록하기가 편리하다. 그리고 평가자가 기록하는 내용이 수검자에게 보이지 않도록 할 수 있다.

[초시계] 엑스너는 워크북에서 반응시간에 대해 언급하지 않았다. 그러나 임상 현장에서는 관례적으로 반응시간을 기록한다. 반응시간을 기록해 그 의미를 해석하는 것이 중요하기 때문이다. 본 연구회에서도 반응시간을 측정할 것을 권고한다. 주의할 점은 반응시간을 측정하느라 수검자의 반응을 놓치거나 수검자의 행동 관찰을 소홀히 하지 않는 것이다. 또 평가자가 시간을 측정하는 것이 수검자의 반응에 영향을 미치지 않도록 조심해야 한다.

반응시간을 기록하기 위해서는 초 단위의 시간을 잴 수 있는 초시계나 손목시계가 필요하다. 평가자는 여분의 건전지도 함께 준비하고, 시계가 잘 작동하는지, 작동 방법은 어떻게 되는지 미리 확인한다. 초시계의 시작과 멈춤 버튼을 구분하는 것을 비롯해서 어느 손에 초시계를 쥐고 어느 손으로 기록할 것인지 등 평가자는 효율적으로 초시계를 다룰 수 있도록 검사 전에 초시계의 사용법에 익숙해질 필요가 있다. 초시계에서 나는 소리 때문에 수검자가 응답하는 데 방해받을 수 있으므로 초시계는 소리가 나지 않는 것을 준비하거나 미리 소리가 나지 않도록 기기를 조작해 두는 것이 좋다.

한편, 요즘에는 휴대전화의 시계 기능을 사용하는 경우도 있다. 평가자는 검사 동안에 휴대전화를 사용하는 것이 수검자에게 미칠 수 있는 영향을 충분히 이해하고 있어야 하며, 가능하다면 초시계를 미리 준비하는 것이 바람직하다. 휴대전화를 사용하는 경우, 수검자 앞에서 휴대전화를 조작하는 모습을 보여 자칫 검사에 집중하지 않는다는 인상을 주지 않도록 주의해야 한다. 특히 정신병적 증상이 심하거나 편집증적인 특성이 두드러지는 수검자의 경우, 평가자가 휴대전화를 사용하는 것이 수검자의 증상을 자극할 수도 있으므로 수검자의 특성과 검사 환경을 고려해 휴대전화의 사용 여부를 유연하게 결정할 것을 권고한다. 또 시간을 측정하는 동안 휴대전화의 전화벨 또는 문자메시지 수신 소리 등으로 인해 검사 과정이 방해받지 않도록 조치해 두어야 한다.

로르샤흐 검사를 할 때, 카드를 건네면서 초시계로 시간을 재며 반응을 기록하고 수검자의 행동을 관찰하는 것은 결코 쉽지 않다. 이를 동시에 능숙하게 해내기 위해서는 반드시 연습이 필요하다. 로르샤흐 검사를 처음 실시한다면, 초시계 사용법뿐만 아니라 카드를 어떻게 건넬지, 반응시간을 어떻게 측정하고 기록할지, 반응내용을 어떻게 기록할지, 반응 단계가 끝나면 카드를 어떻게 정리하고 다시 보여 줄지 등을 반복적으로 연습하여 익숙해질 필요가 있다.

[동의서] 본 연구회에서는 로르샤흐 검사를 실시하는 목적과 검사 자료의 활용 범위가 명시된 검사 동의서도 준비할 것을 권고한다. 특히 병원 이외의 장면에서 로르샤흐 검사를 진행하는 경우에는 동의서에 로르샤흐 검사가 완료된 후 수검자에게 제공될 수 있는 로르샤흐 검사 정보의 범위(예컨대, 수검자의 카드별 응답내용만 제공)에 대한 안내문구도 포함할 것을 추천한다.

| | |
|---|---|
| **◖ 핵심 요약** | |
| 준비물 | □ 기본: 로르샤흐 검사 카드, 반응영역 기록지, 반응내용 기록지, 필기구<br>□ 추가: 클립보드, 초시계(손목시계), 동의서 |
| 점검내용 | □ 카드는 방향과 순서를 올바르게 정리해 두었는가?<br>□ 카드는 얼룩이나 흠이 없이 깨끗한가?<br>□ 기록지는 충분히 준비했는가?<br>□ 카드 전달과 기록을 능숙하게 할 수 있는가? |

## 3) 수검자 특성 확인

검사를 시작하기 전에 수검자의 연령과 검사 목적을 미리 확인하고 지적 능력을 비롯해 정신운동 속도나 정서 상태 등을 간략히 파악하는 것이 좋다. '색각(色覺)'의 이상 여부도 확인해야 한다. 전체 또는 부분적인 색맹/색약의 경우에도 로르샤흐 검사를 시행할 수는 있지만 해석할 때 특별히 주의를 기울일 필요가 있기 때문이다. 또 수검자가 휠체어에 앉은 상태에서 검사를 시행해야만 하는 경우도 있기 때문에 수검자에 따라 검사실의 환경이나 검사 상황을 조정해야 하는지도 사전에 확인하는 것이 좋다.

대부분의 아동에게도 표준 절차대로 검사를 진행할 수 있다. 다만, 무척 산만하거나 검사를 거부하여 보통의 방식대로 진행하기 어려운 경우도 존재한다. 이러한 경우에 로르샤흐 검사가 꼭 필요한 상황이라면 예외적으로 자리 배치, 진행 절차 등을 변경할 수도 있다. 예를 들어, 아동이 평가자와 나란히 앉기보다는 서 있기를 원한다면 허용해 줄 수 있다. 아동의 로르샤흐 검사에 대한 자세한 내용은 『아동 · 청소년 로샤의 이론과 실제』(신민섭 외, 2007)를 참고하기 바란다.[1]

# 3. 검사 진행

## 1) 검사 시작

### ◆ 라포 형성

로르샤흐 검사 결과를 유용하게 활용하기 위해 평가자는 수검자와 협력적인 관계를 형성할 필요가 있다. 특히 아동을 검사할 경우에 이러한 점은 더욱 중요하다. 평가자는 수검자와 검사의 목적에 대해 합의하고 이러한 공동의 목표를 달성하기 위해 노력해야 한다.

#### ◆ 로르샤흐 검사 소개

로르샤흐 검사를 시작할 때 우선 수검자가 이전에도 검사를 받아 본 적이 있는지 확인한 후 검사에 대해 소개할 필요가 있다. 수검자가 검사의 내용과 절차에 대해 이해해야 불안감이 줄어들고 더 협조적으로 검사에 임하게 될 것이다. 그리고 평가자는 수검자가 검사에 대해 어느 정도 알고 있으며 어떻게 이해하고 있는지를 파악해야 한다. 검사를 시작하는 단계에서는 다음과 같이 검사를 소개하면 된다. 물론 수검자의 사전 경험 여부에 따라 설명을 다르게 진행할 수 있다.

> "지금부터 하게 될 검사는 로르샤흐 검사라고 합니다. 혹시 이 검사에 대해서 들어 보거나 검사를 받아 본 적이 있나요?"

최근에는 로르샤흐 검사가 많이 알려지면서 대중매체를 통해 검사에 대한 정보를 쉽게 접할 수 있게 되었다. 따라서 워크북에 제시된 질문은 아니지만 이와 같은 질문 외에 추가로 이전에 혹시 로르샤흐 검사 카드를 본 적이 있는지도 확인해 볼 것을 권장한다.

[검사에 대해 모르는 경우] 로르샤흐 검사에 대해 들어 본 적이 없고 이전에 받아 본 적도 없다면 로르샤흐 검사에 대해 다음과 같이 간단하게 설명해 주면 된다.

> "이 카드는 잉크반점으로 만들어졌고 ○○님의 심리적 특성에 대한 정보를 얻을 수 있습니다. 제가 카드를 하나씩 보여 드리면 무엇처럼 보이는지 말씀해 주시면 됩니다."

[검사에 대해 듣거나 카드를 본 적은 있으나, 검사를 받아 본 적이 없는 경우] 이전에 검사에 대해 들어 봤거나 카드를 본 적은 있지만 직접 검사를 받아 보는 것은 처음일 수 있다. 그렇다면 우선 로르샤흐 검사에 대해 어떻게 알고 있는지를 확인해야 한다. 수검자가 로르샤흐 검사에 대해 잘못 알고 있다면 반드시 올바르게 이해할 수 있도록 설명해 주어야 한다.

**[검사를 받아 본 적이 있는 경우]** 만약 로르샤흐 검사를 받아 본 적이 있다고 하면 검사를 받았던 시기가 언제인지, 어떤 기관에서 검사를 받았는지, 검사를 받았던 이유는 무엇이었는지, 검사 결과 등 검사에 관해 기억나는 점이 있는지를 확인한다. 가능하다면 수검자로부터 이전의 검사 자료를 제출받는 것이 좋다. 먼저, 이와 같은 내용을 확인한 후 검사에 대해 설명해야 한다. 수검자가 검사를 받아 본 적이 있는 경우, 일부러 이전 검사에서 했던 반응과 똑같이 답하려고 노력하거나 억지로 이전과는 다르게 반응하려고 애쓸 필요가 없다는 점을 알려 줄 필요가 있다. 수검자가 궁금해하는 부분이 있다면 그에 대해 충분히 설명한 후에 검사를 실시해야 한다.

#### ◆ 로르샤흐 검사 시간

**[충분한 검사 시간 확보하기]** 평가자는 검사를 시작하기 전에 수검자에게 시간적인 여유가 충분히 있는지 확인하고 검사를 진행해야 한다. 사실 이것은 매우 중요하지만 초보 평가자가 간과하기 쉬운 부분 중 하나이다. 검사 시간이 촉박하면 평가자와 수검자 모두 초조해지거나 서두르게 될 수 있다. 그런 경우에 수검자는 반응을 충분히 산출하지 못할 수 있으며 평가자 역시 수검자의 반응을 충분히 탐색하지 못하거나 중요한 검사 관련 정보를 빠트릴 수 있다. 수검자가 반응을 많이 하는 경우 예정된 시간보다 검사 시간이 길어질 수도 있다. 따라서 사전에 수검자에게 이러한 점에 대해 양해를 구해 두는 것이 좋다.

**[수검자에게 검사 시간 안내하기]** 표준적인 절차에 포함되어 있지는 않지만 수검자가 검사 상황을 예측할 수 있도록 소요되는 시간을 알려 줄 수 있다. 평가자의 숙련도나 내담자의 특성, 반응의 특성, 한계 검증 시행 여부 등 다양한 요인에 따라 검사를 마치는 데 걸리는 시간이 다를 수 있다. 아동의 경우 만 10세 이상은 검사 시간이 성인과 비슷하며 더 어린 아동은 검사 시간이 조금 덜 걸린다. 검사 시간에 대해 다음과 같이 안내할 수 있다.

"검사는 일반적으로 40분에서 1시간 정도 걸립니다. 하지만 상황에 따라서는 더 빨리 끝나거나 조금 더 오래 걸릴 수도 있습니다."

#### ◆ 임상 장면 대비하기

평가를 진행하는 기관이나 수검자의 사정 때문에 불가피하게 검사를 완료하지 못하고 중단해야 하는 경우가 있다. 이는 매우 드문 경우이나 이런 상황을 맞닥뜨리게 되면 초보 평가자는 당황스러울 수 있다. 우선, 이런 돌발상황을 예방하기 위해 검사 시간을 여유 있게 확보해야 한다.

기본적으로 로르샤흐 검사의 실시는 반응(response) 단계와 질문(inquiry) 단계로 구성된다. 반응 단계에서는 수검자에게 카드를 보여 주면서 무엇처럼 보이는지 묻고 질문 단계에서는 그렇게 반응하게 된 이유를 살펴본다. 어쩔 수 없이 로르샤흐 검사를 중간에 그만두어야 하는 경우라면, 최소한 '반응 단계'는 마치고 중단할 것을 권장한다. 만약 '질문 단계' 도중에 중단해야만 하는 상황이라면, 반응의 중요도에 따라 다르게 대처하는 것이 좋다. 무엇이 중요한 반응인지 판단이 안 되는 경우에는 반응 순서대로 질문 단계를 진행하고, 중단된 시점부터 나머지 반응에 대한 질문은 추가 일정을 정해 진행한다. 부득이하게 추가 일정을 정해 진행할 경우, 검사 간격을 최소화하도록 해야 한다. 중요한 반응이 무엇인지 판단할 수 있다면 각 카드의 첫 반응과 투사와 관계된 반응(중요한 반응)을 중심으로 먼저 질문 단계를 실시하고 나머지는 나중에 진행한다.

기본적으로 이처럼 반응 단계와 질문 단계를 나누어서 시행하는 방식은 매우 제한적으로만 시행되어야 하며, 검사를 나눠서 해도 된다고 이해해서는 안 된다. 평가자는 타당한 평가를 위해 검사에 익숙해져야 하며 되도록 사전에 계획된 시간 범위 안에서 검사를 끝낼 수 있도록 해야 한다. 지금부터 로르샤흐 검사에서 반응 단계와 질문 단계를 진행하는 방법을 차례대로 살펴볼 것이다.

### 2) 반응 단계

먼저, 평가자는 반응 단계에서 수검자에게 카드를 하나씩 차례대로 건네며 질문하고 이에 대한 반응을 기록한다. 반응 단계에서 수검자는 로르샤흐 카드의 잉크반점이 무엇처럼 보이는지 응답하면 된다.

### ◆ 카드 전달

평가자는 10장의 카드를 뒷면이 위로 온 상태로 평가자의 옆에 두되 수검자로부터는 먼쪽에 놓는다. 평가자는 맨 위의 카드부터 차례로 집어 잉크반점이 보이도록 수검자에게 건넨다. 수검자에게 카드를 건넬 때는 수검자가 손에 쥘 수 있도록 카드를 손에서 손으로 전달해야 한다. 평가자는 카드를 책상에 내려놓지 말고 수검자의 손에 부드럽게 건넨다. 이는 수검자가 카드를 받아 그대로 볼지 아니면 돌려 볼지를 자유롭게 선택하도록 하기 위해서이다. 그러나 수검자가 카드를 받지 않고 머뭇거린다면 수검자의 손 쪽으로 카드를 내밀며 "여기요, 받으세요."라고 말해 준다. 이후에 수검자가 카드를 책상에 내려놓고 응답한다면 이때는 평가자가 그러한 행동을 제지하지 않지만 적어도 처음에는 카드가 수검자의 손에 들려 있도록 해야 한다. 이렇게 진행을 해야 평가자가 수검자에게 '카드를 손에 들고 봐야 한다'는 규칙을 전달한 셈이 된다. 이러한 규칙이 "카드를 손에 들고 보세요."와 같은 직접적이고 구체적인 언어적 지시를 통해 전달되어서는 안 된다. 수검자가 규칙을 인지한 상태에서도 카드를 책상에 두고서 내려다보며 응답한다면, 이것은 수검자의 선택이라고 볼 수 있을 것이다.

### ◆ 지시문

수검자에게 로르샤흐 카드를 건네면서 어떻게 지시할 것인가? 엑스너의 워크북에서는 표준적인 지시문으로 "What might this be?"라는 질문을 제시하고 있다. 김영환 등(2006)은 이 질문을 "이것은 무엇으로 보입니까?"라고 번역하였다.[2] 아마도 검사 장면에서 평가자가 실제로 말하게 될, 조금 더 일상적인 표현은 "이것이 무엇처럼 보이는지 제게 말씀해 주세요."가 될 것이다. 하나의 카드에서 다음 카드로 넘어갈 때마다 똑같이 질문하면 된다. 평가자는 로르샤흐 검사의 지시문을 임의로 바꾸어서 말하면 안 된다. 수검자의 반응에 영향을 미칠 수 있기 때문이다. 일반적으로 다음과 같은 질문은 적절하지 않은 것으로 간주되므로 주의해야 한다.

**[생김새를 강조하는 질문]** "이것이 무엇처럼 생겼나요?"

이런 질문은 외견상 표준 지시문과 비슷해 보인다. 그러나 '~처럼 생겼다'는 말은 수검자가 잉크반점의 생김새에만 초점을 두도록 유도할 수 있어 적절하지 않다. 이렇게 실시할 경우 채점 과정에서 '형태'와 관련된 요소가 증가하게 될 가능성이 있다.

**[상상력을 발휘하도록 만드는 질문]** "무엇이 떠오르시나요?"

로르샤흐 검사는 자극에 대한 수검자의 지각적 특징을 살펴보는 검사이다. 수검자는 떠오르는 것이 아니라 보이는 것을 말해야 한다. 하지만 이러한 질문은 자칫하면 로르샤흐 검사가 수검자의 상상력을 측정하는 검사라는 오해를 불러일으킬 수 있으므로 주의해야 한다. 만약 수검자가 카드를 보고서 카드의 잉크반점에 대해 지각한 내용을 응답하는 것이 아니라 카드로부터 연상되거나 카드를 보고서 스스로 상상한 것을 응답하는 것 같은 인상을 준다면, 카드가 실제로 그렇게 보이는 것인지 여부를 확인해야 한다. 이때 수검자가 로르샤흐 검사의 지시문을 제대로 이해하지 못하고 있다면, 정확하게 다시 설명해 주어야 한다.

**[자유로운 반응을 제한하는 질문]** "떠오르는 단어(혹은 이미지)를 말해 보세요."

이런 지시문에 수검자는 문장이 아니라 단답형으로 대답하거나 카드에 대한 막연한 느낌만을 표현할 수 있다. 결과적으로 이러한 지시문은 수검자의 로르샤흐 카드에 대한 자유로운 반응을 제한할 수 있다.

#### ◆ 반응 기록

반응을 기록할 때는 반응내용 기록지에 수검자가 응답한 내용을 임의로 바꾸지 않고 반드시 수검자가 말한 그대로(verbatim) 기록해야만 한다. 예를 들어, 수검자가 "나비가 날고 있어요."라고 반응한 경우, '나비', '날다'와 같이 평가자가 임의로 축약해 적지 않고 조사의 사용이나 문장의 구조까지 수검자가 말한 그대로를 적어야 한다. 그리고 수검자가 질문한 것이나 덧붙이는 말을 한 것도 모두 기록해야 한다[예: "(IV번 카드에서 반응을 하고 난 뒤에) 그런데 이 카드는 좀 무섭네요."]. 이런 반응은 로르샤흐 기호로 채점되지는 않을지라도 사례에 따라서는 해석적인 의미를 지닐 수 있기 때문이다.

수검자가 카드를 정방향으로 보지 않고 방향을 돌려 보았다면, 기호를 사용하여 카드의 회전 방향(∨, <, >)을 기록한다. 이때 카드 윗부분의 위치에 따라 기호를 결정하면 된다. 예를 들어, 카드의 위아래를 뒤집어서 보았다면(카드 번호가 아래 쪽을 향함) 반응내용 기록지에 '∨' 기호로 표시한다. (카드 번호가 왼쪽을 향한다면, 즉 정방향에서 왼쪽으로 90° 회전하였다면 '<' 기호로, 정방향에서 오른쪽으로 90° 회전하였다면 '>' 기호로 표시한다).

때로는 수검자의 반응내용이 많거나 말의 속도가 빨라 신속하게 받아 적기 힘들 때가 있다. 그럴 때는 수검자에게 양해를 구하고 천천히 말해 달라고 하거나 미처 받아 적지 못했던 부분을 다시 물어볼 수도 있다. 중요한 점은 평가자가 임의로 중요한 내용이라고 생각하는 것만 기록해서는 안 되며 반드시 수검자가 말한 그대로를 모두 적어야 한다는 것이다.

때로는 반응 단계에서의 응답내용은 간단하더라도 질문 단계에서 수검자의 응답내용이 길어질 수도 있다. 이런 점을 고려해 기록지에 적을 때 반응 사이의 간격을 넉넉히 확보해 둘 것을 권장한다. **카드가 바뀔 때마다 혹은 2~3개 반응마다 새로운 반응내용 기록지에 반응을 기록하는 것도 대안이 될 수 있다.**

> ### ◢ 임상 현장 짚어 보기 ◣
>
> 기본적으로 이 책에서는 표준화된 실시 절차와 목적을 이해하는 것이 중요하다는 점을 강조하고자 한다. 이런 점에서 원칙적으로는 수검자의 반응을 기록할 때 수기로 받아 적어야 한다. 최근에는 임상 현장에서 노트북을 활용해 수검자의 반응을 기록하기도 한다. 엑스너가 워크북을 제작하던 당시보다 과학 기술이 발전하게 되면서 새로운 기기들이 출현하였고 컴퓨터의 사용도 보편화되었다는 점을 생각하면, 이는 시대적인 변화의 반영이라고 볼 수 있을 것이다. 그러나 이러한 기기를 사용하는 것에 대해서는 전문가들 사이에서도 의견이 분분하다. 전자기기 사용의 적절성에 대해서는 추후 로르샤흐 평가 전문가들 간 논의와 합의가 필요해 보인다.

● **컴퓨터로 기록하기**

컴퓨터로 기록할 때는 다음의 사항을 고려해야 한다. 자판을 두드리는 소리가 수검자에게 방해가 될 수 있다. 또 예민한 수검자는 자신이 관찰·기록되고 있다는 느낌 때문에 방어적으로 반응할 수 있다. 앞서 검사 상황의 환경과 평가자 특성이 수검자의 반응에 영향을 줄 수 있다고 했던 점을 상기하기 바란다.

● **녹음기로 기록하기**

수검자의 반응은 즉시 받아 적어야 한다. 하지만 예외적으로 상황에 따라 수검자의 반응을 녹음해야 할 수도 있을 것이다. 만약 녹음을 해야 한다면 반드시 수검자에게 녹음 사실을 미리 알리고 사전에 동의를 받아야 한다. 이때에도 동의서는 서면으로 작성할 것을 권장하며 동의서에는 녹음의 목적, 녹음된 파일의 보관 방법 및 기간, 폐기 기한 및 방법 등을 구체적으로 명시할 필요가 있다.

◆ **반응시간의 기록**

엑스너의 워크북에서는 반응시간을 기록해야 한다고 특별히 언급하지는 않는다. 그러나 임상적 유용성 때문에 반응시간을 기록하는 경우가 많다. 평가자는 카드를 넘겨주면서부터 반응시간을 재기 시작한다. 이때 수검자가 빠르게 답해야 한다고 느끼지 않도록 주의해야 한다.

카드를 건네주고 첫 번째 반응이 나올 때까지의 시간을 재고 기록지에 적는다. 그리고 다음 반응이 나올 때까지의 시간을 재고 적으면 된다. 카드별로 반응시간을 누적해서 적는 방법도 있다. 예를 들어, I번 카드의 첫 번째 반응(3″), 두 번째 반응(9″), 세 번째 반응(16″)과 같은 식이다. 이렇게 하면 초시계를 매번 재설정해야 하는 번거로움을 줄일 수 있다. 전체 카드에 대한 반응이 모두 끝난 뒤에 총 시간을 기록하는 것도 권장한다.

◆ **수검자의 질문에 대한 답변**

검사 도중 수검자가 질문을 할 때가 있다. 간단하게 대답할 수 있는 것은 바로 답변한다. 그러나 대답이 길어질 것 같으면 검사에 방해되지 않도록 검사가 끝난 후에 답해야 한다. 이러한 경우에는 일단 수검자에게 양해를 구하고 검사를 진행한다. 또 평가자는 자신의 답변이 수검자에게 특정 반응을 유도하거나 강요하는 것은 아닌지 유의하면서 대답해야 한다. 수검자가 자주하는 질문과 답변의 예시를 정리하면 다음과 같다.

[대부분의 사람이 무엇을 보는지 묻는다면] "사람들은 다양하게 봅니다."

[평가자에게 어떻게 보이는지 묻는다면] "저에게도 여러 가지로 보입니다."

[카드를 회전시켜도 되는지 묻는다면] "○○님 마음대로 하시면 됩니다."

[정답이 있는지 묻는다면] "정답이 있는 것은 아니니 ○○님이 보기에 이것이 무엇처럼 보이는지 이야기하시면 됩니다."

[반응을 몇 개 해야 하는지 묻는다면] "대개 하나보다는 더 많이 합니다."

[각 반응의 의미를 질문한다면] "반응 하나하나씩을 따로 떼어 내서 해석하지는 않습니다. 해석과 관련된 설명은 검사 과정에 영향을 미칠 수 있으니 나중에 설명 드리겠습니다."

[검사의 목적에 대해 묻는다면] "기본적으로 로르샤흐 검사를 통해 ○○님을 더욱 잘 이해할 수 있는 정보를 얻을 수 있습니다(그 후 수검 목적에 따라 적절하게 설명)."

◆ 수검자의 반응 수에 따른 개입

일단 반응 단계가 시작되고 나면, 평가자는 수검자에게 카드를 건네주고서 필수적인 질문 외에는 추가로 개입하지 않는다. 그러나 검사 진행이 원활하지 않다고 판단되는 경우 평가자는 검사의 목적을 달성하기 위해 적절하게 개입해야 한다.

[반응 실패]

수검자가 I번 카드 또는 II번 카드부터 계속해서 '모르겠다'고 말하거나 '아무것도 보이지 않는다'고 말한다면 이때는 어떻게 해야 할까? 수검자가 주의를 충분히 기울이지 않은 채로 빠르게 답하는 경향이 있다면 우선 시간이 충분하니까 서두르지 않아도 된다는 점을 강조하면서 여유 있게 반응할 수 있도록 격려한다.

수검자가 충분히 주의를 기울였지만 답할 수 없다고 말한다면 어떻게 해야 할까? 정말 수검자는 카드에서 어떤 것도 발견하지 못한 것일까? 이러한 상황에서 평가자는 어떤 가능성을 고려해 봐야 할까?

먼저, 수검자가 검사에 대해 올바르게 이해하고 있는지 살펴볼 필요가 있다. 수검자가 어떻게 응답해야 하는지 몰라서 답을 못하는 경우라면, 검사를 계속 진행하기보다는 잠시 멈춘 후에 로르샤흐 검사에 대해 다시 설명해 주는 것이 좋다. 어쩌면 수검자가 매우 위축되어 있거나 수줍음이 많은 것일 수도 있다. 그렇다면 수검자가 압박감을 느끼지 않도록 배려하면서 친절하고 부드럽게 격려해 준다. 정답을 말해야 한다고 느끼고 실수하지 않으려 노력하는 것처럼 보이는 수검자에게는 "이것이 무엇처럼 보이는지 편하게 말씀해 주세요."라고 말하면서 부담감을 덜어 줄 필요가 있다. 만약 수검자가 방어적이어서 응답을 안 하는 것이라면, 검사가 진행됨에 따라 평가자와 라포가 형성되는 것을 통해 그러한 방어적인 태도를 점진적으로 줄여 나가는 것이 중요하다.

어떤 경우에는 수검자가 검사에 참여하는 것 자체를 거부하는 것일 수도 있다. 이때 평가자는 수검자가 검사에 참여하는 것 자체를 거부하는 것인지 여부에 대해 허심탄회하게 이야기해 보는 것이 좋다.

만약 수검자가 자신에게는 로르샤흐 검사 카드가 그저 잉크반점으로만 보일 뿐이라고 말하는 경우, 평가자는 일단 잉크반점으로 만든 카드가 맞다는 것을 인정하고 지지해 주는 것이 좋다. 그 후 그것이 무엇처럼 보이는지를 다시 질문한다. 때로는 카드에서 유발되는 저항 때문에 반응을 잘하다가도 어느 순간부터 잘 못하게 되는 경우가 있다. 그럴 때는 수검자를 안심시키면서 침착하게 반응할 수 있도록 격려해 주는 것이 좋다. 예컨대, "시간이 충분하니 서두르지 않아도 됩니다. 카드를 찬찬히 들여다보면 무언가를 볼 수 있을 겁니다."라고 말해 줄 수 있다.

**수검자의 반응 실패를 확인하는 방법과 관련해서, 검사 과정에서 수검자가 최선을 다했는지 여부를 확인할 수 있는 절대적인 지표는 없다. 다만, 평가자의 판단에 도움이 될 수 있는 것 중 하나는 바로 반응시간이다. 수검자가 충분한 시간 동안 주의를 기울인 후에도 모르겠다고 한다면 반응을 하는 데 어려움을 경험하는 것일 수 있다. 어쩌면 자신의 반응이 사회적으로 적절한 것인지 여부에 대해 수검자가 염려하고 있는 것일 수도 있다. 또 수검자가 심한 지적장애나 신경인지장애로 인해 지적 능력이 매우 제한되어 있거나 정신병적인 문제 등으로 인해 응답하는 데 어려움을 겪는 것일 수도 있다.**

**[검사 초기에 카드당 반응 수가 한 개일 때]**

　로르샤흐 검사의 I번 카드에서 수검자가 한 개의 반응만 하고서 더 이상 반응하지 않는다면, 평가자는 수검자가 반응을 조금 더 할 수 있도록 북돋아 주어야 한다. "시간을 갖고 조금 더 보세요. 다른 것도 보실 수 있을 거예요."라고 말하는 것이다. 이렇게 하는 이유는 수검자에게 검사의 진행 방식을 알려 주기 위해서이다. 즉, 각 카드마다 하나보다는 더 많이 반응하도록 간접적으로 메시지를 전달하는 것이다. 이런 식으로 수검자를 격려해도 더 이상 반응하지 않는다면, 일단 다음 카드로 넘어간다. II번 카드에서도 수검자가 반응을 한 개만 한다면 직접적으로 격려하는 말을 하지는 않되, 충분히 기다렸다 다음 카드로 넘어간다. 만약 II, III, IV번 카드에서도 각각 반응을 하나씩만 하면 전체 프로토콜이 매우 짧아질 가능성이 높다. 이러한 경우에 평가자는 IV번 카드에서 카드를 수검자에게서 곧바로 돌려받지 않고 서두르지 말라고 넌지시 말을 해 준다. 수검자가 시간적인 여유를 갖고서 반응할 수 있도록 간접적으로 격려하는 것이다. 그 후 만약 수검자가 이어서 2~3개 이상의 반응을 하고 난 다음 얼마나 더 많은 반응을 해야 하는지 질문하면 그때는 수검자 마음대로 해도 된다고 답해 준다.

**[반응 수가 너무 많을 때]**

　앞서 반응 수가 너무 적을 때 반응을 촉진하는 개입에 대해 논의했다. 그러나 수검자가 반응을 무조건 많이 하도록 하는 것이 능사는 아니다. 일반적으로 한 카드에서 여섯 개 이상 반응하는 경우에는 반응이 많은 것으로 간주한다. 다섯 개를 초과한 다음의 여섯 번째 반응부터는 해석적 가치가 적어서 소요되는 시간이나 에너지를 고려할 때 보통은 다음 카드로 넘어가는 것이 효율적이다. 이 부분은 경우의 수가 많아 복잡할 수 있기 때문에 하나씩 살펴보도록 하겠다.

- I번 카드에서 다섯 번째 반응까지는 특별한 개입 없이 기록을 하지만 여섯 번째 반응을 하려고 한다면 여섯 번째 반응을 하기 전에 수검자로부터 I번 카드를 회수한다. 그리고 부드럽게 "다음 카드로 넘어갈게요."라고 말하며 II번 카드를 건넨다.

수검자가 나머지 카드들에서도 여섯 번째 반응을 하려고 하면 회수한다. 하지만 이후에 수검자가 5개 이하로 응답하는 경우에는 별다른 말을 하지 않고 넘어가고 해당 카드 이후에 또다시 6개 이상의 반응을 하더라도 카드를 회수하지 않는다.

- I, II, III번 카드에서는 반응 수가 5개 이하지만 IV번 카드에서 8~10개의 반응을 하려고 하는 경우, 평가자는 수검자의 반응을 제한하지 않는다. 이례적으로 특정한 카드에서만 반응 수가 많아진다는 것은 해석적으로 중요한 의미가 있을 수 있기 때문이다. 그러나 뒤이어 V번 카드에서도 수검자가 계속 5개 이상씩 반응하려 한다면 여섯 번째나 일곱 번째 반응에서는 다음 카드로 넘어간다. 그 후에도 수검자가 5개 이하로 반응할 때까지 같은 방식으로 진행한다.

여기까지는 엑스너의 워크북에서 언급하고 있는 절차이다. 이제부터는 엑스너의 워크북에 명시적으로 해당 문제 상황에서의 실시 방법이 소개되어 있지 않지만 현실적으로 발생할 수 있는 경우의 수를 고려해, 본 연구회에서 추천하는 방법을 제시하려고 한다. 이때 기본 원리는 다음과 같다.

로르샤흐 검사를 실시할 때 평가자는 수검자에게 로르샤흐 검사에서 어떻게 반응해야 하는지 명확하게 규칙을 전달하지는 않지만 검사에 참여하면서 수검자가 자연스럽게 검사에 응하는 방식을 익힐 수 있도록 한다. 기본적으로 로르샤흐 검사의 암묵적인 규칙 혹은 권장되는 반응 방식은 보통 카드별로 기대되는 반응 수가 2~5개라는 것이다.

로르샤흐 검사에 처음 참여하는 경우, 수검자는 로르샤흐 검사의 암묵적인 규칙 혹은 권장되는 반응 방식을 알기가 어렵다. 그래서 I번 카드에서 수검자가 반응을 1개만 하거나 6개 이상 하려고 하는 경우, 평가자는 수검자가 암묵적인 반응 규칙을 알아차릴 수 있도록 적절한 개입을 즉각적으로 한다.

I번 카드에서 수검자가 6개 이상의 반응을 하려고 시도하는 경우에는 다섯 번째 반응 후 카드를 회수하게 된다. 그리고 II번 카드에서도 만약 수검자가 이러한 규칙 혹은 검사에서 권장되는 방식을 알아차리지 못한 것처럼 보인다면, 그에 대한 적절한 개입을 한다. 예컨대, I번 카드에서 수검자가 6개의 반응을 시도하려 했을 때 카드를 회수하고 II번 카드로 넘어간

경우에도 여전히 수검자가 6개의 반응을 시도하려 할 때는 반응 규칙에 대한 전달이 충분히 이루어지지 않은 것으로 간주하여 카드를 회수한 후 다음 카드로 넘어간다.

하지만 이러한 개입 과정을 통해 수검자가 5개 이하로 반응하고 나면, 그다음부터는 6개 이상 반응해도 추가적인 개입을 하지는 않는다. 추가적인 개입이 수검자의 자연스러운 반응 과정을 방해할 수 있기 때문이다.

로르샤흐 검사에서는 수검자의 반응 수가 지나치게 많기 때문에 평가자가 개입을 하는 경우와 반응 수가 적기 때문에 개입을 하는 경우, 그 구체적인 개입 방식이 다르다. 왜냐하면 로르샤흐 검사에서는 반응 수의 많고 적음에 따른 영향력이 서로 다르게 나타나기 때문이다.

로르샤흐 검사에서는 반응 수가 적은 경우, '재실시'를 하는 안전 장치를 두고 있다. 하지만 설사 재실시가 가능하다 하더라도, 재실시를 하는 것보다는 첫 번째 시행에서 충분한 반응 수를 확보하는 것이 더 바람직할 것이다. 이런 점에서 반응 수가 적어서 개입을 하는 경우에는 되도록이면 반응 수가 조금 더 증가할 수 있는 방향으로 진행하게 된다.

반면에 수검자의 반응 수가 지나치게 많은 경우, 로르샤흐 검사는 평가자와 수검자 모두에게 혐오자극이 될 위험성이 있다. 예를 들면, 드물기는 하지만 70개 이상의 반응이 나타날 경우, 로르샤흐 검사 시간은 평균에 비해 세 배 이상이 될 수 있다. 게다가 채점 시간도 그에 비례해서 늘어나지만 그처럼 고된 작업에도 불구하고 해석적인 정보는 반응 수에 비례해서 늘어나지 않는다. 이런 점에서 반응 수가 많아서 개입을 하는 경우에는 반응 수가 과도하게 많아지지 않을 수 있게끔 진행하게 된다.

기본적으로 반응 수가 많아서 개입을 하는 경우에는 이례적인 상황(6개 이상 반응하는 것)을 한 번만 허용한다. 예컨대, 수검자가 I번 카드에서 5개 이하의 반응을 한 후 II번 카드에서 반응을 6개 이상 하는 경우에는 별도의 개입을 하지 않는다. 이러한 경우 평가자는 I번 카드에서는 별도의 개입을 할 이유가 없었고 결과적으로 수검자에게 로르샤흐 검사의 암묵적인 규칙을 전달할 기회가 주어지지 않았다. 이러한 상황에서 평가자는 수검자가 II번 카드에서 많은 반응을 산출하게 된 이유를 파악하기 어려울 것이다. 어쩌면 검사의 진행 방식에 관해 전달받지 못해서 그런 것일 수도 있고 원래 수검자가 II번 카드에서 많은 반응을 산출할 만한 심리적 특성을 갖고 있기 때문일 수도 있다.

이러한 경우에는 II번 카드에서 이례적인 상황(6개 이상 반응하는 것)을 한 번 허용한 후 만약 III번 카드에서도 반응을 6개 이상 하려고 할 때 카드를 회수하고 그다음 카드를 전달한다. II번과 III번 카드 모두에서 반응을 6개 이상 하려고 하는 경우에는 수검자가 검사의 진행 방식에 관해 모르기 때문에 그런 것이라고 해석할 수 있기 때문이다.

I번과 II번 카드의 반응 수는 5개 이하지만 III번 카드에서 여섯 번째 반응을 하려고 한다면, 역시 마찬가지로 수검자의 반응을 제한하지 않고 계속 반응하도록 둔다(이례적인 상황의 1회 허용). 이어서 IV번 카드에서도 여섯 번째 반응을 하려고 한다면 이때는 IV번 카드를 회수하고 그다음 카드로 넘어갈 것을 추천한다. 그리고 수검자가 5개 이하의 반응을 하는 카드가 나올 때까지 이렇게 진행한다.

단, 엑스너에 따르면, I, II, III번 카드 모두에서 반응을 5개 이하로 한 후 IV번 카드에서 반응 수가 증가하는 경우에는 별도의 제지 과정 없이 6개 이상 반응하도록 둘 뿐만 아니라, 그 다음 카드들에서도 계속해서 6~7개의 반응까지 허용한다.

반응 수가 많아서 개입하는 경우와는 대조적으로, 검사의 규칙을 암묵적으로 전달한 이후에도 여전히 반응 수가 적어서 개입하는 경우에는 이례적인 상황(한 개만 반응하는 것)을 두 번 허용한다. 예를 들면, 수검자가 I번 카드에서 반응을 하나만 하는 경우 평가자는 수검자가 더 많은 반응을 하게끔 격려한다. 이때 수검자는 추가 반응을 할 수도 있고 하지 않을 수도 있을 것이다. 어느 쪽이든 수검자가 I번 카드에 대한 반응을 마치면 II번 카드로 넘어간다. 그런데 수검자가 II번 카드에서도 반응을 하나만 하고 또 III번 카드에서도 반응을 하나만 하면, 두 번은 별도의 개입 없이 기다려 준다. 그 후 IV번 카드에서도 하나의 반응만 하면 그때는 다시 한번 격려를 해 준다. 이때 중요한 점은 II번 카드와 III번 카드에서는 수검자가 시간적인 여유를 갖고서 반응을 할 수 있도록 평가자는 기다려 주기만 해야 한다는 것이다.

평가자가 이러한 방식으로 개입했는데도 불구하고 수검자가 로르샤흐 검사의 암묵적인 규칙 혹은 권장되는 반응 방식에 부합되지 않는 방식으로 계속 검사에 임할 때도 있다. 그러한 경우에 평가자는 수검자가 추가 반응을 할 수 있도록 지속적으로 개입할 것을 추천한다. 그리고 평가자가 검사 과정에서 개입할 때, 수검자의 반응 수가 많은 것이 조증과 같이 수검자가 현재 경험하고 있는 정신병리를 나타내는 것은 아닌지 신중하게 고려해 볼 필요가 있다. 지금까지 설명한 검사 실시 방법과 관련해서는 [그림 1-2]를 참고하기 바란다.

## ◆ 반응 단계의 재실시

수검자가 10장의 카드 전체에 대해 반응을 마쳤다면 질문 단계로 넘어간다. 단, 전체 반응 수가 14개 미만이라면 결과를 타당하게 해석하기 어렵기 때문에 반응 단계를 한 번 더 실시해야 한다. 평가자는 수검자에게 재실시를 해야 함을 알리고 그 이유를 다음과 같이 설명한다.

> "지금 한번 해 보셨는데, 응답 수가 충분하지 않네요. 그래서 같은 방식으로 한 번 더 하려고 합니다. 이번에는 처음에 응답해 주신 것보다 더 많은 것을 이야기해 주셔야 합니다. 원하신다면 처음에 보신 것들을 포함해도 됩니다."

그리고는 충분히 반응하도록 격려하며 I번 카드부터 순서대로 재실시한다. 응답수가 적다는 이야기를 듣고서 수검자는 반응을 얼마나 해야 하는지 궁금해할 수 있다. 수검자가 협조적이라면 지금까지 한 것보다 더 많이 하면 된다고 이야기해 주고 원하는 대로 응답하도록 둔다. 그러나 방어적이거나 비협조적인 태도를 보인다면 조금 더 직접적이고 구체적으로 말해 주는 것이 효과적이다: "원하는 대로 하시면됩니다. 그렇지만 이번에는 몇 개 정도는 더 해 주셔야 합니다." 그리고 라포 형성을 위해 노력하면서 재실시한다.

재실시 후에 총 반응 수가 14개 이상이라면 질문 단계로 넘어간다. 그러나 반응이 여전히 14개 미만으로 적다면 그 자체로 제한된 범위 내에서 결과를 활용하거나 다른 평가 방법을 고려해야 한다. 대개 이런 경우는 특별한 이유가 있게 마련이므로 수검자가 반응을 적게 하게 된 이유를 탐색하는 것이 필요하다.

**로르샤흐 검사 실시에서의 주요 원칙 요약([그림 1-2] 참조)**

1. I번 카드에서 수검자가 반응 실패를 하는 경우, 격려를 하고 라포를 형성함

   그다음에 검사 설명을 진행하고 재실시를 함

2. I번 카드에서 수검자가 반응을 1개만 하는 경우, 평가자는 격려를 해야 함

   2-1. 격려 후 추가 반응이 없을 때는 II번 카드로 넘어가는데 만약 이때 반응 실패를 하면 라포 형성 후 재실시를 함

   2-2. 격려 후 만약 I번 카드에서 추가 반응을 하면 시간적인 여유를 주고서 기다렸다가 II번 카드로 넘어가는데 만약 II번 카드와 III번 카드에서 반응을 하나씩만 하면 이례적인 상황을 2회 허용한 셈이므로 IV번 카드에서도 반응을 하나만 하면 격려를 함

3. I번 카드에서 수검자가 반응을 2~5개 하는 경우,

   3-1. 그다음에 II번 카드에서 6개 이상의 반응을 시도하면 이례적인 상황을 1회 허용하고서 III번 카드로 넘어감. 만약 III번 카드에서도 6개 이상의 반응을 시도하면 III번 카드를 회수함. 그 후 반응 수가 5개 이하가 될 때까지 카드를 회수하는 과정을 반복함

   3-2. 그다음 II번 카드에서도 수검자가 반응을 2~5개 한 후, 만약 III번 카드에서 6개 이상의 반응을 시도하면 이례적인 상황을 1회 허용하고서 IV번 카드로 넘어감. 만약 IV번 카드에서도 6개 이상의 반응을 시도하면, IV번 카드를 회수함. 그 후 반응 수가 5개 이하가 될 때까지 카드를 회수하는 과정을 반복함

   3-3. 그다음 II번과 III번 카드에서도 반응을 2~5개 한 후 IV번 카드에서 6개 이상의 반응을 시도하면 별도의 개입 없이 V번 카드로 넘어감. V번 카드에서도 6개 이상의 반응을 시도하면 6~7개 반응까지 허용한 후(예외 규정) V번 카드를 회수함. 그 후 반응 수가 5개 이하가 될 때까지 이러한 과정을 반복함

4. I번 카드에서 6개 이상의 반응을 시도할 경우, I번 카드를 회수하고서 II번 카드로 넘어감. 그 후 II번 카드에서도 6개 이상의 반응을 시도하면 II번 카드를 회수하고 III번 카드로 넘어감. 반응 수가 5개 이하가 될 때까지 이러한 과정을 반복함. 단, 그 이후로 수검자가 5개 이하로 반응하면, 그다음부터는 6개 이상 반응하더라도 별도의 개입을 하지 않음

5. 전체 반응 수가 14개 미만이라면, 반응 단계를 재실시해야 함

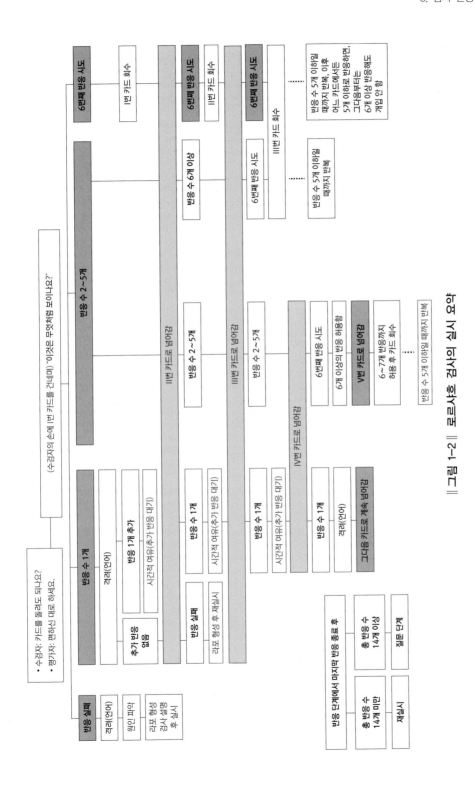

‖ 그림 1-2 ‖ 로르샤흐 검사 실시의 요약

## 3) 질문 단계

반응 단계가 끝나면 질문 단계로 넘어간다. 평가자는 카드를 순서대로 정리한 다음 수검자에게 질문 단계에 대해 설명해 준다. 로르샤흐 검사에서 질문 단계는 잘못 시행하기 쉬운 영역 중 하나이다. 로르샤흐 검사 자료를 의미 있게 해석하기 위해서는 질문 단계를 정확하게 시행하는 것이 매우 중요하다. 〈표 1-1〉에는 질문 단계의 예가 소개되어 있다.

### ◆ 목적

질문 단계는 수검자의 반응을 정확하게 채점하기 위해 진행된다. 이때 검사 자료를 채점한다는 것은 수검자의 반응을 로르샤흐 검사 언어로 변환하는 것(기호화)을 말한다. 질문 단계의 주요한 목적은 수검자의 반응이 로르샤흐 카드의 잉크반점 중 어떤 부분에서 산출된 것인지 그리고 수검자는 잉크반점의 어떤 특징 때문에 그렇게 반응한 것인지를 확인하는 것이다.

질문 단계는 새로운 반응을 얻기 위한 것이 아니다. 질문 단계는 전적으로 반응 단계에서 얻은 응답내용의 채점을 위해 정보를 명료화하고자 진행하는 것이다.

### ◆ 속도

로르샤흐 검사를 실시할 때 적정 속도를 유지하는 것이 중요하다. 보통 반응 단계는 평균 20분 정도 진행되지만 질문 단계는 평균 30분 이상 소요된다. 질문 단계에 소요되는 실제 시간은 수검자가 얼마나 협조적으로 검사에 임하는지, 그리고 평가자와 수검자가 비언어적인 정보를 얼마나 효과적으로 의사소통하는지 등에 달려 있다. 평가자가 질문 단계를 효과적으로 진행하지 못하는 경우, 수검자는 자신의 본래 특성과는 무관하게 평가자에 의해 촉발된 방어적 태도를 나타낼 수 있다. 이러한 결과는 로르샤흐 검사 결과를 신뢰롭게 해석하는 데 걸림돌이 될 수 있기 때문에 특별히 주의해야 한다.

📖 표 1-1 로르샤흐 검사 반응을 기록하는 형식의 예

| 카드 번호 | 반응 번호 | 반응 시간 | 회전 | 반응내용 | 질문 | 채점 |
|---|---|---|---|---|---|---|
| 1 | 1 | 5" | | (이것이 무엇처럼 보이시나요?) 달려오는 소의 앞 모습이에요. | (이제 카드를 처음부터 다시 보여 드리겠습니다. 지금까지 말씀하신 것들을 제가 ○○님께서 보신 것처럼 볼 수 있도록 자세히 설명해 주시면 됩니다. 제가 카드를 한 장씩 보여 드리고 ○○님께서 한 반응들을 알려 드리면, 카드의 어느 부분에서 그렇게 보셨는지 그리고 카드의 어떤 특징 때문에 그렇게 보신 것인지를 알려 주세요. 그럼 첫 번째 카드부터 시작하겠습니다. 이해되셨나요?)<br>평: 이 카드에서 달려오는 소의 앞모습이라고 하셨는데 어디서 그것을 보셨나요?<br>수: 여기 이렇게 전체를 다 본 겁니다.<br>평: (카드의 어떤 특징 때문에 그렇게 보셨나요?)<br>수: 눈(DdS29)을 이렇게 무섭게 뜨고 여기는 뿔(DdS30)이랑 귀가 있어서요.<br>평: (무섭게 떴다고요?)<br>수: 눈을 이렇게 부릅뜨고 시커먼 애가 정면으로 달려오는 것 같아서요. | WSo FM[a]. FCu Ad 3.5 |
| 1 | 2 | 42" | | 더 보이는 것은 없어요. (시간은 충분합니다. 서두르지 마십시오.) 몇 개나 말해야 하나요? (대개 하나보다는 더 많이 반응합니다.) 여자 두 명이 서 있는 것 같아요. | 평: (여자 두 명이 서 있는 것 같다고 하셨는데 어디서 그렇게 보셨나요?)<br>수: 이번에는 전체가 아니라 부분만 봤어요.<br>평: (당신이 본 대로 저도 정확하게 볼 수 있도록 손가락으로 그 부분을 가리켜 주세요.)<br>수: 여기랑 여기요.<br>평: (카드의 어떤 특징 때문에 그렇게 보셨나요?)<br>수: 이렇게 서로 어깨동무하고 손을 들고 있어요.<br>평: (여자라고 했는데 저도 그렇게 볼 수 있도록 도와주세요.)<br>수: 허리가 들어가서 잘록하고 골반 라인이 동그랗게 드러나서 여자라고 했어요. | D+4 M^po (2) H 4.0 COP, GHR |

## ◆ 질문 단계에 대한 소개

기본적으로 질문 단계는 반응 단계에서 수검자가 보고한 내용을 평가자도 똑같이 이해하기 위해 시행하는 것이다. 그래야 평가자는 수검자의 반응을 정확하게 로르샤흐 언어로 옮길 수 있기 때문이다.

간혹 수검자들은 질문 단계에 대해 그저 반응 단계를 반복한다고 생각할 수도 있고, 자신이 한 반응이 틀리거나 이상하기 때문에 질문을 받는다고 느낄 수도 있다. 그렇기 때문에 수검자에게 질문 단계를 시행하기에 앞서 질문 단계의 목적 등에 관해 잘 설명해 주어야 한다. 이를 통해 평가자는 수검자가 질문 단계에서 자신이 무엇을 해야 하는지에 대해 이해할 수 있도록 도울 수 있다.

> "이제 카드를 처음부터 다시 보여 드리겠습니다. 지금까지 말씀하신 것들을 저도 ○○님께서 보신 것처럼 볼 수 있도록 자세히 설명해 주시면 됩니다. 제가 카드를 한 장씩 보여 드리면서 ○○님께서 한 반응들을 알려 드리면, 카드의 어느 부분에서 그렇게 보셨는지 그리고 카드의 어떤 특징 때문에 그렇게 보신 것인지를 알려 주세요."

질문 단계에서 수검자들은 다양한 질문을 한다. 질문과 이에 대한 답변의 예시는 다음과 같다.

- "왜 이런 작업을 해야 하나요?"(검사 결과를 해석하려면 저도 ○○님께서 본 대로 볼 수 있어야 하기 때문입니다.)
- "제가 어떤 말을 하기를 원하나요?"(카드의 어느 부분에서 그렇게 보셨는지 그리고 카드의 어떤 특징 때문에 그렇게 보신 것인지를 제게 알려 주시면 됩니다.)
- "카드에서 다른 것을 더 찾아야 하나요?"(아니요. 아까 말씀하셨던 것에 대해서만 답변해 주시면 됩니다.)

이처럼 평가자는 수검자의 질문에 답변하는 과정에서 질문 단계를 시행하는 이유를 명확하게 설명해 주어야 한다. 때때로 수검자는 질문 단계에서 어떻게 대답해야 하는지 갈피를 잡지 못하고 어려워하거나 난감해하기도 한다. **이런 경우, 평가자는 카드마다 정답이 있는 것은 아니며 사람마다 다양하게 대답한다는 점을 다시 한번 설명해 줄 필요가 있다.** 이때 중요한 점은 수검자가 질문 단계의 목적을 제대로 이해하지 못하거나 방어적인 태도를 보이는 상황에서는 질문 단계를 강행해서는 안 된다는 것이다.

#### ◆ 절차

수검자가 질문 단계를 시작할 준비가 되었다고 판단되면 평가자는 첫 번째 카드를 건네면서 "그럼 첫 번째 카드부터 시작할게요."라고 말한다. 평가자는 카드를 하나씩 보여 주며 "이 카드에서는 ~라고 하셨어요." 혹은 "조금 전에 ~라고 하셨습니다."라고 말하면서 수검자의 반응을 한번에 하나씩 그대로 읽어 준다. 만약 수검자가 질문 단계에 대해 올바르게 이해하고 있다면 질문 단계에서 필요로 하는 반응영역과 잉크반점의 특징에 대해 자연스럽게 답변할 것이다. 단, 평가자는 반응 단계에서 받아 적었던 것을 그대로 읽어야 하며 표현을 임의로 수정하면 안 된다.

한 반응에서 채점에 필요한 정보를 모두 확인하고 나면 평가자는 수검자에게 다음 반응을 알려 준다. 하나의 카드에서 모든 반응에 대한 질문이 마무리되고 나면 다음 카드로 넘어간다. 때로는 처음에 질문 단계의 목적을 이해한 것처럼 보였던 수검자도 막상 질문 단계가 시작되면 제대로 답을 못하기도 한다. 예컨대, 평가자가 반응을 그대로 읽어 주면 아무런 설명 없이 "네, 맞습니다."라고만 대답하는 것이다. 이런 경우 질문 단계에 대한 설명을 다시 진행해야 한다.

어떤 수검자들은 질문 단계에서 반응영역에 대해서는 어느 정도 답변을 하지만 잉크반점의 특징에 대해서는 잘 모르겠다고 하거나 "그냥 그렇게 보여서 그렇게 답한 거예요."라고 말하기도 한다. 이 경우 지지적인 태도로 분명하게 질문 단계를 진행하는 목적을 설명해 주어야 한다.

어린아이들의 경우 질문 단계를 시행하는 것이 어려울 수 있다. 그럴 때는 다독이고 격려하며 아이가 흥미로워하는 것을 가지고 함께 연습해 보는 것이 도움이 된다. 예컨대, 장난감 자동차를 제시하면서 "이게 뭐지?"라고 묻는 것이다. 아이가 자동차라고 대답을 하면 "그래, 잘했어. 그런데 이게 자동차라는 것을 어떻게 알 수 있지?"라고 한 번 더 묻고 아이가 자동차의 구체적인 특징(바퀴 등)을 말할 수 있도록 이끌어 준다. 그 후 질문 단계로 되돌아간다.

#### ◆ 질문을 위한 의사결정

협조적이거나 질문 단계의 실시 목적에 대해 잘 이해하고 있는 수검자라면, 질문 단계에서의 기본 지시문만으로도 충분한 정보를 제공하기 때문에 추가 질문이 필요 없을 수 있다. 하지만 이런 경우는 매우 드물다. 대부분의 경우 평가자는 질문 단계에서 추가 질문을 하게 된다.

질문 단계를 효과적으로 시행하기 위해서는 기본적으로 평가자가 로르샤흐 검사의 채점 방법을 잘 알고 있어야 한다. 그래야 질문 단계에서 어떤 질문을 해야 하는지를 신속하게 판단할 수 있다. 질문 단계에서는 다음의 세 가지 정보를 확인할 필요가 있다.

첫째, 반응영역(location: 잉크반점의 어느 부분에서 반응을 보았는지)이다. 둘째, 결정인(determinants: 잉크반점의 어떤 특징 때문에 그렇게 반응한 것인지에 관한 정보)이다. 셋째, 반응내용의 명료화(반응내용이 구체적으로 무엇인지에 대한 상세 정보)이다.

세 가지 중 반응영역과 반응내용의 명료화는 상대적으로 파악하기 쉬운 편이다. 수검자가 반응영역을 말하면 반응영역 기록지에 반응번호와 반응영역을 표시한다. 반응영역을 기록하는 목적은 누구든지 동일하게 수검자의 반응영역을 확인할 수 있도록 하기 위함이다. 이때 반응영역을 정확하게 기록해 두지 않으면 로르샤흐 검사의 많은 요소를 채점할 수 없게 된다. 예컨대, 수검자가 I번 카드에서 사람을 보고하더라도 구체적으로 어느 영역에서 본 것인지에 따라 지각적 정확성에 대한 기호화가 달라지게 된다.

만약 수검자가 반응영역을 구체적으로 보고하지 못하면 추가 질문을 통해 파악해야 한다. 이때는 다음과 같은 질문을 하는 것이 도움이 된다. "카드의 어느 부분에서 그렇게 보았나요?", "저는 ○○님이 본 것과 똑같이 보기 어려우니 손가락으로 가리켜 보세요." 만약 어떤 이유에서든지 수검자가 반응영역에 대해 답하는 것을 매우 어려워하면 세부적으로 지시할 수도 있다. 예를 들어, 반응 단계에서 I번 카드를 보고 "날개 달린 천사예요. 머리가 작고 허리가 잘록해요."라고 응답한 경우, 질문 단계에서 "손가락으로 머리, 허리, 날개 등을 짚어 보세요."라고 구체적으로 확인할 수 있다. 단, 이러한 질문들은 로르샤흐 검사 카드를 다시 건넨 상태에서 진행해야 한다.

질문 단계에서의 가장 어려운 문제는 주로 결정인과 관계된 정보를 수집할 때 일어난다. 기본적으로 카드를 보고 반응하는 것과 해당 카드에서 왜 그런 반응을 했는지 설명하는 것은 별개의 과정이다. 보통 수검자는 결정인에 어떤 요소들이 포함되는지 모르는 상태에서 답변을 한다. 따라서 평가자는 수검자가 반응 단계에서 한 응답만으로 결정인 채점을 하기가 어렵다면, 결정인 채점을 할 수 있도록 추가 질문을 해야 한다.

#### ◆ 기본 질문

기본적으로 평가자가 수검자에게 하는 질문은 비지시적이어야 한다. 대부분의 경우 질문 단계에서 평가자는 수검자의 반응내용을 반복해 주면 되지만 때로는 다른 방식으로 질문해야 할 때도 있다. 질문 단계에서 사용되는 기본 질문은 다음과 같다. "저는 ○○님이 본 것처럼 볼 수가 없네요. 어떻게 하면 그렇게 볼 수 있을까요?"

하지만 같은 질문을 여러 차례 반복하게 되면 수검자가 어색해할 수도 있다. 이런 경우에는 "저를 조금 도와주면 좋겠어요. 저는 여전히 ○○님이 본 것처럼 보기가 어렵네요."라고 말할 수 있다.

보통 질문 단계에서는 결정인에 초점을 둔 질문에 많은 시간을 할애하게 된다. "○○님이 카드의 어떤 특징 때문에 그렇게 본 것인지 잘 모르겠네요."라고 말하는 것이 그 예이다. 때로는 종합적인 성격의 추가 질문이 필요할 수도 있다. "○○님에게 그렇게 보인다는 것은 잘 알겠어요. 그런데 앞서 말한 것처럼, 저도 ○○님처럼 똑같이 볼 수 있어야 해요. ○○님이 잉크반점의 어떤 점 때문에 그렇게 본 것인지 저도 이해할 수 있게 도와주세요."

#### ◆ 핵심단어 관련 질문

채점 과정에서 결정인을 채점하다 보면, 검사의 질문 단계에서 구체적으로 질문하지 않았기 때문에 결과적으로 형태 반응(F)밖에 채점할 수 없는 경우가 생기기도 한다. 예를 들어, 수검자가 I번 카드에서 '악마의 얼굴'로 반응하고 질문 단계에서 "여기가 눈, 코, 입이라서요."라고 말한 경우 이대로 질문 단계를 끝내면 결정인 채점은 형태 반응(F)이 된다. 그런데 만약 평가자가 "눈이라고 하셨지요, 어떤 특징 때문에 눈이라고 보셨나요?"라고 조금 더 구체적으로 물어보았다고 가정해 보자. 수검자가 "모양이 눈처럼 생겼고 여기는 검은데 여기는 흰색이라서요."라고 답한다면, 이때 결정인 채점은 형태-무채색 반응(FC′)이 된다. 그리고 "여기보다는 여기가 더 진하고 또 눈썹도 있으니까요."라고 대답하면 음영 반응(FY)을 추가로 채점할 수 있다.

보통 '울퉁불퉁한'이라는 단어는 음영 차원 반응(V) 채점을 고려할 수 있고 '밤(night)'이나 '밝은'과 같은 표현은 음영 또는 무채색 결정인에 대한 채점을 고려해 볼 수 있다. 또 '털'이나 '가죽'과 같은 단어는 음영 재질 반응(T)의 채점을 고려할 수 있다. 이와 같이 질문 단계에서 평가자가 수검자의 반응에 영향을 준 잉크반점의 특징에 대해 구체적으로 질문하면 결정인 채점이 달라질 수 있으므로 평가자는 결정인 채점 방법을 정확하게 숙지해야 한다.

질문 단계에서 수검자가 핵심단어(key word)를 언급하거나 시사하는 반응을 하는 경우, 평가자는 특히 신중하게 질문할 필요가 있다. 핵심단어는 수검자가 결정인에 관해 직접적으로 언급하지는 않았지만 수검자의 반응이 특정 결정인과 관계가 있을 가능성이 높은 단어를 말한다. 이러한 핵심단어로는 아름다운, 예쁜, 허약한, 울퉁불퉁한, 음울한, 격렬한, 다친, 밝은 같은 형용사나 서커스, 파티, 슬퍼하다, 즐거워하다, 모피, 피, 털, 소풍, 눈(snow) 등과 같은 명사나 동사가 있다. 평가자는 질문 단계에서 이처럼 결정인과 관계가 있을 가능성이 높은 핵심단어에 주의를 기울여야 한다.

예컨대, '예쁘다', '아름답다', '화려하다'와 같은 단어는 유채색 결정인을 포함하고 있을 가능성이 있다. 수검자가 반응 단계에서 '아주 예쁜 꽃'이라고 반응했는데 질문 단계에서 '이것은 줄기일 것 같고 여기는 꽃잎'이라고 응답했다면 "아주 예쁜 꽃이라고 했지요?"라고 추가 질문을 해야 한다. 반면에 반응 단계에서 예쁘다는 단어를 사용하지 않고 그냥 '꽃'이라고 응답하고 질문 단계에서 '이것은 줄기일 것 같고 여기는 꽃잎'이라고 응답했다면 잉크반점의 유채색 특징과 관계된 반응일 가능성이 있더라도 추가 질문을 해서는 안 된다. 수검자가 자발적으로 핵심단어와 같은 단서를 제시한 경우에 한해서 결정인 채점을 위한 추가 질문을 하는 것이 좋다.

때로는 질문 단계에서 이미 하나 이상의 결정인이 확인된 이후에도 다른 결정인에 대해 추가적으로 탐색할 필요가 있기도 하다. 예를 들어, 수검자가 "두 사람이 어두운 곳에서 무언가를 하고 있는 것 같아요."라고 반응했다고 해 보자. 무언가를 하고 있다는 표현은 결정인 중 운동 반응을 시사한다. 하지만 그 운동 반응이 수동인지 능동인지를 추가로 확인할 필요가 있다. 또 '어두운'이라는 핵심단어가 사용되었기 때문에 무채색 혹은 음영 결정인의 가능성을 고려해 "어두운 곳이라고 하셨지요?"라는 식으로 추가 질문을 해야 한다.

때로는 수검자가 핵심단어를 질문 단계에서 처음 표현하는 경우도 있다. 수검자가 반응 단계에서 응답한 내용을 평가자가 반복해서 읽어 준 후 나오는 첫 언어 반응에서 핵심단어가 포함되었다면 추가 질문을 해야 한다. 예를 들어, 수검자가 반응 단계에서는 '고양이 두 마리'라고 말했는데 질문 단계에서 평가자가 그대로 읽어 주는 내용을 듣고 첫 반응으로 "앞발을 서로 들고 있어요. 그중 한 마리는 상처를 입었네요."라고 말했다고 해 보자. 이 경우 상처는 명백히 핵심단어에 해당되기 때문에 "상처라고 하셨지요?"라는 식으로 추가 질문이 필요하다.

이때 중요한 점은 수검자가 비록 핵심단어를 질문 단계에서 처음 언급했을지라도, 그러한 반응이 얼마나 자발적으로 나타난 것인지 그리고 실제로 반응 단계에서부터 그렇게 본 것인지 여부에 따라 추가 질문이 필요할 수도 있고 불필요할 수도 있다는 것이다. 예를 들어, 수검자가 반응 단계에서 '고양이 두 마리'라고 말한 다음, 질문 단계에서 평가자가 반응을 반복한 것에 대한 첫 반응으로는 "앞발을 서로 들고 있어요."라고 말했다고 해 보자. 그 후 평가자가 "앞발을 서로 들고 있다고 하셨지요?"라고 질문하자, 수검자가 "고양이들이 서로 앞발을 들고 있는 것을 보니,

싸우고 있나 보네요. 어쩌면 그중 한 마리는 상처를 입었을 수도 있겠네요."라고 말한다면, 이때는 상처에 관한 추가 질문을 할 필요가 없다. 왜냐하면 전체적인 맥락상 수검자는 반응 단계 때부터 상처를 염두에 두고 있었다기보다는 질문 단계에서 평가자의 질문에 응답하는 과정에서 덧붙인 반응으로 보이기 때문이다. 만약 수검자가 "어쩌면 ~했을 수도 있겠네요."라고 말하는 것이 아니라 '상처를 입었다'고 보다 분명하게 언급한다면 추가 질문을 하는 것이 좋다. 핵심단어가 질문 단계에서 처음 나타나는 또 다른 예를 살펴보자.

| 반응 | 질문 |
|---|---|
| 두 사람이 있네요. | 평: (수검자의 반응 반복)<br>수: 양쪽에 하나씩 있네요.<br>평: 잉크반점의 어떤 특징 때문에 사람으로 보셨는지요?<br>수: 여기 머리, 다리, 팔이 있어요. 마치 무언가를 하기 위한 준비를 하는 것 같아요.<br>('무언가를 하기 위한 준비'는 핵심단어를 포함하고 있음)<br>평: 무언가를 하기 위한 준비라고요?<br>수: 공연 준비를 위한 스트레칭으로 몸 구부리기를 하고 있는 것 같네요. 뒤에 조명도 있고.<br>평: 조명이요?<br>수: 뒤쪽에 빨간 거요. 무대 조명 같아요.<br>평: 어떤 점에서 조명처럼 보이시나요?<br>수: 붉은색이어서요. |

이 예에서 수검자가 무언가를 하기 위한 준비라는 핵심단어를 말하기 전까지는 형태 결정인만 포함된 반응 같은 인상을 준다. 하지만 전체적인 맥락을 고려해 보면 몸을 구부리는 수동 운동 반응과 빨간 조명이라는 유채색 결정인을 포함하는 반응이라는 것을 알 수 있다. 전체적인 진행 상황을 살펴보면, 이러한 결정인이 평가자의 질문에 의해 유도된 것으로 보이지는 않는다.

방어적인 수검자는 반응을 짧게 하고 상세한 설명을 추가하지 않는 경향이 있다. 하지만 점차 검사가 진행되는 방식에 익숙해지고 나면 수검자는 자신의 반응에 대

해 조금 더 상세하게 설명하기도 한다. 중요한 점은 질문 단계를 급하게 진행해서
는 안 된다는 것이다. 평가자는 질문 단계에서 얻는 정보들을 신중하게 검토해야
하며 반응 단계에서 말했던 반응도 다시 잘 살펴보아야 한다.

질문 단계에서 평가자의 목표는 수검자가 반응 단계에서 실제 보았던 것과 그것
을 어디서 보았고 카드의 어떤 특징 때문에 그렇게 본 것인지를 정확하게 알아내는
것이다. 그리고 추가 질문을 해야 할지 여부를 판단하기가 어렵다면 질문을 안 하
는 것보다는 일단은 하는 것을 추천한다. 단, 이 경우에도 질문을 기계적으로 반복
하거나 지나치게 많이 하는 것은 피해야 한다.

#### ◆ 부적절한 질문

질문 단계에서 평가자가 수검자로부터 특정 반응을 유도하지 않으면서도 효과적
으로 질문하는 것은 매우 어려운 과제이다. 질문을 할 때는 추궁하듯 해서는 안 되
며 평가자가 염두에 두고 있는 특정 방향으로 답변을 유도해서도 안 된다. 예를 들
어, "어떤 점 때문에 그렇게 보셨나요?"라는 질문은 중립적이어서 적절하다. 하지만 "색
깔 때문인가요?"라거나 "다른 색이었다 하더라도 그렇게 보았을까요?"라는 식으로
결정인을 직접 언급하거나 유도하는 것은 적절하지 않다.

평가자는 수검자의 반응이 특정 결정인으로 채점될 수 있다는 생각이 들더라도
결코 그러한 방향으로 유도 질문을 해서는 안 된다. 수검자가 색깔 때문이라고 답
하는 경우에도, 색깔은 무채색과 유채색을 모두 포함하므로 한 번 더 확실하게 질
문하는 것이 좋다. 수검자가 쌍 반응을 시사하는 반응을 하더라도 "두 개인가요?"
라거나 "몇 개인가요?"라고 묻는 것은 적절하지 않으며, "제가 당신이 본 부분을 확
인할 수 있도록 손가락으로 가리켜 보세요."라고 말하는 것이 좋다.

때로는 수검자가 반응 단계에서 로르샤흐 채점과 관련된 세부 내용까지 충분히
대답을 해서 반응 단계의 정보만으로도 채점이 가능할 수도 있다. 이런 경우에는
질문 단계에서 굳이 전체 내용을 반복하지 않아도 되며 꼭 필요한 부분에 한해서
질문을 통해 확인하고 넘어간다.

**질문 단계는 결국 수검자의 반응을 로르샤흐 언어로 채점하기 위해 추가적인 정보를 얻는**

과정이다. 따라서 질문을 하거나 질문을 하지 않기로 결정할 때는 늘 채점 기준을 염두에 두고서 결정을 내려야 한다. 수검자가 답변을 길게 했더라도 정작 채점할 때 필요한 정보가 없다면 소용이 없다. 수련생들은 종종 실시를 마치고 채점을 하면서 자신이 질문 단계에서 해야 할 질문을 빠트렸거나, 자신이 질문을 구체적으로 하지 않아 어느 것으로도 채점하기가 어렵다는 것을 깨닫게 된다. 이러한 경우를 예방하기 위해서는 수검자가 구체적으로 어떤 부분(반응영역)을 본 것인지 그리고 카드의 어떤 특징(결정인) 때문에 그렇게 응답한 것인지를 구체적으로 확인하는 것이 중요하다.

로르샤흐 검사를 실시하다 보면, 임상적으로 흥미로운 이슈가 대두될 때도 있다. 그런 경우라도 채점과 무관한 질문을 하는 것은 삼갈 필요가 있다. 수검자의 반응에 포함된 인물이 남자인지 여자인지 혹은 반응에 포함된 인물이 왜 슬퍼하는지를 묻는 것이 임상적으로는 흥미로운 질문이 될 수도 있다. 하지만 로르샤흐 검사의 표준화된 실시 절차에서는 그러한 질문을 하지 않는다. 수검자의 반응 태세에 어떤 식으로든 영향을 줄 수 있기 때문이다.

단, 평가자가 보기에 임상적으로 중요한 의미가 있다고 판단된다면, 검사를 완료한 후 꼭 필요한 정보에 한해서 질문하는 것은 가능하다. 이 경우에도 언젠가 수검자가 로르샤흐 검사를 추가적으로 받을 가능성이 있다는 점을 고려해 표준화된 실시 절차에서 벗어난 질문이 미래의 검사 과정에 영향을 주지 않도록 각별히 주의해야 한다.

#### ◆ 질문 단계에서의 저항

비협조적인 수검자는 질문 단계에서 불편감을 드러내기도 한다. 수검자는 질문 단계가 진행된다는 설명을 검사 전에 들은 적이 없기 때문에 자신의 반응에 대해 질문받는 상황을 예상하지 못한다. 어떤 수검자들은 아예 그런 반응을 한 적이 없다고 하거나 지금은 그렇게 보이지 않는다며 잘 모르겠다고 답하기도 한다. 이 경우 평가자는 반응 단계에서 그대로 받아 적은 것을 천천히 읽어 준다.

수검자가 아까 했던 반응을 떠올릴 수 없다고 하는 경우에는 여유를 갖고 기억을 떠올릴 수 있도록 충분히 격려하고 기다려 준다. 저항이 매우 심한 수검자의 경우 평가자는 "제가 이렇게 기록을 해 두었습니다."라고 말하면서 반응 단계에서 기록한 내용을 수검자에게 직접 보여 줄 수도 있다.

중요한 점은 어떠한 경우에도 평가자는 수검자의 방어적이거나 비협조적인 태도에 대해 원칙에 입각해서 대처해야 한다는 점이다. 질문 단계에서 수검자가 침묵하거나 회피적인 태도를 보인다고 해서 질문 단계를 건너뛰거나 약식으로만 진행하고 다음으로 넘어가서는 안 된다.

### ◆ 어린 아동을 위한 질문

일반적으로 아동은 성인에 비해 과제에 대한 주의집중력이 부족한 편이다. 이런 점 때문에 어떤 전문가들은 아동에게 로르샤흐 검사를 실시할 때 카드별로 반응 단계와 질문 단계를 함께 실시하는 것이 필요하다고 주장하기도 한다. 하지만 로르샤흐 종합체계에서는 이러한 방식을 추천하지 않는다.

엑스너에 따르면, 기본적으로 아동의 95% 이상이 표준 절차대로 검사를 진행할 수 있다. 하지만 6~9세의 아동 중 과잉활동을 보이는 일부 아이들은 로르샤흐 검사 실시에 필요한 50분 정도의 시간 동안 검사에 온전히 집중하기가 어려운 것으로 확인되었다. 이런 경우에는 검사를 실시하지 않는 것이 좋다.

다만, 이러한 상황하에서도 불가피하게 검사를 진행해야 한다면 표준적인 절차 대신 다음과 같은 절차를 활용할 수 있다. "이것이 무엇처럼 보이는지 말해 줄래? 그리고 나도 네가 본 것처럼 알아볼 수 있도록 내게 가리켜 줘." 이처럼 변형된 지시문을 사용하는 경우에는 질문 단계에서 추가 질문을 할 때 매우 조심스럽게 접근해야 한다. 핵심단어가 나타나는 경우에도 기본 지시문에 대한 반응으로 나타날 때만 추가 질문을 하고, 핵심단어가 평가자의 질문에 의해 유도되었을 가능성이 있을 때는 추가질문을 하지 않는다. 더불어 이렇게 수정된 절차는 임상적으로 로르샤흐 검사가 중요한 정보를 제공해 주는 경우에 한해서만 사용해야 한다.

### ◆ 새롭게 반응을 추가하는 수검자

질문 단계에서 수검자가 새로운 반응을 추가하는 경우도 종종 있다. 수검자가 반응 단계에서는 하지 않았던 내용이 질문 단계 도중에 갑자기 보이기 시작한다고 말할 수 있다. 이는 드물지 않게 일어나는 일이다. 원칙적으로 이렇게 추가한 반응은 구조 요약(제2장 참조)에는 포함시키지 않는다. 다만, 해당 내용에 대해서도 질문 단계에서 요구되는 기본적인 질문을 하고서 그 내용을 기록으로 남겨 두는 것이 좋다. 나중에 질적 해석을 위한 정보로 활용할 수 있기 때문이다.

## 4) 한계 검증

### ◆ 평범반응에 대한 한계 검증

만약 수검자가 대부분의 사람이 보고하는 것을 이례적으로 보고하지 않는 경우에는 그 수검자가 실제로 그러한 반응을 볼 수 있는 능력이 있는지를 확인하는 것이 중요할 수 있다. 이러한 이슈는 대개 사람들이 평범반응을 전혀 안 하거나 1~2개 수준에서만 평범반응을 보일 때 고려하게 된다. 대체로 이러한 일은 심각한 정신과적인 문제 증상을 보이는 수검자나 매우 창의적인 반응을 하려고 노력하는 수검자에게서 나타난다. 이 중 수검자의 반응이 어느 쪽에 해당되는지를 구분하는 절차를 한계 검증(testing the limit)이라고 한다. **이는 수검자의 특성을 살펴보고 질적인 해석을 풍부하게 하는 데 도움이 되기 때문에 권장하는 부분이다.**

한계 검증을 진행하는 절차는 다음과 같다. 수검자가 평범반응을 나타내지 않거나 매우 적게 했다고 가정해 보자. 우선은 질문 단계에서 질문이 충분히 이루어졌는지를 살펴봐야 한다. 실시 절차에 문제가 없다면, **수검자의 지각이 대부분의 사람과 다른 것일까? 수검자는 평범반응을 지각할 수 있는 능력이 있는 것일까? 혹은 평범반응을 전혀 볼 수 없었던 것일까? 바로 한계 검증은 이런 의문들에 대한 답을 찾기 위해 시행한다.**

한계 검증을 위해서는 질문 단계가 끝났을 때 평가자가 카드를 회수하며 수검자에게 검사가 거의 끝났다고 알려 주면서 자연스럽게 긴장을 풀어 준다. 그리고 평범반응을 나타내지 않은 2~3개의 카드를 수검자에게 다시 건네주면서, "때로 사람들은 여기서 ○○(평범반응 예시)를 보는데, ○○님도 보이시나요?"라고 질문한다. 이때 평범반응에 해당되는 반응영역이 어디인지는 알려 주지 않아야 한다. 대개 한계 검증을 위해 선택되는 카드는 III, V, VIII번 카드처럼 일반적으로 평범반응이 흔하게 나타나는 것들이다.

만약 수검자가 창의적으로 반응하는 것을 선호하기 때문에 평범반응을 하지 않았던 것이라면 한계 검증 과정에서 평범반응을 빠르게 인지하게 될 것이다. 이 경우 수검자는 반응 단계에서 평범반응을 지각할 수 있었지만 표현하지 않은 것이라고 해석할 수 있다. 하지만 만약 수검자가 정신장애가 있는 사람이라면 평범반응을 지각하는 데 어려움을 겪거나 사람들이 보이는 반응에 대해 의아하게 생각할 것이다. 한계 검증은 이후에 로르샤흐 검사를 재실시할 때 영향을 미칠 수 있기 때문에 한계 검증을 통해 얻게 될 정보가 임상적으로 매우 중요한 경우에만 실시하는 것이 바람직하다.

로르샤흐 검사의 실시가 끝나면, 평가자는 수검자에게 검사가 끝났음을 이야기하고, 수검자의 질문에 미처 답하지 못한 것이 있다면 잊지 않고 해 줘야 한다. 그리고 검사를 하는 동안 빠트린 것은 없는지 다시 한번 확인한다. 검사를 마치면 다음 검사를 위해 로르샤흐 검사 카드를 순서대로 정리해 두도록 한다. 다음으로는 채점 과정을 살펴볼 것이다.

◆ 질적 분석을 위한 추가 절차

엑스너가 제안하는 한계 검증 방법 외에도 질적 분석을 위해 본 연구회가 제시하는 여러 가지 추가 절차를 소개한다. 이러한 추가 절차는 검사 상황이나 목적에 맞게 선택하면 된다. 단, 이러한 절차는 임상 경험이 풍부하고 다양한 심리학적 이론에 기반하여 해석 역량을 갖춘 평가자가 사용할 때 의미가 있다. 그렇지 않다면 임의적으로 해석을 남용할 우려가 있으므로 주의해야 한다.

[카드 선호도 분류]

검사를 최종적으로 마치기 전에 수검자의 카드에 대한 선호도를 파악하고 분류하는 작업을 진행할 수 있다. 평가자가 한계 검증 단계까지 모두 마치면, "지금부터 카드를 한 번 더 보여 드릴게요. 아까처럼 하나씩 보여 드리는 것이 아니라 한번에 보여 드리겠습니다."라고 말하며 카드를 순서대로 나열한다. 평가자는 "(한 카드씩 짚으며) 여기서부터 I, II, III, IV, V, VI, VII, VIII, IX, X번입니다."라고 말하며 카드별 선호도를 10점 리커트 척도 점수로 적게 한다. 만약 기록용지가 준비되어 있지 않는 경우에는 수검자에게 카드를 하나씩 다시 보여 주면서 선호도 점수를 불러 달라고 요청한 후 평가자가 그 점수를 기록할 수도 있다.

수검자가 카드별 선호도 점수를 다 작성하면 "어떤 이유로 ○○카드가 가장 좋으셨나요?" 또는 "어떤 이유로 ○○카드가 가장 안 좋으셨나요?"라고 질문한다. 만약 수검자가 순위를 매기는 것처럼 카드별로 각각 다른 점수여야 하는지 묻는다면 "아니요. 점수가 같아도 되니 편하게 해 주시면 됩니다."라고 답한다. 또 반드시 점수가 가장 낮은(높은) 카드가 꼭 'Worst(Best)' 카드인 것은 아닐 수 있다. 만일 임상가의 판단에 따라 아동이나 인지기능이 낮아 카드별 선호도 점수를 매기는 작업이 어려운 상황이라면, 가장 좋은 카드와 가장 안 좋은 카드만 선택해 보도록 할 수도 있다.


[카드 분류]

카드를 수검자가 한눈에 볼 수 있도록 순서대로 펼쳐 놓고 마음대로 분류하도록 지시한다. "자, 마지막 과제입니다. 이 10장의 카드를 마음대로 분류해 보세요." 수검자는 자신이 원하는 대로 카드를 분류하면 되고 모든 카드가 다 포함되지 않아도 된다. 분류된 그룹은 한 개일 수도 있고 여러 개일 수도 있다. 작업이 끝나면 어떤 공통점으로 카드를 분류했는지 묻고, 각 그룹이 갖는 느낌이 긍정적인지 부정적인지 또는 중립적인지 물어본다.

# 로르샤흐 평가의 채점 I: 반응영역, 발달질, 결정인

검사를 완료하면 수검자의 반응을 채점한다. 로르샤흐 검사의 채점이란 수검자의 반응을 로르샤흐 기호로 변환하는 과정을 말한다. 이를 통해 언어반응을 구조화된 방식으로 정리할 수 있고, 수검자 간 반응을 체계적으로 비교할 수도 있게 된다. 평가자는 채점된 기호를 종합하여 '구조 요약'을 만들고, 이에 근거해 수검자의 검사 자료를 해석한다. 이를 위해 수검자의 각 반응을 정확하게 채점하는 것이 중요하다.

평가자는 채점 과정에서 언어반응 각각에 대해 〈표 2-1〉에 제시된 것처럼 9개의 채점 항목을 범주별로 확인한 후 해당되는 기호를 순서대로 표시한다. 9개 채점 항목 중 반응영역, 발달질, 결정인, 형태질, 내용반응은 모든 반응에서 기본적으로 채점된다. 그리고 쌍 반응, 평범반응, 조직활동 점수, 특수점수는 수검자의 반응에서 해당되는 내용이 있는 경우에 한해 채점된다.

🖥 **표 2-1  채점 항목과 표기 순서의 예시**

| 항목 | 반응<br>영역 | 발달질 | 결정인 | 형태질 | 쌍 | 내용 | 평범<br>반응 | 조직활동<br>점수 | 특수<br>점수 |
|------|------|------|------|------|------|------|------|------|------|
| 기호<br>예시 | W | o | F | U | 2 | H | P | 5.5 | INC,<br>PHR |

\* 이탤릭으로 표기된 항목들은 수검자의 반응에서 해당되는 부분이 있는 경우 채점됨.

항목별 채점 기준을 자세하게 살펴보기 전에 각각의 반응을 어떤 방식으로 채점하는지 예시를 통해 살펴보자. 〈표 2-2〉에는 한 수검자의 I번 카드 반응이 제시되어 있다.

🖥 **표 2-2  로르샤흐 수검자 반응 예시**

| 카드 | 번호 | 반응 | 질문 |
|------|------|------|------|
| I | 1 | 박쥐 | 박쥐처럼 양 옆 날개가 크네요. |
| | 2 | 여자 | 허리가 잘록하고 손을 이렇게 들고 있어요. |

수검자의 I번 카드 반응에 대해 〈표 2-3〉과 같이 채점하는 것이 가능하다. 수검자의 특정 반응에 대해 각 항목별로 어떤 기호를 사용하여 채점하는지에 대해서는 다음 장부터 이어지는 항목별 채점 기준을 살펴보기 바란다.

🖥 **표 2-3  로르샤흐 반응의 채점 예시**

| 카드 | 번호 | 반응<br>영역 | 발달질 | 결정인 | 형태질 | 쌍 | 내용 | 평범<br>반응 | 조직활동<br>점수 | 특수<br>점수 |
|------|------|------|------|------|------|------|------|------|------|------|
| I | 1 | W | o | F | o | | A | P | ZW | |
| | 2 | D4 | o | $M^p$ | o | | H | | | GHR |

채점할 때 기억해 두어야 할 원칙이 있다. 첫째, 채점에서의 핵심 과제는 수검자가 반응할 때의 사고과정을 포착해 내는 것이다. 이때 평가자는 반응 단계에서 산출되는 정보와 질문 단계에서 산출되는 정보가 당연히 연장선상에 있을 것이라고 오해해

서는 안 된다. 질문 단계의 반응은 처음 반응 단계와는 다른 상태에서 생성될 수 있다.[1] 평가자는 질문 단계에서 얻은 정보가 반응 단계에서 산출된 내용에 관한 것인지를 확인해 가면서 채점해야 한다. 따라서 실시 과정에서 이러한 문제에 대한 정보를 분명하게 수집해 두는 것이 필요하다. 일반적으로 반응 단계의 응답과 질문 단계의 응답이 불일치하는 경우, 반응 단계에서 일어났던 내용을 기준으로 채점한다. 다만, 반응 단계의 응답과 질문 단계의 응답이 불일치하는 경우와 질문 단계에서 수검자가 반응 단계의 응답에 대해 보충 설명을 하는 경우는 구분할 필요가 있다. 만약 질문 단계에서 반응 단계의 응답에 대한 정교화가 이루어진다면 반응 단계와 질문 단계의 반응내용을 종합적으로 고려하여 채점한다.

둘째, 반응내용 중 채점될 수 있는 주요 요소들을 충분히 확인해 가면서 채점해야 한다. 수검자의 반응과 질문 단계에서 나타난 단어 및 표현을 모두 검토해 9개 채점 항목의 기준에 해당되는 내용이 있는지를 면밀히 살핀 후 해당하는 기호를 모두 기입한다. 또 같은 채점 항목 내에서도 결정인, 내용반응, 특수점수와 같이 중복 채점이 가능한 경우는 항목 내에 해당하는 기호를 모두 표기한다. 예를 들어, 'FC. FD'(결정인), 'H,Cg'(내용반응), 'MOR,INC1'(특수점수)을 모두 기입하는 것이다.

셋째, 각 반응에 대해 9개 항목을 채점함에 있어 항목별 판단기준이 완전히 독립적인 것은 아닐지라도, 기본적으로는 독립적으로 적용된다. 때로는 여러 채점 항목의 판단기준이 유사한 것처럼 보일 수 있다. 그러나 실제로 각 채점 항목에 적용되는 구체적인 기준은 다르다. 상세한 내용은 개별 채점 항목 기준에서 더 자세히 살펴보게 될 것이다.

## 1. 반응영역

수검자의 반응을 채점할 때 제일 먼저 기록하는 항목은 '반응영역(location)'이다. 반응영역은 수검자가 반응을 산출할 때 잉크반점의 어느 부분을 사용했는지 확인하기 위한 것이다. 앞서 실시 부분에서 다룬 바와 같이, 평가자는 수검자에게 비구조화된 잉크반점을 제시하면서 무엇이 보이는지 자유롭게 응답하도록 요청하며 반응 단계에서 별도의 제한을 두지 않는다. 그에 따라 수검자는 마음대로 잉크반점의 전체를 사용해서 반응하기도 하고, 잉크반점의 일부를 사용해서 반응하기도 한다. 평가자는 수검자가 최종적으로 잉크반점의 어느 부분을 보고 반응한 것인지 확인하여 반응한 영역에 해당하는 기호를 채점한다. 반응영역을 채점하는 데 사용되는 네 가지 기호는 〈표 2-4〉와 같다.

**표 2-4 반응영역 기호**

| 기호 | 명칭 | 기준 |
|------|------|------|
| W | 전체 반응<br>(Whole Response) | 잉크반점의 모든 영역을 빠짐없이 사용하여 반응한 경우 |
| D | 흔한 부분 반응<br>(Common Detail Response) | 잉크반점의 모든 영역을 사용하지 않고, 규준집단의 5% 이상이 사용한 영역을 활용한 경우 |
| Dd | 드문 부분 반응<br>(Unusual Detail Response) | 잉크반점의 모든 영역을 사용하지 않고, 규준집단의 5% 미만이 사용한 영역을 활용한 경우 |
| S | 공백 반응<br>(Space Response) | 카드의 흰 공간을 사용하여 반응한 경우. 단독으로 표기되지 않으며 WS, DS, DdS와 같이 다른 반응영역 기호에 붙여서 사용함 |

## 1) W

수검자가 반응할 때 잉크반점 전체를 사용한 경우 W로 채점한다. 전체 영역을 하나의 대상으로 표현한 경우뿐만 아니라 반점 내의 모든 영역을 사용하여 여러 대상을 표현한 경우도 W로 채점한다. 이때 수검자가 반점 전체를 사용해서 반응을 했는지 확인하는 것이 중요하다. 반응할 때는 마치 전체 영역을 사용한 것처럼 응답하지만 실제로는 반응을 산출하는 데 잉크반점 전체를 사용하지 않은 경우가 있기 때문이다.

이때 반점의 작은 부분이라도 제외하고서 산출된 반응이라면 W로 채점하지 않는다. 예를 들어, 카드 I과 V에서 '박쥐' 반응은 가장 빈번하게 나타나는 반응이며, '박쥐'라고 반응한 사람 중 97% 정도는 잉크반점 전체를 사용해서 응답한다.[2] 그러나 일부 사람들은 '박쥐'라고 응답하기는 했으나 잉크반점의 일부를 제외하는 형태로 '박쥐' 반응을 설명하기도 한다. 이러한 경우에는 반점 전체가 사용된 것이 아니므로 W로 채점하지 않는다.

| 카드 내 반응영역 | 반응 번호 | 반응 | 질문 | 반응영역 채점 |
|---|---|---|---|---|
| W=1 ⟋2 | 1 | 나비 | 몸통이 있고 양쪽에 날개가 펼쳐져 있어서 전형적인 나비네요. | W |
| | 2 | 나비 | 큰 날개를 펼치고 있는 것 같았어요. 몸통 끝에 뾰족하게 튀어나온 건 빼고 봤어요. 나비는 침이 없잖아요. | Dd99 |

‖그림 2-1‖ 반점의 전체 영역을 활용한 반응과 반점의 일부를 제외한 반응의 채점 비교

## 2) D

수검자가 잉크반점 전체를 사용하지 않고 일부 영역을 사용한 경우 흔한 부분 반응 D 또는 드문 부분 반응 Dd로 채점한다. D와 Dd를 구분하는 기준은 규준집단에서 해당 영역을 사용한 빈도이다. 규준집단의 5% 이상이 사용한 영역은 D로 채점한다. 이러한 기준에 따라 제작된 엑스너 종합체계 작업도표에는 각 카드별로 어느 영역이 D인지가 표시되어 있다. 이러한 작업도표는 『로르샤하 종합체계 워크북』(Exner, 2006)[3] 혹은 로르샤흐 채점을 위한 소프트웨어를 참고하기 바란다.

도표에는 영역별로 숫자가 매겨져 있는데 가장 빈번하게 사용된 D 영역은 D1으로, 그리고 그다음으로 빈번하게 사용된 D 영역은 D2 등으로 표기된다. 규준집단에서 자주 사용된 영역이 D로 분류되는 점 때문에 흔히 크기가 큰 반점이 눈에 띄기 쉬워 D 영역이 될 것이라고 생각하기 쉽다. 그러나 D는 영역의 크기를 기준으로 분류하는 것이 아니라 수검자들의 반응 빈도에 따라 분류한 것이므로 D 영역에는 큰 반점과 작은 반점이 모두 포함될 수 있다.

| 카드 내 반응영역 | 반응 번호 | 반응 | 질문 | 반응영역 채점 |
|---|---|---|---|---|
| | 1 | 벙어리 장갑 | 여기(D1)가 벙어리 장갑처럼 생겼어요. | D1 |
| | 2 | 코끼리 | 큰 귀가 양쪽에 있고 몸이 커요. | D2 |

‖그림 2-2‖ 반응영역의 크기와 무관하게 D로 채점되는 예시

### 3) Dd

Dd는 수검자의 반응영역이 W나 D로 채점되지 않는 경우에 해당된다. Dd는 규준 집단에서 5% 미만으로 드물게 사용된 영역이다. 작업도표에는 숫자가 매겨진 일부 Dd 영역이 제시되어 있다. 작업도표에 나와 있는 반응영역들은 규준 자료에서 빈도를 확인할 수 있을 정도로 응답되었기 때문에 숫자가 매겨진 형태로 제시된 것이다.

| 카드 내 반응영역 | 반응 번호 | 반응 | 질문 | 반응영역 채점 |
|---|---|---|---|---|
| | 1 | 애벌레 | 기어가는 애벌레가 보여요. | Dd21 |
| | 2 | 뒤돌아 보는 여자 | 한 여자가 어딘가로 가는 중인데 누가 자기 이름을 불러서 뒤돌아보는 모습이에요. | Dd22 |
| | 3 | 짱구 | 짱구가 짱구춤 추고 있어요. | Dd99 |

‖그림 2-3‖ 반응영역의 크기와 무관하게 Dd로 채점되는 예시

수검자가 사용한 영역이 W나 D가 아니고 도표에 제시된 Dd 영역이라면 그대로 채점하면 된다. 만약 수검자가 사용한 영역이 W나 D가 아닌 동시에 작업도표에도 나와 있지 않다면, Dd99로 표기한다. 대부분의 Dd는 작은 반점이지만 Dd를 결정하는 기준 역시 영역의 크기가 아니라 규준집단에서 나타난 반응 빈도이다.

## 4) S

수검자가 카드의 흰 공간, 즉 잉크가 칠해지지 않은 빈 공간을 사용하여 반응한 경우 반응영역 기호에 S를 추가한다. 흰 공간을 사용하여 반응하는 방식은 두 가지 경우가 있다. 하나는 다른 잉크반점 영역과 함께 사용하는 것이고, 다른 하나는 흰 공간 영역만 가지고 반응하는 것이다. 둘 중 어떤 방식으로 흰 공간을 사용했더라도 S는 단독으로 채점하지 않는다. 항상 다른 영역기호에 추가하여 WS, DS, 또는 DdS와 같은 방식으로 표시한다. 전체 잉크반점과 흰 공간이 함께 사용된 경우는 WS로 채점하고, 작업도표에 제시된 흰 공간이 사용된 경우는 도표의 기호대로 DS 또는 DdS로 채점한다. 도표에 제시되지 않은 흰 공간 영역이 사용된 경우는 DdS99로 채점한다.

| 카드 내 반응영역 | 반응 번호 | 반응 | 질문 | 반응영역 채점 |
|---|---|---|---|---|
| | 1 | 발레 | 하얀 드레스 입은 소녀가 발레 동작을 하고 있어요. | DS5 |
| | 2 | 숲으로 둘러싸인 호수 | 여기(DS5) 하얀 부분이 호수고 호수 주변에는 숲(D6)이 있어요. | DS (DS5+D6) |
| | 3 | 치우천왕 | 여기가 눈(DdS30)이랑 입(DS5)이에요. 얼굴은 검고 눈썹도 빨개서 치우천왕처럼 보였어요. | WS |

‖ 그림 2-4 ‖ 반응영역이 S로 채점되는 예시

## 5) 두 개 이상의 영역이 사용되었을 때의 반응영역 기호

수검자가 반응할 때 작업도표상의 여러 영역을 동시에 사용하는 경우가 있다. 여러 개의 D 영역이 사용되는 동시에 각 영역이 분리된 대상으로 지각된 경우에는 D로 채점한다. 마찬가지로 여러 개의 Dd 영역이 사용되는 동시에 각 영역이 분리된 대상으로 지각된 경우에는 Dd로 채점한다. 그러나 여러 D 영역이 통합되어 하나의 대상으로 지각된 경우는 Dd로 채점한다.

예를 들어, 수검자가 카드 X 에서 나뭇잎(D12)을 집어 들고 움직이는 거미(D1)라고 응답한 경우 각각의 D 영역은 분리된 대상으로 보고되었으므로 D로 채점한다. 그러나 같은 두 영역에 대해 이상한 집게발(D12)을 가진 거미(D1)라고 보고된 경우 두 개의 D 영역이 하나의 대상으로 결합되었으므로 Dd로 채점한다.

한편, D와 Dd 영역이 함께 사용되는 경우가 있다. 이때 반응영역이 통합되어 하나의 대상으로 지각되었다면 Dd로 채점한다. 그러나 D와 Dd 영역이 함께 사용되었는데 각 영역이 분리된 대상으로 지각된 경우에는 아직 명확한 기준이 없는 상태이다.

이러한 문제와 관련해서는 세 가지 의견이 존재한다. 첫째, 반응영역에 대한 채점에서는 소수의 사람이 지각하는 지엽적인 영역(Dd)에 주의가 간 상태에서 반응이 산출되었는지 여부가 중요하다는 것이다. 이러한 관점에서는 D와 Dd 영역이 함께 사용되는 경우, Dd로 채점해야 한다고 본다.

둘째, 반응영역에 대한 채점에서는 D 반응을 산출할 수 있는 역량이 있는지 여부가 더 중요하다는 것이다. 이러한 관점에서는 D와 Dd 영역이 함께 사용되는 경우, D로 채점해야 한다고 본다.

셋째, 지각적 정확성을 나타내는 지표 중 하나인 형태질(form quality)의 복합대상 반응을 판단하는 기준을 차용하는 것이다. 이러한 관점에 따르면, 수검자의 반응 중 현저한 인상을 주거나 의미상 중요한 반응영역의 기호를 기준으로 기호화해야 한다는 것이다. 예컨대, 카드 I에서 "사람(D4)에게서 먼지(Dd23)가 떨어진다."고 반응한다면, 관례적으로 사람이 상대적으로 더 중요한 반응으로 간주되므로 D로 채점한다. 하지만 같은 카드에서 "사람(D4)이 피(Dd23)를 뚝뚝 흘린다."라고 반응한다면 이때는 임상장면에서는 전통적으로 피가 상대적으로 더 중요한 반응으로 간주되기 때문에 Dd로 채점한다.

아직까지는 이러한 세 가지 채점 방법 중 전문가들 사이에 공유되는 통일된 관점은 존재하지 않는다. 평가자는 세 가지 기준 중 어느 쪽을 선택하든지 간에, 해석 시에 반드시 자신이 어떤 채점 기준을 적용했는지를 유념해야 한다. 임상 현장에서 의외로 간과되는 문제 중 하나는 바로, 해석방법은 평가자가 채점을 어떻게 했는가에 따라 연동해서 바뀔 수밖에 없기 때문에 자신이 채택하고 있는 해석기준이 어떤 채점의 원리를 기반으로 하고 있는가 하는 점을 숙지하고 있어야 한다는 점이다.

## 2. 발달질

반응영역 다음으로 채점하는 항목은 '발달질(developmental quality)'이다. 발달질이라는 명칭에는 인간의 인지 발달은 지각 능력이 더욱 분화되고 통합되는 방향으로 나아가는 것이라는 관점이 반영되어 있다.[4] 따라서 발달질은 반응영역의 특징을 구체적으로 표현하는 동시에 대상들 간 연관성을 고려해 반응할 수 있는 인지적 역량을 반영한다. 발달질을 채점하는 기호의 종류와 정의는 〈표 2-5〉와 같다. 발달질 기호는 반응영역 기호 뒤에 붙여서 함께 기록한다. 예를 들어, W+, Do, Dv/+, Ddv와 같은 식이다.

발달질을 채점할 때는 두 가지 요소를 확인한다. 첫째, 일정한 형태를 갖고 있는 대상이거나 반응과정에서 구체적인 형태를 갖춘 것으로 표현된 대상, 즉 '형태의 구체성 조건'을 갖추고 있는지를 확인하는 것이다.

엑스너는 종합체계에서 로르샤흐 검사 채점 시 형태의 구체성 문제를 설명하면서 '형태요구(form demand)' 혹은 '형태요건(form requirement)'이라는 용어를 혼용했다. 문제는 로르샤흐 검사 채점 시, 형태의 구체성 관련 이슈가 발달질, 결정인 그리고 형태질 세 영역에 걸쳐서 나타나게 된다는 점이다. 기본적으로 엑스너는 이 세 영역 모두에서 형태요구와 형태요건이라는 표현을 혼용했지만, 본 연구회에서는 명료화를 위해 로르샤흐 검사 채점 시 형태의 구체성 관련 이슈가 대두될 때 서로 다른 용어를 사용해 설명하고자 한다.

📑 표 2-5  발달질 기호

| 기호 | 명칭 | 기준 |
|---|---|---|
| o | 보통 반응<br>(Ordinary<br>Response) | 일정한 형태를 갖고 있는 대상이거나 반응과정에서 구체적인 형태를 갖춘 것으로 표현된 대상<br>(예: 강아지, 나비, 꽃, 나무, 사람, 나방) |
| + | 통합 반응<br>(Synthesized<br>Response) | 두 가지 이상의 분리된 대상이 반응에 포함되며, 서로 관련된 것으로 표현됨. 더불어 포함된 대상 중 적어도 하나는 일정한 형태를 갖고 있는 대상이거나 반응과정에서 구체적인 형태를 갖춘 것으로 표현된 보통 반응인 경우. 이러한 조건을 만족하는 보통 반응이 하나 이상 포함되어 있는 경우 나머지 대상이 구체적인 형태를 갖추지 못했을 때도 +로 채점함<br>(예: 호수를 헤엄쳐 가는 물고기, 요술램프에서 나오는 연기, 케틀벨을 들고 있는 여자, 영웅의 무덤에 꽂힌 검) |
| v | 모호 반응<br>(Vague<br>Response) | 보통 반응과는 대조적으로 일정한 형태를 갖고 있지 않은 대상이거나 반응과정에서 구체적인 형태를 갖춘 것으로 표현되지 않은 대상<br>[예: 구름, 바다, 풍경, 눈(雪), 연기, 물, 산] |
| v/+ | 모호 통합 반응<br>(Vague/<br>Synthesized<br>Response) | 구체적인 형태가 없는 두 가지 이상의 모호반응이 서로 관련된 것으로 표현됨. 이때 포함된 대상 중 어떤 것도 구체적인 형태를 갖춘 것으로 표현되지 않은 경우<br>(예: 한데 뭉치는 구름, 해변과 그 주변에는 바위와 흙이 있다, 물에 비친 자연경관, 숲에 번지는 산불) |

〈표 2-5〉의 발달질 채점 기호의 정의를 보면, +와 o 기호에서는 '일정한 형태를 갖고 있는 대상이거나 반응과정에서 구체적인 형태를 갖춘 것으로 표현된 대상'인지 여부가 중요한 기준이 되는 반면, v와 v/+에서는 이러한 기준이 포함되지 않는다. 이렇게 반응이 형태의 구체성 조건을 갖추었는지 여부 그리고 반응 내 대상들 간 관련성이 있는지 여부에 따라 〈표 2-6〉과 같이 네 가지 기호로 발달질을 채점한다.

🖥 표 2-6  발달질의 분류

|  | 대상들 간 관련성이 있음 | 대상들 간 관련성이 없음 |
|---|---|---|
| 형태의 구체성 조건을 갖춤 | + | o |
| 형태의 구체성 조건을 갖추지 못함 | v/+ | v |

　　여기서 형태의 구체성 조건이 무엇인지 예시를 통해 살펴보도록 하자. 예를 들어, 사람, 나무,[5] 꽃,[6] 새, 나비 같은 대상은 각자 구분되는 범주를 가지며, 범주 내에서 일부 차이는 있겠지만 대체로 형태의 측면에서 전형성을 갖는다. 따라서 우리가 사람, 나무, 꽃, 새, 나비라고 하면 대개의 사람들은 시각적인 이미지상에서 대체로 비슷한 모습을 떠올릴 수 있을 것이다. 이런 경우 대상이 자연스럽게 일정한 형태를 갖고 있다고 판단하고 o로 채점하게 된다. 반면에 구름, 호수, 섬, 페인트, 잎, 산 등은 매우 다양한 모양을 가질 수 있기 때문에 형태의 측면에서 전형성을 갖고 있다고 보기 어렵다.[7] 이러한 대상은 자연스럽게 일정한 형태를 갖지 않으므로 v로 채점된다.

　　이번에는 반응 사례를 통해 형태의 구체성 조건에 대해 더 자세히 살펴보자. 예컨대, '산'이라는 대상은 구체적이고 전형적인 형태가 없는 대상으로 볼 수 있기 때문에 발달질이 기본적으로 v로 채점된다. 만약 수검자가 다음과 같이 '산'이라고 반응하는 경우 발달질은 v로 채점된다.

✅ **'산'이라는 반응에 대해 발달질이 v로 채점되는 경우**

| | | | |
|---|---|---|---|
| VIII | 산 풍경 | 평: (수검자의 반응 반복)<br>수: 깊은 산속이라고 생각했어요. 여기 가운데에 색이 진한 부분이 있어서 깊은 계곡이나 절벽이 있는 것 같아요. | Wv |
| IX | 단풍 든 산 | 평: (수검자의 반응 반복)<br>수: 핑크색이랑 주황색 부분에서 단풍이 생각났던 것 같아요.<br>평: 저도 단풍 든 산으로 볼 수 있도록 조금 더 설명을 해 주세요.<br>수: 색깔이 그렇고요. 계곡(D8)과 주변에 단풍이 든 것 같아서요. | Wv/+ |

주) 이하 수검자의 반응 반복 후 첫 번째 응답인 경우, '평: (수검자의 반응 반복), 수: '를 생략함.

때로는 수검자가 구체적이고 전형적인 형태가 없는 대상을 보고하지만 구체적인 형태를 갖출 수 있을 정도로 정교하게 보고하는 경우가 있다. 그 경우에는 v 대신 o로 채점한다. 예를 들어, 섬, 가죽 같은 대상은 다양한 외형을 취할 수 있고 전형적인 형태도 없기 때문에 v로 채점된다. 하지만 한라산, 표범 가죽, 바베이도스 (Barbados)섬 등과 같이 고유한 형태 특징을 갖도록 기술한 경우에는 o로 채점한다.[8]

또 다른 예를 살펴보자. 예를 들어, '연기'는 보통 v로 채점하지만 때로는 수검자가 '위로 올라갈수록 퍼지는 연기'라고 정교화해서 표현할 수도 있다. 이 경우에는 모양이 구체적으로 묘사되면서 형태가 어느 정도 갖춰지도록 표현되었으므로 v가 아니라 o로 기호화할 필요가 있다. 마찬가지로 '길게 타오르는 불꽃', '동그랗게 번져 있는 얼룩'의 경우, 본래 불꽃과 얼룩은 전형적인 형태가 없는 대상이지만 이러한 예들에서는 구체적인 형태를 갖고 있는 것으로 표현되었기 때문에 발달질을 o로 채점한다.

그러나 언어적으로 동일한 대상에 대해서도 전체적인 맥락에 따라 발달질이 v나 o로 다르게 채점될 수 있다. 예를 들면, 다음과 같은 방식이다. '주름 잡힌 나뭇잎'이라는 응답은 v로 채점하는 반면, '단풍나무 잎'처럼 잎의 종류와 형태를 구체적으로 기술한 경우에는 o로 채점한다.

✔ **동일한 대상(나뭇잎)이지만 발달질이 v로 채점되는 경우와 o로 채점되는 경우**

| | | | |
|---|---|---|---|
| IV | 땅에 떨어진 나뭇잎이에요. | 이 전체가 나뭇잎이에요. 땅에 떨어져 있는 거예요. 떨어진 채로 시간이 좀 지나서 색이 이렇게 변한 것 같아요. | Wv |
| VIII | 단풍나무 잎 같아요. | 단풍나무 잎 모양처럼 생겼어요. 캐나다 국기에 보면 이렇게 생긴 단풍나무 잎 있잖아요. 딱 그렇게 생겼는데 색깔도 울긋불긋해서 단풍나무 잎처럼 보이네요. | Wo |

그러나 이와는 대조적으로 원래는 구체적인 동시에 전형적인 형태를 갖춘 대상임에도 불구하고 반응과정에서 전형성으로부터 벗어나는 방식으로 기술된 경우에는 형태상의 구체성 기준을 충족하지 못한다고 보고 v로 채점하기도 한다. 예를 통해 살펴보자. 꽃은 엑스너가 구체적인 형태를 갖춘 대상으로 직접 언급한 바 있으며[9] 기본적으로 발달질을 o로 채점한다. 다음의 예처럼 형태상의 구체성 기준을 갖춘 것으로 표현되는 경우 발달질을 o로 채점한다.

✔ **꽃에 대한 o 발달질 채점 예시**

| | | | |
|---|---|---|---|
| VI | 꽃이요. | 전체가 꽃이에요. 여기는 줄기, 여기는 꽃잎이랑 꽃받침이요. | Wo |

다음 사례를 살펴보자. 두 사례 모두 꽃이라는 대상이 언급되었는데 각각 v와 o로 채점된다. 첫 번째 사례의 경우 피어나기 시작한 꽃은 아직 형태가 완성되지 않고 전형적인 꽃의 형태를 갖추지 못했기에 v로 채점된다. 대조적으로 두 번째 사례의 경우에는 꽃과 꽃잎이라고 설명하면서 전형적인 꽃의 형태에서 벗어나지 않는 방식으로 표현했고, 봉오리가 둥글다고 말하면서 구체적인 형태를 설명하려 했기에 발달질은 o로 채점된다.

✅ **동일한 대상(꽃)이지만 발달질이 v로 채점되는 경우와 o로 채점되는 경우**

| II | 아침에 피어나기 시작한 꽃 같아요. | 빨간색이 꽃 같아요. 막 피어나려 하는 빨간 꽃 두 송이네요. | Dv2 |
|---|---|---|---|
| VIII | 여기 꽃이 있어요. | 여기 색깔이 아름다운 부분이 꽃 같아요. 여기 꽃잎이 있고 여기는 꽃봉오리 같아요. 봉오리 모양처럼 둥근 모양이네요. | Ddo99 |

개별적으로는 구체적인 동시에 전형적인 형태를 갖춘 대상도 발달질이 v로 채점되는 경우가 있다. 바로 해당 대상이 집합적으로 표현되면서 대상의 개별 형태가 구체화되지 않는 경우이다. 예시를 통해 살펴보자. '나무'라는 반응은 엑스너가 직접 구체적인 형태 특징이 있는 단일 대상으로 언급한 바 있다.[10] 따라서 다음과 같이 나무의 개별 형태가 구체적으로 표현된 경우 일반적으로 o로 채점된다.

✅ **나무에 대한 o 발달질 채점 예시**

| IV | 나무 같아요. | 공원에서 흔히 볼 수 있는 나무 모양인데요. 여기가 몸통이고 여기가 가지이고 잎이네요. | Wo |
|---|---|---|---|

다음으로 구체적인 동시에 전형적인 형태를 갖춘 대상인 '나무'라는 응답을 했음에도 불구하고 발달질을 v나 v/+로 채점하는 경우를 살펴보자. 다음의 예에서는 응답 중 나무가 포함되었더라도 v/+로 채점한다. 아마도 반응에 포함된 대상 중 구체적 형태를 가진 대상이 적어도 하나 표현된 경우 +로 채점한다는 원칙을 고려해 볼 때, 반응에 나무가 포함되었기 때문에 +가 되어야 하는 것이 아닌가 하는 의문이 들 수도 있을 것이다.

하지만 이 사례에서는 반응 단계에서 구체적이거나 전형적인 형태를 갖춘 대상이 아닌 '숲'을 언급했다. 그리고 질문 단계에서 그 숲에 대해 설명하면서 '나무'가 언급되었지만, 호수를 둘러싼 높이가 다른 나무들이라고 설명하면서 나무를 집합적으로 표현하였다. 비록 나무라는 단어가 언급되었지만 실제로는 숲을 설명한 것이며, 설명 속에 포함된 나무의 경우 구체적인 동시에 전형적인 형태를 갖춘 것으로 표현된 것이 아니기 때문에 발달질을 v로 채점한다.

### ✅ 나무가 포함된 반응에 대한 v/+ 발달질 채점 예시 1

| | | | |
|---|---|---|---|
| IV | 여기는 숲이고 그 중간중간에는 호수가 있어요. | 높은 곳에서 내려다본 숲 같아요. 흰 부분은 숲 중간 중간 보이는 호수이고 호수 주변에는 엄청 많은 나무가 둘러싸고 있어요. 호수 가장자리에 여러 가지 색이 보이는데 마치 높이가 다른 나무들 같네요. | DSv/+ |

　다음 사례 역시 반응 중 나무가 언급되었지만 v/+로 채점된 예이다. 기본적으로 정글, 석호, 섬은 모두 구체적인 동시에 전형적인 형태가 없는 대상이다. 반면에 '나무'는 일반적으로 구체적인 형태가 있는 대상으로 채점된다. 하지만 다음 사례에서 v/+로 채점된 이유는 반응에서 나무의 전형적이고 구체적인 형태에 대한 설명이 부족하기 때문이다. 서로 높이가 다른 나무들이라는 표현은 나무의 개별적인 형태를 구체적으로 드러낸 것이라기보다는 전체적인 맥락상 정글의 특징을 묘사한 것이라고 볼 수 있다.

### ✅ 나무가 포함된 반응에 대한 v/+ 발달질 채점 예시 2

| | | | |
|---|---|---|---|
| VII | 높은 곳에서 내려다본 정글이요. 정글이 있는 섬이고 섬에는 나무들이 보여요. | 여기 층마다 색이 다르잖아요. 그래서 섬이 바다 쪽으로 경사진 것처럼 보여요. 섬에 정글이 있는데 나무가 우거졌네요. 나무도 색이 달라 서로 높이가 다른 것 같아요. | WSv/+ |

　이번에는 앞선 사례와 대비되는 예를 살펴보자. 다음 사례에서는 정글, 폭포 같은 전형적이고 구체적 형태가 없는 대상을 언급했기 때문에 v/+ 반응으로 보기 쉽다. 그러나 이 사례는 이전 사례들과는 다르게 정글과 폭포를 설명하면서 '녹색의 크고 웅장한 나무 한 그루'라는 표현을 통해 개별 나무를 구체적으로 묘사했기 때문에 발달질 채점은 +가 된다.

❷ **나무가 포함된 반응에 대한 + 발달질 채점 예시**

| | | | |
|---|---|---|---|
| IX | 정글 사이에 폭포가 있어요. | 우거진 정글 사이로 폭포가 떨어지는 것이 보여요. 파란 물이 세차게 떨어지네요. 폭포 앞에는 녹색의 크고 웅장한 나무가 한 그루 있어요. 굉장히 크고 웅장해서 폭포가 일부 가려져 있어요. 여기는 나무 밑부분인데 붉은 흙에 나무가 뿌리내려서 자리 잡은 것 같아요. | W+ |

다음으로, 발달질을 채점할 때 확인해야 할 두 번째 요소는 통합 반응 여부이다. 통합 반응이란 하나 이상의 대상들이 분리되어 있지만 서로 의미 있는 관계를 맺도록 표현된 반응을 말한다. 〈표 2-5〉 발달질 채점 기호 중 +와 v/+에서는 통합 반응 조건이 요구된다. 구체적인 예를 통해 통합 반응이 어떤 것인지 살펴보자.

'서로 마주 보며 운동하는 두 사람'이라는 반응에는 두 개 이상의 대상이 포함되어 있고 두 사람은 서로 마주 보며 함께 운동을 하는 상호 관련성이 있으므로 +로 채점할 것이다. 만약 단지 잉크반점의 대칭성을 언급하면서 '운동하는 두 사람'이라 반응하고 두 사람 간 의미 있는 상호작용에 대한 언급 없이 각자 운동하는 사람처럼 설명한다면 발달질 기호는 o가 될 것이다.

옷이나 장갑 등을 착용하고 있는 경우도 착용자와 의복이 상호 관련을 맺는 대상으로 볼 수 있다. 그러나 통합 반응으로 채점되려면, 첫째, 관련을 맺는 각각의 대상이 분리된 반응영역으로 표현되거나, 둘째, 같은 반응영역 내에서 설명된다면 대상의 자연스러운 윤곽을 변화시키는 방식으로 표현되어야 한다.

먼저, 첫 번째 경우에 대한 예를 살펴보자. 카드 III에서 사람(D9)이 권투 장갑(Dd31)을 끼고 있다는 반응은 두 개의 분리된 반응영역을 사용하여 두 대상을 표현한 것이고, 이 대상들은 상호 관련되어 있기 때문에 +로 채점된다.

두 번째로, 같은 반응영역 내에서 설명되는 반응의 예를 살펴보자. 카드 III에서 사람(D9)이 재킷을 입고 있으며 재킷의 옷깃(Dd27)이 튀어나와 있다는 반응을 보자. 이 경우 튀어나온 재킷의 옷깃을 설명한 Dd27 영역은 사람을 설명한 D9 영역의 일부이다. 즉, 같은 반응영역 내에서 재킷을 입은 사람에 대해 설명하면서 수검자가 사람의 윤곽을 임의로 변경했기 때문에, 다시 말해 이 반응에 포함된 사람의 윤곽과 D9을 사람이라고 보고할 때의 윤곽선이 서로 다르기 때문에 이러한 경우에는 +로 채점한다.

이것과 비슷한 경우로, 카드 III에서 사람(D9)이 구두(Dd33)를 신고 있다고 반응한 경우를 보자. 구두를 언급한 Dd33 영역은 사람을 언급한 D9 영역의 일부이므로 결국 D9 영역 내에서 구두를 신은 사람을 표현하는 것이다. 이 경우에도 동일한 반응 영역 내에서 사람의 윤곽을 변화시키는 방식으로 표현되었기 때문에 +로 채점된다.

이러한 채점방식과는 대조되는 예를 하나 살펴보자. 동일하게 카드 III에서 턱시도 입은 사람(D9)을 보았고 반점의 색이 어두워서 그렇게 봤다고 대답을 한 경우를 보자. 이 경우에는 동일한 반응영역을 사용해 사람과 옷을 동시에 표현한 것이 된다. 앞선 예들과는 달리, 이 반응에서는 옷을 설명하면서 대상의 윤곽이 변하지는 않았기 때문에 o로 채점한다.[11]

## 3. 결정인

결정인(determinants)은 수검자가 잉크반점의 어떤 특징 때문에 반응을 했는지를 나타내 주는 항목을 말한다. 로르샤흐 카드에는 자극의 형태, 색채, 음영, 움직임 등 다양한 시각적 요소가 포함되어 있다. 따라서 결정인 채점은 수검자가 카드에 응답할 때 그중 어떤 것에 영향을 받아 반응하게 되었는지 확인하기 위한 것이다.

결정인의 채점은 로르샤흐 카드에 담긴 특징을 반영하는 아홉 가지 범주에 대해 이루어진다. 각 범주 내에는 종류 및 단계에 따라 여러 개의 채점 기호가 포함될 수 있다. 단, 하나의 대상에 대해 동일한 결정인 범주 내에서 여러 개의 기호를 중복 채점하지는 않는다. 그러나 하나의 대상에 대해서도 범주가 다른 결정인은 동시에 여러 개가 채점될 수 있으며, 그 경우 결정인과 결정인 사이에 온점(.)을 사용하여 해당하는 결정인을 모두 채점한다. 예를 들어, FC.FM$^a$, M$^p$.YF와 같은 식으로 표기하는 것이다. 또 하나의 반응에 여러 대상이 동시에 포함되어 있다면, 각각의 대상에 대해 해당하는 결정인을 확인해서 채점한다. 결정인을 채점하는 데 사용되는 결정인 기호의 종류는 〈표 2-7〉과 같다.

📖 **표 2-7 결정인 기호**

| 범주 | 명칭 | 기호 |
|---|---|---|
| 운동<br>(movement) | 인간 운동 반응(human movement response) | M |
| | 동물 운동 반응(animal movement response) | FM |
| | 무생물 운동 반응(inanimate movement response) | m |
| 유채색<br>(chromatic color) | 순수 색채 반응(pure color response) | C |
| | 색채 형태 반응(color-form response) | CF |
| | 형태 색채 반응(form-color response) | FC |
| | 색채 명명 반응(color naming response) | Cn |
| 무채색<br>(achromatic color) | 순수 무채색 반응(pure achromatic color response) | C′ |
| | 무채색 형태 반응(achromatic color-form response) | C′F |
| | 형태 무채색 반응(form-achromatic color response) | FC′ |
| 음영 재질<br>(shading-texture) | 순수 재질 반응(pure texture response) | T |
| | 재질 형태 반응(texture-form response) | TF |
| | 형태 재질 반응(form-texture response) | FT |
| 음영 차원<br>(shading-dimension) | 순수 음영 차원 반응(pure vista response) | V |
| | 음영 차원 형태 반응(vista-form response) | VF |
| | 형태 음영 차원 반응(form-vista response) | FV |
| 음영 확산<br>(shading-diffuse) | 순수 음영 반응(pure shading response) | Y |
| | 음영 형태 반응(shading-form response) | YF |
| | 형태 음영 반응(form-shading response) | FY |
| 형태 차원<br>(form dimension) | 형태 차원 반응(form based dimensional response) | FD |
| 쌍과 반사 반응<br>(pairs & reflections) | 쌍 반응(pair response) | (2) |
| | 형태 반사 반응(form-reflection response) | Fr |
| | 반사 형태 반응(reflection-form response) | rF |
| 형태<br>(form) | 순수 형태 반응(form answers) | F |

## 1) 결정인에서 형태 표현의 현저성

결정인 기호에서 형태가 사용되었음을 나타내는 기호 F는 두 가지 경우에 사용된다. 먼저, 결정인 범주의 하나로서의 F가 있다. 카드의 다른 특징이 반응에 사용되지 않고 오직 잉크반점의 형태 특징만 사용하여 반응한 경우, 다른 결정인 없이 '순수 형태 반응'으로 F를 채점한다.

두 번째 경우는 다양한 결정인 범주에서 F 기호가 다른 결정인과 함께 사용되는 것이다. 이때는 반응이 생성되는 데 잉크반점의 형태가 일차적으로 사용되었는지, 아니면 다른 결정인이 일차적으로 사용되었는지에 따라 F와 형태 이외의 결정인 기호의 순서를 서로 바꾸어 기입한다. 예컨대, 색채가 일차적이고 형태가 이차적인 경우에는 색채 결정인 기호 C를 F 앞에 위치시켜 CF로 표기하고 형태가 일차적이고 색채가 이차적인 경우에는 순서를 바꿔서 FC로 표기하는 것이다. 단, 운동 결정인과 쌍 반응에서는 형태 사용의 일차성 여부를 따지지 않으며 결정인을 표기할 때 F 기호를 사용하지 않는다.

형태 사용의 우선순위에 따라 F 기호의 기입 순서를 결정짓는 방식을 다음 사례를 통해 살펴보자. 첫 번째 사례는 '불꽃'으로 응답하면서 색채가 강조되어 표현되었고 거기에 불타는 형상이 추가되는 양상이기 때문에 F가 부차적으로 표기되는 방식인 CF로 채점된다. 반면, 두 번째 사례는 전반적으로 모자를 쓴 두 사람의 모습 위주로 표현되었고 색채는 부가적으로 포함되었기 때문에 F가 일차적인 FC로 채점된다.

### ❷ 형태 표현의 현저성 비교

| | | | |
|---|---|---|---|
| VIII | 불꽃처럼 뭔가 타고 있네요. | 이 전체가 불꽃 같은데 여러 가지 색깔이 마치 다양한 온도의 불처럼 보여서 불꽃이 떠올랐어요. 그래서 활활 타오르는 불꽃 같아요. | CF |
| II | 모자를 쓴 두 사람이에요. | 여기 두 사람이 있어요. 머리, 팔, 다리, 몸이에요. 머리 부분은 모자를 쓴 모양으로 되어 있네요. 색도 들어 있는 것을 보니 빨간색 모자 같네요. | FC |

주의할 점은 이때 형태나 각 결정인이 일차적인가 이차적인가의 판단은 반응에서 각 결정인을 설명하는 분량이나 언급된 순서를 기준으로 하는 것이 아니라는 점이다. 그보다는 반응이 형성되는 데 수검자가 카드에서 형태 특징의 영향을 더욱 현저하게 받았는지, 형태 이외의 다른 결정인의 영향을 더 주요하게 받았는지가 더 중요하다. 이처럼 형태 표현의 현저성 기준은 수검자의 반응에서 형태 결정인이 반응 산출 관련 영향력의 측면에서 일차적인 요소인지 아니면 다른 결정인이 일차적인 요소인지를 정하는 데 도움이 된다. 이러한 기준을 형태 표현의 현저성이라고 부르는 이유는 반응 산출 관련 영향력이 수검자가 표현을 어떻게 하는지에 따라 평가되기 때문이다.

형태 표현의 현저성 기준에서 핵심단어의 역할은 중요하다. 예컨대, CF로 채점되는 다음 사례를 살펴보도록 하자. 다음 반응의 경우, 분량만을 따졌을 때는 색채에 대한 표현('예쁜 색깔들')보다 형태에 대한 표현('꽃잎 모양', '동그란 꽃잎') 분량이 적지 않고 색채가 크게 부각되는 방식으로 표현되었다고 보기 어려움에도 CF로 채점된다. 왜냐하면 '예쁜 색깔들 때문에 꽃이 떠올랐다'는 표현을 통해 수검자가 해당 반응을 만들어 내는 데 색채의 영향을 현저하게 받았음을 확인할 수 있기 때문이다. 앞서 소개한 것처럼, 핵심단어는 수검자의 반응 중 특정 결정인과 관계가 있을 가능성이 높은 단어를 말한다.

#### ✅ 형태 표현의 현저성과 핵심단어

| VIII | 이건 꽃 같아요. | 여기에 예쁜 색깔들 때문에 꽃이 떠올랐어요. 그리고 꽃잎 모양이고요. 동그란 꽃잎이요. | CF |
|---|---|---|---|

형태 표현의 현저성을 좀 더 분명하게 검토할 필요가 있을 때 평가자는 질문 단계에서 수검자의 설명을 촉진하기 위한 질문을 사용해야 한다. 예를 들어, "○○님이 보는 것처럼 보기가 어렵네요. 저도 ○○님이 보는 것처럼 볼 수 있도록 설명해 주시겠어요?"라고 질문할 수 있다. 그렇기 때문에 검사 실시 단계에서부터 채점 기준에 대해 잘 숙지하고 채점에서 사용될 정보를 수집하는 자세로 질문을 시행해야 한다. 하지만 이러한 때에도 수검자의 반응을 오염시키거나 유도하는 질문은 하지

않도록 주의한다.

## 2) 운동(M, FM, m)

### ◆ M: 인간 운동 반응

인간의 모든 운동, 감각 및 감정 반응에 대해서는 인간 운동 반응 기호(M)로 채점한다. 예를 들어, '뛰다', '싸우다', '들어올리다', '먹다', '이야기하다', '보다'와 같은 운동 반응, 그리고 '큰 소리를 내고 있네요.', '이건 슬픔을 떠올리게 하네요.', '행복해하는 모습으로 보입니다.'와 같은 감각 및 감정 반응이 해당된다. 일부 감각 및 감정 반응의 경우에는 특정 형태 없이 표현되며 이때는 형태질에 대한 기호화 없이 M으로만 기호화하게 된다.

M으로 채점되는 운동 반응이 행동의 주체가 오직 인간일 때만 채점되는 것은 아니다. 인간과 유사한 가상의 대상, 인간과 같은 형태의 대상이 하는 인간 운동 반응도 M으로 채점한다(예: 웃고 있는 악마, 손을 들고 있는 천사, 춤추는 알라딘 요술 램프 요정, 서로 대립하는 영혼).

또 동물이나 무생물의 행동으로 표현되었더라도 인간이 주로 하는 동작, 감각 및 감정 반응인 경우에도 M으로 채점한다. 예를 들어, '노래하는 새', '하이파이브하는 곰', '슬픈 돼지', '파티하는 곤충들', '우울한 버드나무'는 M으로 채점한다. 대조적으로 '싸우고 있는 코끼리 두 마리', '서로 장난치는 강아지 두 마리'는 동물이 보일 수 있는 행동이기 때문에 M으로 채점하지 않는다. 또 동물의 행동 중 해당 동물의 종에서 일반적으로 나타나는 행동이 아닌 경우에는 M으로 채점한다. 예를 들어, '날아가는 양', '침 튀기며 말하는 닭'과 같은 경우 M으로 채점한다.

### ◆ FM: 동물 운동 반응

동물이 하는 모든 활동에 대해서는 동물 운동 반응 기호(FM)로 채점한다. 단, M 기호에서 설명했듯이, 해당 동물의 종에서 일반적으로 나타나는 활동인 경우에만 FM으로 채점하고, 그렇지 않은 경우에는 M으로 채점한다.

예를 들어, '나비가 날아간다', '개가 짖는다', '곰이 나무 뒤에 서 있다'는 해당 동물의 종에서 일반적으로 나타나는 활동이므로 FM으로 채점한다. 그러나 '**날아가는 코끼리**', '**열변을 토하는 독수리**'와 같은 경우에는 해당 동물의 종에서 일반적으로 나타나는 활동이 아니므로 M으로 채점한다. 아마도 인간이 하는 행동을 동물이 하는 경우 M으로 채점한다는 것은 이해하기 쉬울 것이다. 그러나 앞에서 언급한 '날아가는 코끼리'와 같은 반응에도 M으로 채점하는 이유는 해당 동물은 아니지만 또 다른 동물에서 흔히 나타나는 활동이라 하더라도 이런 경우 반응을 형성하는 데 인간의 판타지가 개입된 것으로 볼 수 있기 때문이다.[12]

아울러 대부분의 FM 반응에서는 동물 전체의 모습이 반응 속에 등장하지만 동물의 일부 모습만 반응에 포함된 경우에도 FM으로 채점한다. 예를 들어, '바위 뒤에 숨어 있는 곰' 같은 경우 FM으로 채점한다. 또 가상의 동물 또는 신화적 동물의 대표적이거나 전형적인 활동에 대해서도 FM으로 채점한다. 예를 들어, 용이나 페가수스(Pegasus) 같은 동물이 날아간다고 표현하는 경우, FM으로 채점한다. 대조적으로 핑크팬더(Pink Panther)와 같은 만화 캐릭터가 서핑보드를 타는 경우에는 M으로 채점한다.[13] 이처럼 운동 결정인 채점에서 중요한 점 중 하나는 반응 형성 과정에서 관습적인 사고에 비해 판타지의 영향력이 얼마나 현저한가에 따라 M과 FM의 채점이 달라진다는 것이다.

### ◆ m: 무생물 운동 반응

무생물의 움직임 또는 활동에 대해서는 무생물 운동 기호(m)로 채점한다. 실제 혹은 가상의 존재를 포함해서 사람 또는 동물로 분류되지 않는 대상의 운동 반응은 모두 m으로 채점한다. 따라서 m으로 채점하는 반응은 범위가 넓다. 예를 들어, '**피어나는 꽃**', '**솟구치는 불꽃**', '**바람에 날리는 꽃가루**', '**흐르는 피**', '**줄줄이 걸려 있는 만국기**', '**떠오르는 태양**', '**깊숙이 박힌 못**', '**펄럭이는 망토**'와 같은 반응들이 m으로 채점되는 예들이다.

무생물이 움직이는 상태가 아니고 정적으로 있는 상태에도 m으로 채점하는 경우가 있다. 자연스럽지 않은 긴장 상태가 존재하는 경우가 바로 그 예이다. 예컨대, '**위로 묶은 머리**', '**머리에 달린 장신구**'는 모두 m으로 채점한다. '허리가 꺾인 채로 죽은 사람'도 물리적으로 자연스럽지 않은 긴장 상태가 존재하는 것으로 보고 m으로 채점한다. 그러나 '바닥에 깔린 양탄자', '책상 위에 놓인 장신구'는 m으로 채점하지 않는다.

앞서 인간 운동 반응에서 설명한 것처럼, 무생물도 인간과 유사한 활동을 하거나 인간의 감각 및 감정 경험을 하는 것으로 표현된 경우 M으로 채점한다. 예를 들어, '고개 숙여 인사하는 나무', '행복한 꽃', '외로운 소나무'와 같은 경우는 행동의 주체가 무생물로 표현되었지만 그 내용이 인간의 운동 혹은 감각 및 감정 경험이므로 M으로 채점한다.

### ◆ 능동과 수동 운동 반응의 첨자 기호: a, p

모든 운동 반응에는 운동이 능동적(active)인지 수동적(passive)인지를 나타내는 위첨자 a 또는 p를 추가해야 한다. 예를 들어, $M^a$, $FM^a$, $FM^p$, $m^p$와 같은 방식이다. M 기호는 인간의 운동 활동뿐만 아니라 인간의 감각 경험에 대해서도 채점한다고 했던 것을 기억할 것이다. 감각에 대해 채점한 M에도 능동과 수동을 구분해서 채점한다는 점에 주의를 기울일 필요가 있다.

감각 경험의 경우 형태질을 채점하지 않는 '형태 없는 M 반응'에 해당되지만 그 경우에도 능동, 수동은 구분해야 한다. 예를 들어, '이것을 보니 슬픔과 절망이 떠올라요'라는 반응에서 슬픔과 절망이라는 인간 감각 경험은 M으로 채점해야 한다. 다시 강조하지만 기본적으로 결정인은 수검자의 반응이 산출되는 데 영향을 준 카드의 특징을 포착하기 위한 것이다. 수검자가 떠올린 슬픔과 절망에 대해 M으로 채점하는 것은 수검자의 반응을 산출하는 데 영향을 준 수검자의 감각 경험과 밀접한 관계가 있는 카드의 특징을 결정인을 통해 상징적으로 채록하는 것이 된다.

여기에 감각 및 감정 경험의 능동성과 수동성을 추가로 판단해서 함께 채점해야 한다. 이때 헤르만 로르샤흐(Hermann Rorschach)가 능동성과 수동성을 판단할 때 운동 활동의 방향이 안을 향해 굴절하는지, 아니면 밖을 향해 뻗어 나가는지를 기준으로 제안한 것[14]을 참조하는 것이 도움이 될 것이다. 통념상 슬픔과 절망은 발산하는 감정이라기보다는 속으로 품게 되는 감정 경험이므로 $M^p$로 채점할 수 있다.

아직까지 운동의 능동성과 수동성을 분류할 수 있는 정확한 기준은 공유되지 않고 있다.

다만, 앞서 서술한 바와 같이 헤르만 로르샤흐는 운동 활동의 방향이 수축하거나 안으로 굴절하는 성격을 갖는지, 아니면 중심에서 벗어나면서 퍼지고 펼쳐지는 성격을 갖는지가 중요한 기준이 된다고 제시한 바 있다.

한편, 엑스너는 '말하다(talk)'라는 동사는 항상 수동으로 채점되므로 '말하다'를 기준으로 능동성과 수동성을 판단할 것을 제안하였다.[15] 이러한 기준을 사용할 경우 '속삭이다', '서 있다', '쳐다보다'는 수동으로 채점되고, '소리지르다', '논쟁하다'는 능동으로 채점된다. 그러나 이러한 구분 방법을 따르더라도 어떤 운동 반응이 '말하다'보다 능동적인지 수동적인지를 구분하는 데에는 여전히 어려움이 존재한다. 그러므로 능동성과 수동성을 효과적으로 구분할 수 있는 기준을 정립하기 위한 지속적인 추가 논의가 필요하다.

수검자의 반응에서 능동 운동 활동이 보고되었지만, 추상화, 만화, 그림 속의 표현으로 나타나는 경우 정적인 인상을 주기 때문에 모두 p로 채점한다. 예를 들어, **'폭탄이 터지는 것을 표현한 그림'**의 경우 '터지다'는 분명히 능동 운동 반응이지만 그림이라는 단서 조건이 더해지면서 정적인 인상을 주기 때문에 $m^p$로 채점한다. 마찬가지로 **'마주 보고 춤을 추는 두 사람을 그린 그림'**, **'정글을 뛰어다니는 원숭이를 그린 그림'**의 경우 둘 다 능동적인 운동이 포함되었지만 그림이라는 표현이 포함되어 있기 때문에 수동적인 운동이 된다. 따라서 각각 $M^p$와 $FM^p$로 채점된다.

이처럼 운동 반응의 능동성을 제한할 수 있는 단어가 사용되었을 때는, 수검자가 정적인 인상을 주는 반응을 산출하고자 했던 것이 맞는지를 검토하는 것이 중요하다. 이때 주의할 점은 아동의 경우, 카드에 대한 반응으로서가 아니라 단순히 잉크 반점을 가리키기 위한 목적에서 '그림'이라는 단어를 사용하기도 한다는 점이다. 예를 들어, "이건 박쥐 그림 같아요."라는 식으로 응답하는 것이다.

사실, 수검자가 정적인 인상을 주는 반응을 산출하고자 했던 것인지, 아니면 언어적인 의사소통의 방편으로 그림이라는 단어를 사용한 것인지를 구분하는 것이 어려울 때가 많다. 한 가지 참고할 수 있는 점은 만약 의사소통의 방편으로 사용한 것이라면 여러 카드에 걸친 반응들에서 반복적으로 표현될 것이라는 점이다. 만약 이에 대한 판단이 애매할 경우에는 질문 단계에서 명료화하기 위한 질문을 해야 한다.

때로는 여러 대상이 동일한 운동 결정인을 보이지만 수동성과 능동성은 각각 다르게 표현되기도 한다. 예를 들어, '가운데 서 있는($M^p$) 사람 주변에서 두 사람이 춤을 추고 있다($M^a$)'와 같은 경우이다. 이 경우 최종 채점 기호를 쓸 때 $M^a$.$M^p$라고 쓰는 것이 아니라 $M^{a-p}$와 같이, 공통된 운동 결정인은 한 번만 쓰고 수동 기호와 능동 기호를 대시(-)로 구분해서 써 준다. 즉, 이렇게 동일 운동 결정인에 대해 수동과 능동 기호를 함께 쓰는 것은 움직임의 대상이 여럿인 경우이다. 그러나 만일 하나의 대상이 수동 운동과 능동 운동을 모두 보이는 경우는 채점을 다르게 진행한다. 예를 들어, '저 쪽에 앉아서($FM^p$) 달을 향해 짖는($FM^a$) 개'의 경우 운동을 하는 주체는 개 한 마리이다. 이 경우 더 강한 운동 반응인 능동 운동을 상향 채택해 $FM^a$라고 채점한다.[16]

## 3) 유채색(C, CF, FC, Cn)

### ◆ C: 순수 색채 반응

수검자가 잉크반점 유채색 특징의 영향을 받은 반응을 보이는 동시에 특별히 형태에 관해서는 표현하지 않는 경우 C로 채점한다. 예를 들어, 붉은 피, 여러 가지 색 페인트, 알록달록한 아이스크림 같은 반응 등이 있다. 이러한 대상에 대해 어느 정도 형태가 포함되는 방식으로 표현된 경우에는 C가 아니라 CF로 채점한다. 예를 들어, '**뚝뚝 떨어지는 물**', '**흘러내리는 피**', '**크림 한 스푼**'과 같은 경우이다.

만약 수검자가 '물 한 방울'이란 반응을 한 후 특별히 추가 설명을 하지 않는다면 이러한 반응은 형태가 포함되지 않은 것으로 간주한다. 하지만 수검자가 '**동그란 물방울**', '**사방으로 튀는 물방울**'이라고 말했다면, 형태에 대한 표현을 어느 정도는 포함하고 있고 이는 카드의 형태 특징이 수검자가 반응하는 데 영향을 주었을 가능성을 시사하기 때문에 CF로 채점한다.

때때로 질문 단계를 시행하기 전까지는 형태에 관한 표현이 나타나지 않을 수 있다. 다음의 두 경우를 비교해 보자.

첫 번째 경우는 카드 X에 대해 '전부 페인트'라고 반응한 후 질문 단계에서 "전부

다 누군가 거기에 페인트를 뿌려 놓은 것 같다.", "여기 색이 다 그렇다. 페인트 같다." 고 답하는 것이다. 이 경우에는 반응에 형태가 포함되지 않았다는 것을 알 수 있다.

두 번째 경우는 반응 단계에서 동일하게 "전부 페인트"라고 말했으나 질문 단계 에서 "어떤 추상화", "양쪽이 같은 모양인데 각각의 색깔이 이중적 의미를 주는 것 같다. 화가가 디자인을 통해 뭔가 전달하려고 한 것 같다."라고 말하는 것이다. 이 경우 수검자는 질문 단계에서 '추상화'라고 설명하면서 대칭적인 모양에 대해서도 언급을 했기 때문에 C가 아니라 CF로 채점된다.[17] 그 외 C로 채점될 수 있는 사례 는 다음과 같다.

### ✅ C 채점 예시

| | | |
|---|---|---|
| II | 석양이 질 때의 경관이에요. | 배경이 예쁘게 노을 지는 장면이에요. 석양이 질 때 하늘이 빨갛 게 물들잖아요. |
| VIII | 다양한 색을 써서 자연의 사계절을 표현한 것 같아요. | 주황색, 빨간색은 단풍 색깔로 가을을 표현하는 것 같고 봄은 벚 꽃이니까 분홍색, 여름은 나무랑 풀이 무성해지는 계절이니까 진 한 게 여름, 겨울은 삭막한 느낌이 드는 계절이니까 희미한 색으 로 표현한 것이라고 생각했어요. |

### ◆ CF: 색채 형태 반응

수검자가 잉크반점의 유채색 특징의 영향을 받은 반응을 보이는 동시에 형태에 관한 표현을 덧붙이는 경우 CF로 채점한다. 이때 **발달질에서의 형태의 구체성 조건을 충족하지 못한 대상이라 하더라도, 반응과정에서 대상의 형태를 보다 구체적으로 표현함으 로써 형태 표현의 현저성 조건을 충족하는 경우 CF로 채점한다.** 예를 들어, '노란색 크림 두 스푼', '활활 타오르는 빨간 불꽃' 같은 경우이다.

특히 주의할 점은 발달질에서 o와 v를 평가하는 기준인 형태의 구체성 조건과 형 태 표현의 현저성 기준은 서로 다른 것이라는 점이다. 발달질이 o인 대상이 결정인 에서는 CF가 될 수도 있다. 대부분의 CF 반응은 색채에 대해 분명한 강조가 주어지 지만 근본적으로 색채를 강조하는 방식은 무척 다양하기 때문에 형태 표현의 현저 성 문제에 대해서는 신중하게 검토할 필요가 있다.

| II | 불 | 불이 빨갛게 활활 타오르고 있어요. |
| IX | 향이 피어오르는 것 | 원래 색깔이 없는 향을 멋있게 보이려고 여러 개 색깔을 넣은 것 같아요. 여러 가지 색의 향이 뿜어져 나오는 것 같아요. |
| IX | 당근 같아요. | 주황색이랑 녹색을 보니까 당근이 떠올랐어요. 이게 당근 같네요. |
| X | 봄에 여러 색깔의 꽃이 피어 있음 | 노란색이랑 주황색이랑 녹색이랑 여러 색깔의 꽃 같아요. |
| X | 불꽃놀이 | 밤하늘에 다양한 색깔 폭죽을 터뜨리는 것 같아요. |

이런 반응은 발달질이 무엇이든지 간에 결정인에서는 모두 CF로 채점되어야 한다. 왜냐하면 모두 색채가 강조되었고 형태는 반응을 산출하는 데 미친 영향력의 측면에서 이차적으로 사용되었기 때문이다. **이처럼 발달질과 형태 관련 결정인은 완전히 독립적인 것은 아닐지라도 기본적으로 상호 독립적인 채점 요소들이라고 할 수 있다.**

### ◆ FC: 형태 색채 반응

수검자가 잉크반점 유채색 특징의 영향을 받은 반응을 보이는 동시에 형태가 일차적으로 사용되고 유채색 특징은 이차적으로 사용된 경우 FC로 채점한다. 예를 들어, 다음 사례들은 주로 형태 특징에 의해 반응이 형성되었다는 것이 명확한 경우들이다.

### ● FC 채점 예시

| II | 빨간 나비 | 흔한 나비 모양이 이렇게 생겼던 것 같아서 나비라고 생각했어요. |
| VIII | 도마뱀 | 네 다리랑 꼬리. 빨간색 도마뱀이에요. |

형태 관련 결정인을 채점할 때 발달질의 기준을 기계적으로 가져와서 적용하는 것은 피해야 한다. 왜냐하면 FC는 주로 구체적인 형태 특성을 지닌 대상에 대해 채점되기는 하지만 발달질에서 형태의 구체성 조건을 충족하지 못한 대상이라 하더라도 FC로 채점될 수 있기 때문이다. 앞서 언급한 것처럼, **발달질과 형태 관련 결정인**

을 채점할 때 적용하는 기준은 기본적으로 상호 독립적이다.

전형적인 형태가 뚜렷하지 않은 반응들, 예를 들어 해부, 잎, 혈구 등도 색채에 대한 언급을 포함하면서 형태에 대한 특징이 현저하게 부각되는 방식으로 설명될 경우 FC로 채점될 수 있다.[18]

| II | 빨간 양말 | 산타 양말처럼 목이 긴 양말이에요. |
|---|---|---|
| III | 웃고 있는 삐에로 | 삐에로 얼굴이에요. 눈물 자국이 있고, 입은 근데 웃고 있고. 빨간색은 머리랑 볼터치 분장한 거예요. |
| VIII | 카멜레온 | 머리, 다리, 꼬리 이렇게 생긴 게 카멜레온이고 카멜레온은 주변이랑 맞게 색깔을 바꿀 수 있으니까 주변 색이랑도 비슷해서 카멜레온 같았어요. |
| IX | 드레스 | 화려한 쇼에 나올 것 같은 드레스예요. 양 옆으로 풍성하게 퍼지는 드레스고 색깔이 약간 과한 인상을 주기도 하네요. |
| X | 빨간 해마 | 전체적인 모양이 전형적인 해마 같아요. 해마도 빨간색이니까 색깔도 비슷하고요. |

이러한 반응들은 모두 FC로 채점되어야 한다. **왜냐하면 색채가 사용되었지만 표현의 현저성 측면에서 주로 강조된 것은 형태이기 때문이다.** 그러나 이렇게 형태에 대한 표현의 현저성 기준을 통해 CF와 FC를 구분할 때 주의할 점은 앞서 설명한 것처럼, 형태나 그 밖의 다른 결정인들에 대해 표현된 분량이 평가의 기준 역할을 하는 것이 아니라는 점이다.

카드에 대한 반응과정에서 색채가 주요하게 영향을 주었는지 아니면 형태가 두드러지게 영향을 주었는지를 판단하기 위해서는 전반적인 반응의 맥락을 주의 깊게 살필 필요가 있다. 카드의 일부 특징에 의해 큰 영향을 받는 경우 아무래도 해당 결정인과 관련된 표현의 분량이 자연스럽게 늘어날 수 있기 때문에 언급된 분량을 참고하는 것도 어느 정도 도움이 될 것이다. 하지만 원칙적으로는 표현된 분량이 비교적 적더라도 수검자의 반응과정에 주도적인 역할을 한 것으로 보이는 것(예컨대, 핵심단어)을 기준으로 표현의 현저성에 대한 판단을 내리는 것이 더 바람직하다.

사실, CF와 FC를 구분하는 것은 상당히 어려운 문제이다. 다른 결정인을 평가할 때도 마찬가지지만, CF와 FC를 구분하는 경우에도 단편적이면서 고정된 형태의 규칙을 적용하는 것은 피해야 한다. 이러한 예로는 결정인 평가에서 발달질 기준을 적용해 일정한 형태 혹은 구체적인 형태를 갖고 있지 않은 대상에 해당되는 호수, 피, 아이스크림 같은 대상이 언급되면 CF로 채점하는 것을 들 수 있다. 이러한 채점 방법은 수검자가 일정한 형태 혹은 구체적인 형태를 갖고 있지 않은 대상을 표현하더라도 그러한 반응을 산출하는 과정에서 카드의 형태 특징으로부터 영향을 받는 정도는 개별 반응들마다 다를 수 있다는 점에서 적절하지 않다.

예를 들어, 반응 단계에서 "아주 이국적인 나비"라고 답하고, 질문 단계에서 "아름다운 빨간색이네요. 색깔이 독특해요. 날개는 펴져 있어요."라고 설명한 경우에는 CF로 채점한다.[19] 이 경우 나비라는 대상은 발달질의 기준에서는 형태의 구체성 조건을 갖추고 있기 때문에 o로 채점된다. 그러나 결정인의 채점 기준 중 하나인 형태 표현의 현저성이라는 측면에서 본다면, 수검자는 반응과정에서 색채에 대해 표현하는 내용이 주를 이루고 있고 카드의 색채 특징이 수검자의 반응에 주요한 영향을 준 것으로 보인다는 점에서 결정인은 CF로 채점한다.

이와는 대조적으로, 반응 단계에서 "피어나기 시작하는 꽃 같다."고 답하고, 질문 단계에서 '막 피어나려 하는 빨간 꽃 두 송이'라고 설명한 경우를 보자. 앞서 발달질에서 설명된 바와 같이, 이 경우에 '피어나기 시작하는 꽃'은 꽃의 전형적인 형태를 갖추도록 표현되지 않았으므로 발달질은 v로 채점한다. 그러나 형태 관련 결정인을 채점할 때는 수검자가 주로 형태 위주로 설명했고 반응이 만들어지는 데 색채는 부가적인 역할을 한 것으로 보이기 때문에 결정인은 FC가 된다.

**로르샤흐 채점의 중요한 원칙 중 하나는 각각의 채점 항목에 대한 평가 기준이 기본적으로 상호 독립적이라는 점이다.** 예컨대, CF와 FC를 구분할 때 발달질 등 다른 항목의 채점 결과를 참고해서 판단하지 않아야 하며, 결정인들마다 고유하게 정립된 채점 기준에 따라 수검자의 반응을 꼼꼼하게 평가해야 한다. 이 책에서 제시하는 다양한 사례와 더불어 제2부에 소개되어 있는 각종 연습문제를 반복해서 숙지할 경우, 로르샤흐 검사의 채점 항목들에 대한 평가 기준이 기본적으로 상호 독립적이라는 점을 이해하는 데 도움이 될 것이다.

#### ◆ Cn: 색채 명명 반응

대상이 지닌 유채색 이름이 직접 언급되고, 그것이 영역 지칭을 위해서가 아니라 반응의 내용으로 표현된 경우 Cn으로 채점한다. 예를 들어, "저건 빨강색이다.", 또는 "이건 초록색이고 노란색이고 파란색이다." 같은 경우이다.

색채 카드가 제시되었을 때 수검자가 단순히 카드에 대한 자신의 느낌을 말하는 것과 색채 명명 반응을 혼동하지 않아야 한다. 예를 들어, "아 정말 예쁘다.", "어머나 이 색깔들 좀 봐." 같은 발언은 Cn 반응으로 채점하지 않는다.

#### ◆ 색채 결정인 채점 시 유의 사항

#### 색채 결정인에서의 하향원리

수검자가 반응한 내용은 명확하게 C로 채점될 만한 것에 해당되지만 그 대상이 형태를 지닌 다른 대상과 접촉하고 있는 경우에는 CF로 채점한다. 예를 들어, "이 붉은 건 피 같다. 그런데 서로 싸우고 있는 사람들 몸에 묻어 있다."고 반응한 경우를 보자. '붉은 건 피 같다'는 반응은 일반적으로는 C로 채점될 것이다. 하지만 이 경우에는 한 단계 낮춰서 CF로 채점한다. 수검자에 따르면 피는 사람 몸에 묻어 있다. 따라서 피는 형태가 현저한 대상과 직접 접해 있는 것이 된다. 만약 수검자가 "두 사람이 싸우고 있다. 뒤에 있는 붉은 것이 피처럼 보이는 걸 보니 아마 상처를 입은 것 같다."라고 반응했다면, 한 단계 낮추지 않고 그대로 C로 채점한다. 왜냐하면 피가 싸움과 관련되기는 하지만 형태가 현저한 대상인 사람 몸과 직접 접촉하고 있는 것으로 표현되지 않았기 때문이다.[20] 그 외에 하향원리 채점이 적용된 예시는 다음과 같다.

#### ✅ 하향원리 채점의 예

| | | | |
|---|---|---|---|
| Ⅱ | 우주선 | 우주선에서 빨간 불이 뿜어져 나오고 있어요. | CF |
| Ⅱ | 입에서 피 흘리는 사람 | 싸웠는지 입에서 빨간 피를 흘리고 있어요. | CF |

**색채 사용 여부를 확인하기**

수검자가 반응과정에서 색채의 영향을 받은 것인지 여부를 보다 확실하게 확인해야 하는 경우가 있다. 첫째, 수검자들은 대체로 대상의 위치를 말하기 위해 색깔을 언급하기도 한다. 예를 들어, "여기 노랑은 새처럼 보인다.", 또는 "여기 빨강은 사람 같다."와 같은 경우이다. 두 반응 모두 색채의 영향을 받은 것일 수도 있지만 단순히 반응영역을 가리키기 위한 것일 수도 있어 이러한 정보만으로는 색채 결정인을 채점할 수 없다. 유채색 결정인으로 채점하려면 반응이 만들어질 때 색채의 영향을 받은 것이 분명하게 드러나야 한다.

둘째, 수검자가 잉크반점의 색채 영역에서 대상을 보고했고 반응을 형성하는 데 색채가 영향을 주었다는 것이 거의 확실해 보이지만, 직접적으로도 그리고 우회적으로도 색채를 보고하지 않는 경우이다. 예를 들면, 수검자가 "이것은 매우 아름다운 꽃처럼 보인다."고 반응하여 질문 단계에서 핵심단어에 근거해 "아름답다고 했나요?"라고 물었으나, 수검자가 "예, 매우 옅고 매우 섬세하게 보입니다."라고 대답하는 경우이다.[21] 이 경우 사용된 영역이 모두 색채 영역이라 하더라도 색채 결정인으로 채점하지 않는다. 색채 결정인에 대한 채점을 위해서는 반드시 색채에 대한 수검자의 명시적인 언어표현이 있어야 한다.

다음의 사례에서도 질문 단계에 수검자가 반응과정에서 색채의 영향을 받았는지 여부를 확인하는 질문이 포함되어 있다. 수검자가 사용한 '화려한'이란 표현은 색채와 관련된 핵심단어이지만 수검자가 이에 대해 충분히 설명하지 않았기 때문에 평가자는 추가로 질문하여 이를 확인했다. 수검자는 불꽃이 타오르는 형태 때문에 화려하다는 표현을 사용하였고, 색채의 영향을 받은 것이 아니므로 색채를 결정인으로 채점하지 않는다.

### ◉ 색채 사용 여부 확인의 예

| | | |
|---|---|---|
| IX | 화려한 불길 | 평: (수검자의 반응 반복)<br>수: 불이 일렁거리는 모습이에요.<br>평: 화려하다고 하셨는데 어떤 특징 때문에 그렇게 보셨나요?<br>수: 불길의 선이 매끈한 게 아니라 거칠고 뾰족하게 튀어나와 있다 보니까 엄청 화려하고 휘황찬란하게 타오르는 불 같아요. |

### 직접 색채를 언급하는 경우

수검자가 색채를 언급하면서 색채가 결정인으로 사용되었음을 명확하게 표현하는 경우 색채 결정인이 채점되어야 한다. 예를 들어, "저 주황색은 산불처럼 보인다.", "이 푸른색은 물이다.", "그 초록색은 잔디다.", "저 붉은색은 피 같다." 같은 경우이다. 이 경우 반응과정에서 색채의 영향을 받은 것으로 보이기 때문에 보통은 색채반응으로 채점하는 것을 고려해야 한다.

하지만 흔히 사람들은 반응과정에서 색채와 관련된 표현을 그다지 명확하게 나타내지 않는다. 심지어 반응내용이 언급된 색채와 부합되는 경우에도 그러하다. 예를 들어, "주황색 부분은 불 같은 것으로 보인다.", "이 푸른 부분은 물 같다.", "그 초록색 부분은 잔디일 것 같다.", "저 빨간색 부분은 피일 수 있겠다." 같은 경우이다. 이러한 반응들의 경우 수검자는 명확하게 표현하지 않고 다소 애매하게 응답하였다. 따라서 평가자는 색채를 사용한 것인지 여부를 확인하기 위해 수검자에게 다음과 같이 추가 질문을 해야 한다. 다음의 사례처럼 추가 질문을 했을 때 수검자가 반응과정에서 색채의 영향을 받은 것으로 보이면, 색채 반응으로 채점한다.

### ◉ 색채 사용 확인을 위한 질문의 예

| | | |
|---|---|---|
| II | 닭 같아요. 빨간 부분이 닭벼슬이고 부리도 있고요. | 평: (수검자의 반응 반복)<br>수: 여기에 부리가 나와 있고, 이게 목, 이건 닭벼슬처럼 느껴졌어요.<br>평: 어떤 점 때문에 닭벼슬처럼 보이나요?<br>수: 전반적으로 빨간색 벼슬이 있고 부리가 있는 건 닭인 것 같아서요. |

## 4) 무채색(C′, C′F, FC′)

수검자가 카드의 검정, 흰색 또는 회색의 무채색 특징과 관계된 반응을 하는 경우 무채색 기호(C′)로 채점한다. 무채색 역시 유채색 채점 기준과 같이 잉크반점의 무채색이 영역을 가리키기 위해서가 아니라, 무채색 관련 내용을 분명하게 표현한 경우만 채점할 수 있다. 보통 수검자는 카드의 무채색과 관련된 반응을 나타낼 때 검정, 흰색, 회색 같은 단어 외에도 '밝은'과 '어두운'이라는 단어를 사용하기도 한다.

단, '밝은'과 '어두운'은 이후에 설명하게 될 음영 결정인을 표현할 때도 사용되기 때문에 혼동하지 않도록 주의할 필요가 있다. 예를 들어, "깊은 밤인 것처럼 온통 새까매서 어둡네요."라는 반응의 경우, 어둡다는 표현은 온통 새까맣다는 무채색의 특징을 나타낸다고 할 수 있다. 대조적으로, "완전히 어두워서 여기가 더 깊은 것 같다."는 반응의 경우에는, 어둡다는 표현이 깊이를 나타내는 말로 사용되었다고 할 수 있다. 이 경우에는 뒤에서 소개하게 될 음영 차원 기호(V)로 채점한다. 따라서 '밝다', '어둡다', '색깔이 그렇다'라는 표현이 나타나는 경우에는 수검자가 무채색을 지칭하려 의도했던 것인지 여부를 확인해야 한다.

### ◆ C′: 순수 무채색 반응

수검자가 잉크반점의 무채색 특징의 영향을 받은 반응을 보이는 동시에 특별히 형태에 관해서는 표현하지 않는 경우, C′으로 채점한다. 만약 '까만 석탄'이라고만 반응한 경우 형태에 대한 언급이 전혀 드러나지 않고 무채색을 사용한 내용만 드러나기 때문에 C′으로 채점한다.

### ◆ C′F: 무채색 형태 반응

수검자가 잉크반점의 무채색 특징의 영향을 받은 반응을 보이는 동시에 형태에 관한 표현을 덧붙이는 경우 C′F로 채점한다. 만약 바로 앞의 예처럼 수검자가 단순히 '까만 석탄'이라고 응답하는 것이 아니라, '석탄 한 조각'이라고 답하고서 '뾰죽뾰

죽하다'라고 말하면서 형태를 구체화하는 시도를 보인다면 C′F로 채점한다. C′F 반응의 경우 대부분 카드의 무채색 특징과 밀접한 관계가 있는 대상에 대해 형태 특징이 모호하거나 구체적이지 않은 형태로 표현될 때 채점된다.

　수검자가 무채색 때문에 연기를 지각하는 경우 형태를 부가한 정도에 따라 채점은 C′ 또는 C′F가 된다. 그러나 대부분의 연기 반응은 무채색보다 음영의 영향을 크게 받는다는 점에서 연기 반응을 채점할 때는 주의를 기울일 필요가 있다. 수검자가 무채색이 아니라 음영 특징을 지칭하기 위해 '색깔'이라는 단어를 사용하는 일도 꽤 빈번하게 나타나기 때문이다.

### ✔ C′F 채점의 예시

| Ⅱ | 썩은 폐 | 살아 있는 장기는 이렇게 빨갛잖아요. 근데 여긴 검은색이니까 담배 피워서 썩어 버린 폐라고 봤어요. |
|---|---|---|
| Ⅳ | 밤하늘 | 전체적으로 까맣고, 하얀 건 둥근 별이에요. |

### ◆ FC′: 형태 무채색 반응

　수검자가 잉크반점의 무채색 특징의 영향을 받은 반응을 보이는 동시에 형태가 일차적으로 사용되고 무채색 특징은 이차적으로 사용된 경우 FC′으로 채점한다. FC′으로 채점할 수 있는 예시는 다음과 같다.

### ✔ FC′ 채점의 예시

| Ⅰ | 악마 | 검은 옷을 입고 양쪽 팔을 들고 주문을 외우는 거요. |
|---|---|---|
| Ⅴ | 까마귀 | 양옆에 날개가 있고 튀어나온 건 까마귀 주둥이 같고 검은색이어서요. |

## 5) 음영 재질(T, TF, FT)

일반적으로 수검자들은 카드의 음영 특징을 표현하기 위해 '음영'이라는 단어를 직접 사용하지는 않는다. 그래서 음영 기호 채점은 까다로운 편이다. 수검자들은 음영의 특징을 언급할 때 '음영'이라는 단어보다는 '색깔'이라는 단어를 더 자주 사용한다. 예를 들어, "여기 색깔이 그래요." 또는 "저기 색이 좀 다르잖아요." 같은 식이다. 때때로 수검자는 "저기 선이 이렇게 가 있잖아요."라는 표현처럼, 마치 형태를 표현하는 것처럼 이야기하기도 하지만 실제로는 채도의 차이를 나타낸 것일 수도 있다.

수검자가 촉감을 표현하기 위해 카드의 음영 특징을 언급하는 경우, 음영 재질 기호(T)로 채점한다. 재질 반응에서 수검자는 대상의 조직 또는 재질에 근거해 촉감을 표현한다. 부드러운, 단단한, 매끈매끈한, 거친, 보드라운, 입자가 거친, 모피의, 차가운, 뜨거운, 끈적한, 번들번들한 같은 표현들이 촉감을 나타내는 반응들에 해당된다.[22] 하지만 이러한 단어가 사용되었다고 해서 곧바로 재질 반응으로 채점하면 안 된다. 이러한 표현들은 재질이 사용되었을 가능성을 보여 주는 단서일 뿐이므로 평가자는 수검자에게 효과적으로 질문함으로써 보다 분명하게 확인하는 것이 필요하다.

여기서 중요한 것은 앞서 다른 결정인과 마찬가지로 음영 재질 반응으로 채점하기 위해서는 수검자가 카드의 음영 특징에 대해 어떤 방식으로든 표현해야 한다는 점이다. 어떤 경우에는 수검자가 '거친', '털이 덥수룩한', '모피로 덮인' 같은 표현들을 사용하지만 음영 특징이 아니라 단순히 형태를 가리키는 것일 때도 있다. 예를 들어, "이건 모피 같아요."라고 답했지만 설명 과정에서 "여기 가장자리가 불규칙하게 생겼잖아요."라고 말하면 F로 채점한다.

때로는 수검자가 카드의 색깔 때문에 뜨겁거나 차갑다고 표현하기도 한다. 예컨대, "엄청 추워서 얼음이 어는 것처럼 여러 가지 색조의 파란색이 있네요."라고 답하는 경우, 음영과 관련된 특징을 언급하기는 했지만 촉감이 포함되지는 않았다. 이때는 재질 반응이 아니라 나중에 소개할 음영 확산 기호(Y)로 채점한다.

일부 수검자들, 특히 아동의 경우에는 음영과 관련된 특징을 언급하지는 않지만 잉크반점에서 음영이 있는 부분을 문지르는 모습을 보이기도 한다. 이것은 수검자가 카드의 촉감 관련 특징에 의해 영향을 받았다고 판단하기에 충분한 단서가 되므로 음영 재질 반응으로 채점할 수 있다.[23]

### ◆ T: 순수 재질 반응

수검자가 잉크반점의 음영 특징의 영향을 받아 촉감이나 재질과 관계된 반응을 보이는 동시에 특별히 형태에 관해서는 표현하지 않는 경우, T로 채점한다. 나무, 고기, 얼음, 양털, 기름, 머리카락, 실크 등은 음영에 대한 표현과 재질에 대한 지각이 동반되는 것이 확인된다면 T로 채점될 수 있는 반응들이다.[24]

### ✅ T 채점의 예시

| VI | 끈적끈적한 액체 | 물감이 섞여 있는 게 좋은 감촉이 아니고 끈적거릴 것 같아요. |
|---|---|---|
| VIII | 수채화 물감 | 색감이나 질감이 물에 풀은 물감을 종이에 칠한 것 같아요. |

### ◆ TF: 재질 형태 반응

수검자가 잉크반점의 음영 특징의 영향을 받아 촉감이나 재질과 관계된 반응을 보이는 동시에 형태에 관한 표현을 덧붙이는 경우 TF로 채점한다. TF로 채점되는 반응들은 얼음 덩어리, 기름 낀 누더기, 모피 조각, 아주 단단한 금속 조각처럼 대부분 형태가 모호하게 표현된다.[25]

### ✅ TF 채점의 예시

| IV | 찢어진 헝겊 조각 | 헝겊 재질처럼 꺼끌꺼끌하고 가장자리가 울퉁불퉁해요. |
|---|---|---|
| X | 보드라운 재질로 된 옷감 | 옅고 은은한 색이 만지면 깃털 같이 부드러울 것 같아요. 옷을 만들 때 잘라서 사용하고 남은 옷감 조각 같아요. |

### ◆ FT: 형태 재질 반응

수검자가 잉크반점의 음영 특징의 영향을 받아 촉감이나 재질과 관계된 반응을 보이는 동시에 형태에 관한 표현을 하는데, 이때 형태가 일차적으로 사용되고 촉감이나 재질로 표현되는 음영 특징이 이차적으로 사용되는 경우 FT로 채점한다. 다음은 그 예이다.

● **FT 채점의 예시**

| VI | 펼쳐 놓은 동물 가죽 | 팔다리가 있고 머리는 없는데 막 사냥해서 거친 동물 가죽을 말리려고 펴 놓은 거예요. 여기 색 질감이 투박해서 거친 것 같아요. |
|----|--------------------|----------------------------------------------------------------------|

TF와 FT를 구분하는 방법 역시 형태 표현의 현저성 기준을 따르게 된다. 다시 말해서, 반응이 형성되는 데 수검자가 카드에서 형태 특징의 영향을 더욱 현저하게 받았는지, 음영 재질(T)의 영향을 더 주요하게 받았는지 여부에 따라 TF와 FT를 구분하게 된다.

## 6) 음영 차원(V, VF, FV)

수검자가 깊이나 차원을 표현하기 위해 카드의 음영 특징을 언급하는 경우, 음영 차원 기호(V)로 채점한다. 예를 들어, "이건 뒤에 있어요.", "이건 가장자리가 마치 공처럼 둥글려졌어요.", "이건 더 높아요.", "이건 접어서 포개졌어요.", "이건 위에서 본 건데." 같은 반응이다. 이러한 반응들은 수검자가 평면의 잉크반점 자극이 가지고 있는 음영 특징의 영향을 받아 깊이나 차원을 나타낸 것에 해당된다.

수검자가 차원에 대해 언급을 했지만 카드의 음영 특징에 의해 영향을 받은 것이 아니라 잉크반점 크기의 차이나 윤곽의 특징 때문에 그렇게 표현한 경우에는 음영 차원 기호(V)가 아니라 뒤에 소개할 형태 차원 기호(FD)로 채점한다.

수검자가 울퉁불퉁한, 들쭉날쭉한, 거칠다 같은 단어를 사용하는 경우, 구체적으로 어떤 음영 관련 특징을 가리키는 것인지 확인할 필요가 있다. 예를 들어, 수검자가 카드의 음영 부분을 가리키면서 "이건 뇌 같아요. 이 선들을 보면 정말 뇌의 회로처럼 보이네요. 매우 울퉁불퉁하게 보여요."라고 말하는 경우, '울퉁불퉁하게 보인다'는 표현은 촉감이 아니라 입체감을 나타내는 것으로 보인다. 이 경우에는 음영 차원 기호(V)로 채점한다. 대조적으로, 수검자가 "만져 본다면 정말 울퉁불퉁하게 느껴질 것 같아요."라고 말한다면 음영 차원 기호 대신 음영 재질 기호(T)로 채점한다.[26]

### ◆ V: 순수 음영 차원 반응

수검자가 잉크반점의 음영 특징의 영향을 받아 깊이나 차원과 관계된 반응을 보이는 동시에 특별히 형태에 관해서는 표현하지 않는 경우, V로 채점한다. 예를 들어, "그냥 엄청 깊어 보여요. 아래가 완전 어두우니까요." 같은 반응이 여기에 해당된다.

### ❷ V 채점의 예시

| VI | 깊은 물 | 얕은 물은 옅게, 깊은 물은 진하게 나타낸 거예요. |
|---|---|---|

### ◆ VF: 음영 차원 형태 반응

수검자가 잉크반점의 음영 특징의 영향을 받아 깊이나 차원과 관계된 반응을 보이는 동시에 형태에 관한 표현을 덧붙이는 경우, VF로 채점한다. 예컨대, "이게 절벽인데 절벽 가장자리보다 여기 가운데가 진해서 더 깊어 보여요."라는 반응이 여기에 해당된다. '진해서 더 깊어 보인다'는 것은 음영에 근거하여 깊이를 지각한 한편 형태에 대한 기술은 제한적이므로 음영 차원 형태 반응이라고 할 수 있다.

### ❷ VF 채점의 예시

| VI | 절벽과 절벽 사이가 엄청 깊은 끝이 보이지 않는 계곡 | 색이 다르고 진해서 얼마나 깊은지 잘 안 보이니까 엄청 깊은 계곡 같아요. |
|---|---|---|

### ◆ FV: 형태 음영 차원 반응

수검자가 잉크반점 음영 특징의 영향을 받아 깊이나 차원과 관계된 반응을 보이는 동시에 형태에 관한 표현을 하는데, 이때 형태가 일차적으로 사용되고 깊이나 차원으로 표현되는 음영 특징이 이차적으로 사용되는 경우 FV로 채점한다. 예를 들어, 카드 I 가운데 부분에서 사람이 자주 보고되는데, 때로는 '커튼 뒤에 있다' 또는 '비치는 드레스를 입고 있다'는 식으로 차원에 대한 표현이 동반되기도 한다. 질

문 단계에서 수검자가 차원 반응의 이유로 음영의 차이에 대해 언급한다면 FV로 채점한다.[27]

● **FV 채점의 예시**

| | | |
|---|---|---|
| I | 동굴 | 영웅이 몬스터 잡을 때 들어가는 동그란 동굴 입구 같아요. 입구가 어두워서 안이 깊어 보이는데 동굴 안에 무서운 몬스터가 많을 것 같아요. |
| I | 구름 뒤에 흐리게 보이는 산 | 아래에 흘러가는 구름이 있고 위에 멀리 있는 뾰족한 산이 보여요. 하얀 부분이 구름이고 약간 뿌옇게 보이는 게 산이에요. |

　VF와 FV를 구분하는 방법 역시 형태 표현의 현저성 기준을 따르게 된다. 다시 말해서, 반응이 형성되는 데 수검자가 카드에서 형태 특징의 영향을 더욱 현저하게 받았는지, 음영 차원(V)의 영향을 더 주요하게 받았는지 여부에 따라 VF와 FV를 구분하게 된다.

## 7) 음영 확산(Y, YF, FY)

　음영 반응에 해당되지만, 음영과 관련된 반응내용이 재질에 관한 것도 아니고 차원에 관한 것도 아닌 경우에는 음영 확산 기호(Y)로 채점한다. 밝은, 어두운, 짙은, 연한, 암흑 같은 단어로 표현되는 카드의 밝고 어두운 특징이 무채색의 영향을 받은 것이 아닌 것으로 보인다면, 음영 확산 기호로 채점해야 한다.

　종종 수검자들은 음영 확산 기호로 채점되는 반응들에서, 여러 색조(짙거나 옅은 상태)의 색깔을 언급하기도 한다. 예를 들어, **"여러 가지 초록색이 섞여 있어서 마치 썩은 것처럼 보여요."**, **"빨간색이 얼룩덜룩하게 발라져 있어서 마치 마른 피 같아요."**, **"성냥불인데 다양한 주황색으로 보이네요."** 같은 경우이다.

　카드의 음영 특징과 관계된 단어를 언급한다고 해서 곧바로 음영으로 채점해서는 안 된다. 특히 영어에서는 '희다(white)'와 '검다(black)'가 무채색을 의미하고, '밝다(bright)'와 '어둡다(dark)'는 음영을 의미하는 것이 상대적으로 분명하지만, 한국어에서는 흑백과 음영의 표현이 명확하게 구분되지 않을 수 있다. 예를 들어, 반응 단계에서 '거무스름한 나방'이라고 답할 경우, 음영 반응인 것 같은 인상을 받을 수 있다. 그러나 뒤이어 질문 단계에서 '까매서'라고 답하는 경우에는 '거무스름'이 흑백의 차원을 표현하는 것이라고 할 수 있다. 이때는 음영 확산이 아니라 무채색 반응으로 채점해야 한다.

　기본적으로 수검자가 응답한 내용이 무채색을 반영하는 것인지, 아니면 음영 확산을 반영하는 것인지를 구분하는 것이 필요하지만, 만약 확인해 본 결과 반응에 무채색과 음영 확산 특징이 모두 포함되어 있다면 두 가지 결정인을 동시에 채점할 수 있다. 예를 들어, 다음 사례에서는 YF.C′F로 채점한다. 수검자의 '어두컴컴하며 얼룩덜룩하다'는 표현은 음영 확산 특징과 관계가 있고 '흰색의 암 덩어리'라는 표현은 무채색 특징과 관계가 있기 때문이다.

| VII | X-ray로 촬영한 건데 제 복부 안에 있는 장기들 같아요. | 어두컴컴한 색으로 얼룩덜룩한데 그게 조금 더 밝은 데가 장기인 것 같아요. 특정한 형태로 보이지는 않는데 큰 거랑 작은 걸로 보여요. 여기 이 흰색은 암 덩어리 같아요. | YF.C′F |
|---|---|---|---|

　이처럼 반응에 포함된 결정인들을 전부 채점에 반영하는 원칙은 음영 반응(즉, 음영 재질, 음영 차원, 음영 확산) 모두에 적용된다. 예를 들어, 다음 사례는 FT.FV가 채점되는 예이다. 수검자가 '음영들이 보풀처럼 솜털이 일어난, 보들보들한 천'이라고 말한 것은 음영 재질 특징과 관계가 있고, '맞주름이 잡힌 모양, 어두운 선이 스커트가 접힌 것'이라고 언급한 것은 음영 차원 특징과 관계가 있기 때문이다. 이러한 복합결정인에 대한 설명은 이 장의 마지막 부분에서 조금 더 자세히 살펴보기로 하자.

| VI | 부드러운 천으로 만든 스커트 | 이건 완전 보들보들한 천으로 만들어진 A라인 스커트 같아요. 천에 이런 음영들이 보풀처럼 솜털이 일어난 걸로 보여요. 그리고 여긴 가운데는 이렇게 맞주름이 잡힌 모양 같아요. 이 어두운 선이 스커트가 접힌 것처럼 보여요. | FT.FV |
|---|---|---|---|

## ◆ Y: 순수 음영 반응

수검자가 잉크반점의 밝고-어두운 특징의 영향을 받은 것으로 보이는 반응을 나타내는 동시에 특별히 형태에 관해서는 언급하지 않는 경우 Y로 채점한다. 다음은 그 예이다.

### ● Y 채점의 예시

| | | |
|---|---|---|
| I | 어두운 하늘 | 색이 진하고 연한 먹색이라서요. |
| IV | 밤하늘 | 마치 밤하늘에 구름이 낀 것처럼 어둡고 얼룩덜룩해요. |

## ◆ YF: 음영 형태 반응

수검자가 잉크반점의 밝고-어두운 특징의 영향을 받은 것으로 보이는 반응을 나타내는 동시에 형태에 관한 표현을 덧붙인 경우 YF로 채점한다. 보통 음영 확산 기호로 채점되는 반응들은 안개, 연무, 연기, 구름, 암흑, 그림자, 불특정한 종류의 X-ray처럼 대상 자체가 구체적인 형태를 갖고 있지 않은 경우가 많다. 그래서 Y와 YF를 구분하기 위해서는 수검자의 반응에 형태 특징이 표현되어 있는지 여부를 살펴봐야 한다. 예를 들어, 연기라고 해도 '**모락모락 피어오르는 연기**', '**넓게 퍼져서 흘러가는 연기**'와 같이 부분적으로라도 형태에 대한 표현을 포함하고 있는 경우 YF로 채점한다.

### ● YF 채점의 예시

| | | |
|---|---|---|
| III | 초음파 사진 | 보일락 말락 하는 것처럼 흐릿하고 미디어에서 흔하게 봤던 초음파 사진, 명암이 다양하고 경계가 뚜렷하지 않아서. |
| IV | 구름 | 빛을 받은 부분은 하얗고 아닌 부분은 어두운 구름이 둥글게 뭉쳐 있어요. |

## ◆ FY: 형태 음영 반응

수검자가 잉크반점의 밝고-어두운 특징의 영향을 받은 것으로 보이는 반응을 나타내는 동시에 형태에 관한 표현을 하는데, 이때 형태가 일차적으로 사용되고 음영이 부가적으로 사용된 경우 FY로 채점한다. 다음은 그 예이다.

### ✅ FY 채점의 예시

| IV | 썩은 나무 | 아주 크고 오래된 나무 같아요. 어두운 데는 썩어 있는데 오래되어서 여기저기 군데군데 색이 균일하지 않아요. |
|----|-----------|----------------------------------------------------------------------------------------------------------|

때로는 수검자의 반응에서 잉크반점의 음영 특징이 일종의 윤곽선 역할을 할 때가 있다. 예를 들어, 카드 I의 D3에서 진한 색상의 선 때문에 사람의 하체라고 지각되는 경우나, 반점 내에서 보다 어두운 부분을 눈으로 보는 경우이다. 이런 경우에는 잉크반점 안쪽의 밝고 어두운 특징을 가지고 일종의 윤곽선을 만들었지만 그것만으로는 음영 반응으로 간주하지 않는다. 따라서 이러한 반응은 F로 채점해야 한다.[28] 연기와 X-ray처럼 무채색 또는 음영 확산의 특징을 암시하는 반응의 경우에도, 만약 수검자가 무채색이나 음영 확산 특징에 관해 분명하게 표현하지 못하는 상태에서 단지 형태에 대한 언급만을 한다면, F로 채점해야 한다. FY와 YF를 구분하는 방법 역시 형태 표현의 현저성 기준을 따르게 된다.

## 8) 형태 차원(FD)

수검자가 깊이, 거리, 차원에 관해 표현을 하지만 그러한 반응이 카드의 음영 특징에 근거하지 않은 경우, 형태 차원 기호(FD)로 채점한다. 수검자들은 흔히 잉크반점 크기의 차이를 가지고 깊이, 거리, 차원을 나타내는 경우가 많다. 예를 들어, "발에 비해 머리가 엄청 작게 보이는데 누워 있어서 그런 것 같아요.", "여기 앞에 있는 것보다 저건 아주 작게 보이네요. 멀리 떨어져 있는 것 같아요.", "그림 그릴 때 사용하는 원근법이 표현된 것 같아요. 크기가 다르잖아요." 같은 경우들이다.

**✔ FD 채점의 예시**

| | | |
|---|---|---|
| IV | 위에서 아래를 내려다보는 사람 | 왕이 큰 의자에 앉아 있고 부하들이 아래에서 위로 왕을 올려다 보고 있어요. 왕이 얼굴은 작은데 몸이 아래로 내려올수록 이렇게 큰 거 보니까 부하들은 왕 아래에 있고 위로 왕을 올려다 보는 것 같아요. |
| IV | 길 | 길이 멀어질수록 점점 좁아지는 것 같아요. |

때때로 수검자는 대상의 어떤 특징이나 부분이 안 보인다고 말하는 형태로 카드의 깊이나 차원 특징을 표현하기도 한다. 예를 들어, "다리하고 팔의 일부만 보이는 걸 보니 이 뒤에 있는 게 분명하네요." 같은 반응이다. 이때 주의할 점은 가려졌다, 안 보인다, 덮였다, 쓰고 있다, 뒤집어썼다, 둘러싸다 등의 표현이 나타나는 경우, 이를 확실하게 확인해야 한다는 것이다. 이러한 점은 검사 시행 중 결정인 관련 핵심단어를 주의 깊게 살펴야 할 필요성을 다시 상기시켜 준다. 예를 들어, 수검자가 **"얼굴에 복면을 쓴 사람이에요."**라고 대답한 경우 복면이 얼굴을 가리고 있는지 여부를 확인해야 한다. 이를 확인하는 질문 단계에서 만약 수검자가 **"복면을 쓰고 있는데 복면에 눈, 코, 입 위치만 구멍이 뚫려 있어서 얼굴의 일부만 나와 있어요."**라고 답했다면, FD로 채점해야 한다.

**✔ FD 채점의 예시**

| | | |
|---|---|---|
| IV | 철갑 헬멧을 쓴 거인 | 여기 뾰족한 게 코인데 이마부터 코까지 가리는 게 전형적인 중세시대 헬멧처럼 보였어요. 헬멧 사이로 보이는 얼굴은 시커매서 무서워 보여요. |
| VI | 망토 두른 영웅 | 전쟁에서 최후에 남은 한 사람 같은데 여기가 다리랑 얼굴이고, 팔이랑 몸통이 안 보이는 건 여기 망토를 두르고 있어서예요. |
| IX | 보석함 | 가운데 보석이 있는데 이 보석을 둘러싼 천이 보석의 일부를 살짝 가리고 있어요. |

## 9) 쌍 반응(2)과 반사 반응(Fr, rF)

기본적으로 쌍(pair)과 반사(reflection) 반응은 수검자가 카드에서 대칭 관계에 있는 두 개의 대상을 언급하는 경우 채점된다. 수검자가 반응하는 과정에서 카드의 대칭 특징의 영향을 받는 동시에 사실상 언급된 두 개의 대상이 동일한 경우 쌍 반응 기호(2)로 채점한다. 대조적으로, 수검자가 반응하는 과정에서 카드의 대칭 특징의 영향을 받는 동시에 언급된 두 개의 대상 중 한쪽이 거울이나 물에 비친 것처럼 반사된 모습이라고 표현하는 경우 반사 반응 기호(r)로 채점한다. 수검자의 반응이 반사 반응으로 채점되는 경우, 쌍 반응을 추가로 채점하지는 않는다.

### ◆ 쌍 반응

수검자들은 흔히 쌍 반응을 표현하기 위해 '둘', '두 개', '두 마리' 같은 표현을 직접 언급하기도 하지만 그러한 표현이 나타나지 않는 경우도 많다. **특히 복수를 나타내는 표현이 분명한 영어권과는 달리 한국어에서는 '들'이라는 복수 표현을 생략하는 경우가 많아 검사 과정에서 이러한 문제에 대한 고려가 필요하다.**

### ✔ 쌍 반응 채점의 예시

| III | 신발 한 켤레가 있어요. | 엄청 굽이 높은 하이힐이고 신고 다니면 불편할 정도의 높이인 것 같아요. |
|---|---|---|

한편, 드물지만 수검자가 두 개의 대상을 보고하고도 질문 단계에서 두 대상을 다른 종류로 언급하는 경우가 있다. 예를 들어, 반응 단계에서 "여기는 두 사람처럼 보입니다."라고 답한 후 질문 단계에서 "남자와 여자처럼 보입니다."라고 답하는 경우 또는 두 개의 대상을 반응한 뒤 질문 단계에서 '이건 더 크고', '이건 더 뚱뚱하고', '이건 더 어둡고' 같이 대상의 특징을 서로 다르게 표현하는 경우 등이다.[29] 이러한 경우에는 대칭을 이룬 두 대상을 동일한 것으로 보고하지 않았기 때문에 쌍 반응으로 채점하지 않는다.

쌍 반응 채점 시 주의할 점이 있다. 쌍 반응을 채점할 때 두 개의 대상이 대칭의 특징을 갖는 동시에 두 대상이 또 다른 어떤 대상에 귀속되지 않고 독립된 쌍의 특징을 유지해야만 쌍 반응으로 채점된다는 것이다. 예를 통해 살펴보면 좀 더 쉽게 이해가 될 것이다.

다음 사례에서는 빨간 귀걸이라는 대칭의 특징을 갖는 대상이 표현되지만 쌍 반응으로 채점되지 않는다. 이는 귀걸이가 신체에 부착되면서 독립성을 잃어 전체적으로 대칭의 의미가 약화된 것으로 볼 수 있기 때문이다. 이러한 경우 쌍 반응으로 채점하지 않는다. 마치 신체에 붙은 양 팔이나 두 다리를 쌍 반응으로 채점하지 않는 것처럼, 신체에 귀속된 두 대상에 대해서도 독립적인 대칭 속성을 부여하지 않는다.

### ✅ 대칭적인 두 대상에 대해 쌍 반응 채점을 하지 않는 예

| X | 여자 얼굴 같아요. 노래하고 있는 여자예요. | 여기가 얼굴이고 눈, 눈썹, 입이에요. 사람들 앞에서 노래하고 있는 가수 같은데 빨간 귀걸이를 흔들면서 노래하고 있어요. |
|---|---|---|

사례를 하나 더 살펴보자. 다음 사례를 보면, 장갑 한 쌍이 언급되었지만 이에 대해 쌍 반응으로 채점하지 않는다. 장갑을 손에 끼고 있다고 언급되었으므로 장갑은 신체에 귀속된 것으로 볼 수 있기 때문이다.

### ✅ 대칭적인 두 대상에 대해 쌍 반응이 채점되지 않는 또 다른 예

| ‖ | 여자가 턴을 돌며 춤을 추고 있어요. | 발을 이렇게 모으고 발레리나처럼 턴을 돌고 있어요. 풍성한 치마가 펄럭거리고요. 팔도 위로 올려서 손을 모으고 있는데 두 손에는 장갑을 끼고 있어요. |
|---|---|---|

### ◆ rF: 반사 형태 반응

카드의 대칭성을 근거로 반사된 모습을 보고하는 동시에 대상의 형태 특징에 관한 표현을 하는데, 이때 대칭 특징이 일차적으로 사용되고 형태 특징이 부가적으로 사용된 경우, rF로 채점한다. 예를 들어, "여기 모두 물에 비친 모습이에요." 같은 반응이다. 이러한 rF 반응에서는 구름, 바위, 그림자, 비 같이 구체적인 형태가 없는 대상들이 포함되는 경우가 많다.

### ✅ rF 채점의 예시

| VIII | 석양이 비치는 강 이에요. | 색이 빨간색, 주황색이다 보니까 석양이 생각나서. 강도 파란 색 깔이 아니라 빨간색이라서 뭔가가 비쳤을 거라고 생각을 했고 그게 석양일 거라 생각했어요. |
|---|---|---|

### ◆ Fr: 형태 반사 반응

카드의 대칭성을 근거로 반사된 모습을 보고하는 동시에 대상의 형태 특징에 관한 표현을 하는데, 이때 형태가 일차적으로 사용되고 대칭 특징이 부가적으로 사용된 경우 Fr로 채점한다. 다음은 Fr 채점의 예이다.

### ✅ Fr 채점의 예시

| II | 어떤 동물이 물에 반사된 모습 | 동물이 걷고 있는데 밑에 그 모습이 반사되니까 그 형상이 물에 비춘 것 같아요. 밑에 똑같은 게 있으니까 반사되어 있는 모습이 아닐까 생각했어요. |
|---|---|---|

반복적으로 설명한 것처럼, Fr과 rF를 구분하는 방법 역시 형태 표현의 현저성 기준을 따르게 된다. 호수나 연못에 비친 풍경을 보고하는 경우에도, 만약 수검자가 호수나 연못에 비친 풍경을 설명하면서 형태를 강조하는 방식으로 설명했다면 Fr로 채점하는 것이 적절하다.[30]

## 10) 형태(F)

### ◆ F: 순수 형태 반응

지금까지 설명한 결정인들 중 어느 것도 해당되지 않고 수검자가 오직 잉크반점의 형태 특징에 근거해 반응하는 경우, 순수 형태 기호(F)로 채점한다. 수검자가 잉크반점의 형태에 근거해 반응했음을 보여 주는 예로는 여러 가지를 들 수 있지만, '형태'라는 단어를 사용해서 말하는 경우는 상대적으로 드문 편이다. 그보다는 '모양'이라는 단어를 사용하거나, 대상의 특징적인 형태 특성을 언급하는 경우가 더 일반적이다. 수검자가 '형태' 또는 '모양'이라는 단어를 사용하지는 않더라도, "이것은 날개이고, 몸통이고, 꼬리이다.", "이것은 머리이고, 여기는 다리이고, 이것은 나무 몸통이다."와 같이 형태 특징에 대해 분명하게 언급하기도 한다.

발달질에서의 형태의 구체성 기준을 충족하지 못하는 대상, 즉 v 기호로 채점할 대상이라고 해서, F로 채점하지 못하는 것은 아니다. 예를 들어, '연기'는 일반적으로 형태의 구체성 기준을 충족하지 못하는 대상이다. 하지만 수검자가 "마치 연기처럼 그냥 전부 검다."라고만 언급했다면 C'로 채점하겠지만, 다음 예시처럼 다른 색채나 음영 특징에 대한 언급이 없는 상태에서 오직 형태만 언급하는 경우에는 F로 채점된다.

| VIII | 연기 | 형태가 불분명하고 선도 울퉁불퉁하니까 (울퉁불퉁?) 양옆으로 삐죽삐죽 나와 있으니까 윤곽선이 연기 같았어요. |
|------|------|------------------------------------------------------------------------------|

## 11) 복합결정인: 혼합 반응

때로는 수검자가 보인 하나의 반응에 대해서 동시에 여러 개의 결정인이 채점되기도 한다. 이를 혼합(blend) 반응이라고 부른다. 혼합 반응에 포함되는 모든 결정인 기호들은 온점(.)으로 구분해서 기록한다. 결정인이 두 개 포함되는 형태의 혼합 반응이 제일 흔하게 나타나지만 그보다 더 많은 결정인이 채점되기도 한다. 원칙적으로 한 반응에 대해 채점 가능한 결정인 개수에 특별한 제한은 없다. 하지만 4~5개가 넘어가는 식으로 많은 결정인을 채점하는 경우 채점이 정확하게 되었는지 한번 점검해 볼 필요가 있다.

기본적으로 혼합 반응은 반응에서 표현된 순서대로 기록한다. 예를 들어, 수검자가 "여기 검정 바구니가 있고 그 양 옆에 있는 두 사람이 그것을 들어올리고 있다."라고 응답한다면 FC'.M$^a$로 채점한다. 그러나 "두 사람이 물건을 들어올리고 있는데 검정 바구니를 들어올리고 있다."라고 응답했다면 M$^a$.FC′으로 채점한다.

혼합 반응 채점 시 주의할 점이 있다. 첫째, 동일한 단어 또는 동일한 어구에 대해 두 번 채점하지 않는다. 예를 들어, "여기 물결치는 검은 선이 모피처럼 보인다."라는 반응의 경우, '물결치는 검은 선'을 음영 확산으로, '모피'를 음영 재질 반응으로 고려할 수 있지만, 검은 물결선이 재질 반응에 해당되는 요인이기 때문에 이때는 재질 반응만 채점해야 한다.[31]

둘째, 빈번하지는 않지만 하나의 반응에 대해서 여러 개의 음영 결정인이 고려될 수 있는데 이때는 수검자의 반응을 꼼꼼하게 확인해서 채점할 필요가 있다. 예를 들어, "깊은 골짜기의 양쪽 면에 있는 진흙탕 같아 보여요."라는 반응의 경우, 음영 반응 중 차원 결정인과 확산 결정인을 고려할 수 있다. 질문 단계에서 수검자가 "가장자리는 온통 검고 흐릿해요. 마치 진흙탕처럼요. 그리고 가운데 부분이 가장 어두워요. 굉장히 깊은 것 같고, 골짜기나 뭐 그런 거 같아요."라고 답했다고 해 보자. 이 경우 검고 흐릿한 것을 YF로, 가운데가 가장 어둡고 매우 깊다는 것을 VF로 채점할 수 있으며, 최종적으로 YF.VF 채점이 가능하다.[32]

셋째, 한 반응에 대해 동일 결정인 범주의 기호를 여러 개 채점할 수 없고 그 중 형태가 가장 적게 반영된 채점 기호 하나만 기입한다. 예컨대, 한 반응에 대해 CF.FC 또는 C′.C′F 등으로 채점하는 것은 채점오류에 해당된다. 이때는 형태의 특징을 가장 적게 포함하고 있는 기호를 선택해서 채점한다.

예를 들어, **"빨간 머리를 한 여자와 초록색 옷을 입은 남자가 있다."**와 같이 빨간 머리와 초록색 옷에 동일 결정인 FC 채점이 반복되는 경우 FC.FC라고 적지 않고 최종 채점은 FC로 기록한다. 다른 예로, "붉은색 모자를 쓴 곰 두 마리가 싸우고 있고, 여기 아래 부분의 붉은 것은 몸에 피가 묻은 것이다."라는 반응[33]의 경우, 붉은색 모자는 FC, 몸에 묻은 붉은 피는 CF로 채점하는 것을 고려해 볼 수 있다. 하지만 이러한 상황에서는 가장 형태가 적게 반영된 CF를 선택해서 최종 채점은 FM$^a$.CF가 된다.

이번에는 상대적으로 긴 반응을 예로 살펴보자. 다음의 예에서는 색채 결정인이 CF로만 채점된다. 핑크색 고양이는 FC, 푸르딩딩한 늪지대와 붉은색 및 노란색

석양과 노을은 CF로 채점하는 것을 고려할 수 있겠지만, 최종적으로는 CF로 채점한다.

### ● 복합결정인 채점의 예

| | | | |
|---|---|---|---|
| VIII | 반사된 고양이.<br>늪지대를 걷는<br>핑크색 야생<br>고양이 같아요. | 평: (수검자의 반응 반복)<br>수: 이게 고양이인데요. 유연하게 다리가 늘어난 야생 고양이 같아요. 야생 고양이라 그런지 핑크색이네요. 여기는 늪지대를 표현한 것 같아요.<br>평: 어떻게 늪지대를 보셨나요?<br>수: 이쪽이 푸르딩딩한게 늪지대 특유의 푸르딩딩한 이끼나 썩은 나무 이렇게 느껴졌어요. 이쪽은 붉은색이랑 노랑색이 석양이나 노을 그런 느낌이고요. | $FM^a.CF$ |

드물기는 하지만 F가 포함된 혼합 반응도 나타날 수 있다. 예를 들어, 반응 단계에서 수검자가 카드 III에 대해 "두 사람이 있고, 나비도 있고, 사람들이 뭔가 들어올리고 있다."라고 답한 경우[34] 일단 이것이 하나의 반응인지, 아니면 사람 반응을 한 다음 또 다른 반응으로 나비 반응을 보고한 후, 다시 앞 반응으로 되돌아와서 사람 반응에 대해 상술한 것인지를 질문 단계에서 확인할 필요가 있다.

만약 사람들에 대한 설명이 다 끝난 다음 나비도 있다고 반응한 경우라면 "두 개가 별개의 반응인가요?"라고 질문할 수도 있겠지만, 여기서는 사람들을 설명하는 중간에 나비를 보고했기 때문에 그렇게 묻는 것은 적절하지 않다. 이때는 "여기 나비가 있다고 말하셨는데요.", "○○님이 보는 것처럼 나비를 볼 수가 없는데 좀 더 설명해 주시겠어요?" 같이 간접적인 방식으로 설명을 요청해야 한다.

만일 하나의 반응으로 확인된다면, 사람과 나비 사이에 어떤 관계가 있는지를 확인해 통합 반응인지 여부를 판단한다. 적절한 질문을 통해 이를 모두 확인했으나 통합 반응에 해당되지 않고 수검자가 그대로 개별 대상을 보고한 것이라면, 물건을 들어올리는 두 사람에 대해 $M^a$, 나비에 대해 F로 채점을 해 최종적으로 $M^a.F$로 기록한다.

# 로르샤흐 평가의 채점 II: 형태질, 반응내용, 평범반응, 조직활동

결정인 채점을 마친 후에는 이어서 수검자의 반응이 사용된 반점 영역을 기준으로 할 때, 지각적으로 얼마나 정확한지를 평가하고, 반응내용을 기호화하며, 수검자의 인지기능이 얼마나 효율적인지 등을 기호화한다. 이 장에서는 형태질, 반응내용, 평범반응, 그리고 조직활동을 채점하는 방법에 대해 살펴볼 것이다.

## 1. 형태질

수검자의 반응이 사용된 반점 영역을 기준으로 할 때, 지각적으로 얼마나 정확한지를 평가하기 위한 기호가 바로 형태질(form quality)이다. 형태질은 반점에 대한 반응의 지각적 정확성을 평가하는 것이기 때문에 반점의 특징이 어떠한지와 밀접한 관계가 있다. 발달질 기호는 반응영역 기호 뒤에 붙여서 기록하는 반면, 형태질 기호는 결정인 기호 끝에 붙여서 함께 표시한다. 예를 들어, Fo, M$^a$.CFu, YF.VF-와 같은 식으로 기록하는 것이다.

형태가 포함되지 않은 반응에 대해서는 형태질 채점을 하지 않는다. C, C′, T, V, Y 같은 경우이다. 또 M 반응 중 형태요소가 포함된 다른 결정인이 추가되지 않는 한, 감각 경험을 나타내는 M에 대해서는 형태질 채점을 하지 않는다. 예를 들어, 형태질 채점 기호를 붙이지 않은 채 $M^p$, $M^a$.C 등으로 기록하는 것이다.

형태질 채점에 사용되는 네 가지 기호는 〈표 3-1〉에 제시되어 있다. 앞서 다룬 발달질 기호와 일부 유사한 기호가 있고 공통적으로 형태에 대한 판단이 언급된다는 점에서 발달질과 형태질을 혼동하지 않도록 주의를 기울일 필요가 있다. 앞서 채점의 기본 원칙에서도 설명했듯이, 각각의 채점 기준은 별개의 내용을 설명하며 상당 부분이 독립적으로 채점된다.

발달질에서는 수검자가 언급한 대상이 기본적으로 '형태의 구체성'을 갖췄는지 여부를 기준으로 판단하고 결정인에서는 '형태의 현저성' 기준을 고려해 채점한다. 이에 반해, 형태질에서는 수검자가 보고한 내용이 잉크반점의 구체적인 형태와 얼마나 유사하며 카드의 동일 영역에서 얼마나 많은 사람이 해당 반응 혹은 그와 유사한 반응을 응답했는지, 즉 지각된 '형태의 정확성'을 기준으로 수검자의 지적 효율성을 평가하게 된다. 그렇기 때문에 발달질에서 o로 채점되었다고 해서 형태질에서도 o로 채점되는 것은 아니며, 형태질에서는 그보다 낮은 수준인 u나 -로 채점될 수도 있다.

## 1) 형태질의 채점 기준

이제 형태질의 채점 기호를 조금 더 상세하게 살펴보도록 하자. 먼저, 평범한 형태질 o는 W나 D 영역에 대한 반응 중 규준집단에서 적어도 2%의 사람들이 보고하는 반응 또는 Dd 영역에 대한 반응 중 적어도 50명의 사람이 보고하는 반응에 적용된다.[1]

드문 형태질 u는 W나 D 영역에 대한 반응 중 2%보다 적은 수의 사람들이 반응했지만 최소 3인의 독립 평정자가 빠르고 쉽게 인식할 수 있는 반응에 적용된다. Dd 영역에 대해 50명보다 적은 사람이 반응했지만 최소 3인의 독립 평정자가 빠르고 쉽게 볼 수 있고 윤곽이 적절하게 사용된 반응도 u로 채점된다.[2]

🖥 **표 3-1  형태질 기호**

| 기호 | 명칭 | 기준 |
|---|---|---|
| + | 정교화된 형태질 (Ordinary-Elaborated) | o로 채점되는 반응 중 형태를 매우 상세하게 설명하면서 구체적으로 표현하는 경우. 사람들이 일반적으로 보이는 반응보다 형태에 대한 설명이 상당히 많고 세부적이며 구체적인 경우. 반드시 독창적이거나 창조적일 필요는 없음 |
| o | 평범한 형태질 (Ordinary) | 많은 사람이 쉽게 볼 수 있는 반응인 동시에 대상에 대해 설명할 때 형태 특징을 간단하게 설명한 경우. 정교하게 표현되더라도 이례적일 정도로 형태에 대한 설명이 풍부해지는 수준은 아님 |
| u | 드문 형태질 (Unusual) | 평범한 형태질에 비해 상대적으로 반응빈도가 낮은 응답이지만 잉크반점의 윤곽이 비교적 적절하게 사용되어 평가자가 손쉽게 확인할 수 있는 반응인 경우 |
| – | 왜곡된 형태질 (Minus) | 수검자가 반응을 할 때 잉크반점의 윤곽을 완전히 또는 거의 무시한 채로 형태를 왜곡하고 자의적인 동시에 비현실적으로 사용한 경우. 그로 인해 평가자가 수검자의 반응을 쉽게 확인하기 어려우며 잉크반점의 윤곽과 잘 맞지 않은 대상을 보고하는 경우. 때로는 수검자가 카드에 존재하지 않는 임의의 선이나 윤곽을 만들어서 반응할 수도 있음 |

o나 u의 기준에 해당되지 않는 반응에 대해 왜곡된 형태질 –가 적용된다. 그렇기 때문에 –에 해당하는 반응은 상당히 많지만 엑스너 종합체계의 형태질 작업도표에는 규준집단에서 최소 4번 이상 응답된 반응만 포함되어 있다.

엑스너 종합체계의 형태질 작업도표에는 규준집단의 응답 빈도에 따라 반응의 형태질 기호가 분류되어 있다. 반응영역을 채점할 때와 마찬가지로 형태질을 채점할 때도, 평가자는 『로르샤하 종합체계 워크북』(Exner, 2006)[3] 혹은 로르샤흐 채점을 위한 소프트웨어 등을 활용한다.

형태질 작업도표에는 각 카드의 영역별로 응답된 반응내용과 각 반응에 대한 형태질 기호가 표시되어 있다. 이러한 작업도표에서 수검자가 반응한 영역과 응답한 내용에 해당하는 형태질 기호를 찾아 채점하면 된다. 예를 들어, 수검자가 카드 I에서 전체 영역을 보고 '박쥐'라고 반응했다면, 카드 I의 W 영역 반응 목록에서 '박쥐'를 찾은 후 그에 해당하는 형태질 기호 o를 채점하면 된다.

만약 수검자가 응답한 내용이 형태질 작업도표에서 o로 분류된 대상이라면, o와 + 중에서 선택할 필요가 있다. 대부분의 반응은 o로 채점되지만, 일반적으로 기대되는 것보다 훨씬 더 상세하게 설명하면서 대상의 형태를 매우 구체적으로 표현하는 반응은 +로 채점한다. 예를 들어, 사람에 대해 말할 때 대부분의 수검자는 머리, 몸, 팔, 다리 정도를 언급하는 선에서 설명한다. 이러한 경우에는 o로 채점한다. 그러나 어떤 수검자는 얼굴의 세부적인 특징, 허리, 발, 신발 등 일반적으로 기대되는 것보다 서너 개 정도의 신체 특징을 추가로 설명하기도 하는데 이때는 +로 채점한다.

또 대부분의 수검자는 동물을 설명할 때도 머리와 몸통, 다리 정도를 언급하는 선에서 설명한다. 하지만 어떤 수검자는 여기에 코, 귀, 꼬리, 발 등 두세 개 정도의 특징을 추가로 설명하기도 하는데 이때는 +로 채점한다.[4]

평가자는 단순히 긴 반응 또는 창의적인 반응이 무조건 + 반응에 해당된다고 오해해서는 안 된다. 많은 + 반응이 길이가 길거나 창의적인 반응에 해당되지만 그렇다고 해서 그것이 + 반응 채점을 위한 충분조건인 것은 아니다. + 형태질은 일반적으로 기대되는 것보다 경제성과 효율성을 희생하는 수준으로 세부적인 설명이 많은 경우에 주로 채점된다.

## ✅ 형태질을 +로 채점하는 예

| | | |
|---|---|---|
| I | 나비 같아요. 희한한 무늬가 있고 가장자리 모양도 특이하게 생겼고 더듬이도 이상하게 작네요. | 날개를 편 채 서 있는 나비인데 전반적으로 모양이 특이한 것 같아요. 전체 형태도 특이하게 생겼고, 여기 흰 무늬도 희한한 모양이고, 더듬이도 이상하게 작고, 머리는 동그랗고, 꼬리도 있네요. |
| III | 집안일을 하는 두 사람 | 이렇게 두 사람이에요. 머리, 목, 가슴, 팔, 허리 해서 이렇게 상반신이고요. 다리, 무릎, 발 해서 이렇게 하반신이에요. 서로 마주 보고 앉아서 집안일을 같이하는 것 같아요. |
| VI | 잠수함 같아요. | 바다 밑에 조용히 머물고 있는 잠수함이에요. 뱃머리, 선체, 그리고 선미, 여기는 프로펠러예요. 이쪽은 밖을 살필 수 있는 망루이고, 안테나가 있고, 여기는 어뢰를 발사하는 발사관이에요. |
| VIII | 고양이 두 마리예요. | 여기, 여기 두 마리요. 다리 네 개, 꼬리, 머리, 몸, 귀, 코, 눈이 있어요. |

수검자의 반응이 작업도표에 u 또는 −로 분류되어 있다면 해당 기호로 채점한다. 만약 도표에 수검자의 반응이 없는 경우에는 일반적으로 u와 − 중에서 선택한다. 이때 수검자의 반응이 평가자에게도 쉽게 보이며 잉크반점의 윤곽에서 크게 벗어나지 않으면 u로 채점한다. 그리고 만약 수검자의 반응을 평가자가 좀처럼 알아보기 어렵고 잉크반점의 윤곽과도 어긋나는 것처럼 보이는 경우에는 −로 채점한다.

전반적으로 − 반응은 잉크반점의 윤곽과 일치하지 않으며 많은 경우 존재하지 않는 윤곽선을 만들어 내기도 한다. 이처럼 존재하지 않는 윤곽선이 반응의 내용에서 중요한 역할을 하는 경우에는 −로 채점해야 한다. 비록 특정 집단에서는 빈번하게 나타나는 반응일지라도 카드에서 존재하지 않는 윤곽선을 임의로 만들어 내는 경우에는 −로 채점한다. 예를 들어, 카드 X를 뒤집어서 전체 영역을 얼굴이라고 보는 반응은 정신과 치료를 받는 청소년 환자나 비환자 청소년 집단 모두에서 상대적으로 빈번하게 나타난다.[5] 이러한 경우에도 잉크반점에 없는 윤곽을 만들어서 반응했기 때문에 −로 채점한다.

## 2) 보외법에 의한 형태질 채점

형태질 작업도표에는 상당히 많은 반응이 정리되어 있지만 그렇다고 해서 가능한 수준의 모든 반응이 다 들어 있는 것은 아니다. 작업도표에 없는 반응은 규준집단 내에서 반응자 수가 적어 포함되지 않은 것이기 때문에 앞서 언급된 것과 같이 일반적으로는 u나 –로 채점될 것이다.

그러나 그렇게 결론 내리기 전에 작업도표에 포함된 반응들에 대해 보수적 보외법(conservative extrapolation)을 적용하는 것을 고려할 필요가 있다. 이처럼 보외법을 적용할 경우 작업도표에 실리지 않은 반응이라도 o로 기록된 반응과 유사한 반응은 o로 채점할 수 있기 때문이다.

예를 들어, 카드 II의 DS5 영역의 경우 회전의(gyroscope)라는 반응은 작업도표에 없는 반응이다. 그러나 DS5 영역에 회전의와 유사한 형태를 지닌 팽이가 o로 표시되어 있다. 이러한 점을 감안해서 회전의에 대해서도 o로 채점할 수 있다.[6] 이와 같이 영역이 동일한 경우에만 보외법을 적용할 수 있는 것은 아니다. 예를 들어, 카드 V에서 D10 영역을 빼고 박쥐, 나비라고 반응하는 경우 D10 영역이 비교적 작은 영역이므로 형태질 채점을 위한 기준으로는 W에 대해 박쥐나 나비 반응을 할 경우 o로 채점하는 것을 차용할 수 있다.

보외법을 사용해 u나 – 반응을 채점하는 것도 가능하다. 예를 들어, 카드 II의 D2 영역의 경우 발이라는 반응은 작업도표에 없는 반응이다. 그러나 D2 영역에서 '양말'과 '발자국'은 u로 표시되어 있다. 이러한 점을 고려해 발에 대해서도 u로 채점하는 것이 가능하다.

이처럼 보외법을 적용해 채점할 때는 형태질을 o로 채점하는 것을 최대한 보수적으로 적용하는 것이 좋다. 작업도표에 실린 대상과 수검자가 응답한 내용 간 유사성이 명백하지 않은 경우에는 보외법을 무리하게 적용하지 않는 것이 좋다. 작업도표에 없는 반응의 경우에는 u와 – 중에서 선택하는 것이 더 바람직하다.

### 3) 여러 대상이 포함된 반응에 대한 형태질 채점

반응에 여러 대상이 포함되어 있음에도 불구하고 각각의 형태질이 다른 경우가 있다. 만약 더 낮은 수준의 형태질 반응이 전체 반응의 맥락에서 중요한 요소에 해당될 경우에는 그 반응에 대해서 더 낮은 형태질 기호로 채점한다. 반면에 더 낮은 형태질의 반응이 전체 반응에서 상대적으로 중요하지 않은 경우에는 그 반응에 대해서 더 높은 수준의 형태질 기호로 채점한다.

이러한 문제는 카드 X에서 전체 영역을 다양한 곤충 또는 바나생물이라고 반응할 때 자주 발생한다. 대부분의 대상이 o로 채점되는 가운데 한두 개가 u나 –로 채점될 수 있기 때문이다. 이 경우 u나 –로 채점된 대상이 전체 반응에서 핵심적이지 않다면 최종 채점은 o가 되어야 한다. 그러나 u나 –로 채점된 대상이 전체 반응에서 중요한 위치를 차지한다면 전체 채점은 더 낮은 수준의 형태질 기호로 채점되어야 한다. 예를 들어, "벌레와 곤충들이 먹이를 먹으려고 해요."라고 반응하고 질문 단계에서 "이건 개미 같고, 이건 애벌레 같고, 이건 거미 같은데, 여기 큰 곤충들이 이것들을 밀어내고 있어요."라고 설명했다고 하자. 개미, 애벌레, 거미는 모두 o로 채점되지만 곤충은 –로 채점된다. 이 반응에서 곤충이 중요한 내용을 차지하고 있기 때문에 전체 반응에 대한 형태질 채점은 –가 된다.[7]

또 다른 예를 살펴보자. 수검자가 카드 III에서 D1 영역에 대해 사람 두 명을 보고서 D7은 분리된 대상으로 지각하는 경우, 이 반응의 형태질은 o로 채점된다. 대조적으로, D1에 대해 "두 사람이 뭔가 하고 있어요."라고 반응하고 질문 단계에서 뭔가 하고 있는 활동에 대해 "드럼(D7) 주변에서 춤을 춘다.", "테이블(D7) 위로 웅크리고 있다.", "버섯(D7)을 따고 있다."라고 응답했다고 해 보자. D7만 봤을 때 드럼, 테이블, 버섯의 형태질은 u에 해당한다. 그러나 이 세 가지 경우에서 드럼, 테이블, 버섯보다는 사람이 상대적으로 더 중요한 의미를 갖는 대상이고 D7의 윤곽이 왜곡된 형태로 사용된 것도 아니기 때문에 이때는 형태질을 o로 채점한다.[8]

그러나 만약 질문 단계에서 수검자가 뭔가 하고 있는 활동에 대해 "여기 아래에 있는 폐(D7)를 잡아당기려고 굽히고 있다."고 설명했다 하자. 이 경우 폐는 활동의 초점이 되는 대상이면서 형태질이 −로 채점된다. 이때는 전체 반응의 형태질도 −로 채점한다.[9] 이처럼 수검자의 반응에 포함된 여러 대상의 형태질 수준이 다를 경우에는 전체 반응에서 중요한 대상인지, 그와 동시에 영역의 윤곽을 현저하게 왜곡해서 사용했는지 등을 고려해 해당 반응의 형태질을 결정한다.

## 2. 반응내용

로르샤흐 검사에서는 수검자가 보고한 대상이 속하는 범주를 분류하기 위해 반응내용을 기호화한다. 기본적으로 반응에 포함된 모든 대상에 대해 각각 기호화한다. 이때 기호들 사이는 쉼표(,)를 사용해 구분한다. 예를 들어, H,Cg나 A,Hd,Ls와 같은 방식이다. 내용 기호로는 26개가 사용되며 그 종류는 〈표 3-2〉에 제시되어 있다.

#### ◆ H
반응에 전체 인간 형태가 포함된 경우 H로 채점한다. 예를 들어, 사람, 소녀, 남자, 여자, 아이 등이다. 반응에 나폴레옹, 잔다르크 등 역사상 실제 인물을 포함하고 있는 경우에는 H에 더해 Ay 기호를 두 번째 기호로 추가한다.

#### ◆ (H)
반응에 가공의 인물 또는 신화적 인물의 전체 형태가 포함된 경우 (H)로 채점한다. 예를 들어, 광대, 요정, 거인, 마녀, 동화 속 인물, 천사, 난쟁이, 악마, 유령, 휴머노이드 같은 공상과학 캐릭터, 인간 같이 생긴 괴물, 인간 형태의 실루엣 등이다.

| VII | 피터팬이 서로 바라보는 것 같아요. | 피터팬이 모자 위에 깃털 달고 다니잖아요. 측면에서 본 모습처럼 느꼈어요. |
| --- | --- | --- |

🖵 표 3-2 반응내용에 대한 기호들

| 범주 | 명칭 | 기호 | 명칭 | 기호 |
|---|---|---|---|---|
| 인간과 관련된 내용 기호 | 실제 인간 전체 (Whole Human) | H | 실제 인간 부분 (Human Detail) | Hd |
| | 가상 인간 전체 (Whole Human, Fictional or Mythological) | (H) | 가상 인간 부분 (Human Detail, Fictional or Mythological) | (Hd) |
| | 인간 경험 (Human Experience) | Hx | | |
| 동물과 관련된 내용 기호 | 실제 동물 전체 (Whole Animal) | A | 실제 동물 부분 (Animal Detail) | Ad |
| | 가상 동물 전체 (Whole Animal, Fictional or Mythological) | (A) | 가상 동물 부분 (Animal Detail, Fictional or Mythological) | (Ad) |
| 이 외의 반응 (알파벳 순서) | 해부 (Anatomy) | An | 예술 (Art) | Art |
| | 인류학 (Anthropology) | Ay | 피 (Blood) | Bl |
| | 식물 (Botany) | Bt | 의복 (Clothing) | Cg |
| | 구름 (Clouds) | Cl | 폭발 (Explosion) | Ex |
| | 불 (Fire) | Fi | 음식 (Food) | Fd |
| | 지도 (Geography) | Ge | 가정용품 (Household) | Hh |
| | 풍경 (Landscape) | Ls | 자연 (Nature) | Na |
| | 과학 (Science) | Sc | 성 (Sex) | Sx |
| | 엑스레이 (X-ray) | Xy | | |

### ◆ Hd

인간의 형태가 일부만 포함된 경우 Hd로 채점한다. 예를 들어, 팔, 머리, 다리, 손가락, 발, 사람 하체, 머리가 없는 사람 등이다.

| IX | 울고 있는 아이 얼굴이요. | 이게 눈이고 밑에 흰색이 눈물이고 볼에는 큰 상처가 있어요. |
|----|----|----|

### ◆ (Hd)

반응에 가공의 인물 또는 신화적 인물의 일부만 포함된 경우 (Hd)로 채점한다. 예를 들어, 악마의 머리, 마녀의 팔, 천사의 눈, 휴머노이드의 일부, 잭-오-랜턴(핼러윈 때 속 빈 호박을 이용해 눈, 코, 입 모양으로 파낸 후 안에서 불을 켜도록 한 램프), 동물 가면을 제외한 모든 가면 등이다.

| III | 삐에로 얼굴 | 여기가 눈, 여기가 코 같고요. 뭔가 검은 눈물처럼 보여서 이런 것도 약간 웃는 모습? 삐에로 머리도 빨간색이니까. |
|----|----|----|

### ◆ Hx

반응에 등장하는 대상에게 인간의 정서나 감각 경험을 명백하게 부여한 응답의 경우, 1차 반응내용 기호에 뒤이어 2차 반응내용 기호로 Hx를 부여한다. 예를 들어, '사랑에 빠진 두 사람이 서로를 바라보고 있다', '매우 슬픈 고양이', '서로에게 화가 난 두 사람', '뭔가 역겨운 냄새를 맡고 있는 여자', '아주 행복한 사람', '매우 흥분한 남자', '심한 통증을 경험하고 있는 사람'과 같은 경우이다. 이때 수검자가 대상에 정서나 감각 경험을 부여한 것이 명백해야 한다. 만약 수검자가 대상에 대해 감정이나 감각 경험을 부여하는 것이 모호하고 분명하지 않다면 Hx로 채점하지 않는다. 예를 들어, '파티하고 있는 사람들', '화난 듯 보이는 얼굴', '비열한 것처럼 보이는 사람', '지친 듯 보이는 두 사람'과 같이 대상이 분명하게 감정이나 감각을 경험하는 것으로 표현되지 않는다면 Hx로 채점하지 않는다. 단, 형태 없는 M 반응, 즉 사랑, 미움, 우울, 행복, 소리, 냄새, 두려움 같은 정서 또는 감각 경험이 표현되

는 경우에는 Hx가 일차 내용 기호로 채점된다. 이 경우에는 이후에 소개할 특수점
수인 AB로도 채점된다.[10]

| X | 슬퍼하는 여자 | 울상이 된 입이랑 아래로 처진 눈이 보여요. |

### ◆ A

동물 전체 형태가 포함된 반응은 A로 채점한다. 말, 고양이, 개, 호랑이 등 동물
전체가 응답된 반응이라면 모두 채점 가능하다.

| III | 집에서 키우는 곤충 | 몸통에 리본 같은 걸 묶은 것처럼 보여서 왠지 집에서 키우는 곤충 같아요. |

### ◆ (A)

가상의 동물 또는 신화적 동물의 전체 형태가 포함된 반응은 (A)로 채점한다. 예
를 들어, 유니콘, 용, 마법 개구리, 날아다니는 말, 소설 속 주인공인 동물 캐릭터 같
은 경우이다. 용은 가상의 동물이기 때문에 (A)이지만 공룡은 지금은 멸종했더라도
한때는 실존했던 동물이기 때문에 A로 채점한다.

| I | 페가수스 | 날개 달리고 목이 긴 동물 생각했는데 떠올랐어요. |
| VI | 용 | 머리, 수염, 몸통 생긴 게 용 같아요. |
| VIII | 신화에 나올 법한 동물이 힘겨루기를 하고 있어요. | 무서운 신화 그림 같은 데 나올 법한 동물들이 서로 밀치고 있어요. |

### ◆ Ad

동물 형태의 일부가 포함된 반응은 Ad로 채점한다. 예를 들어, 말의 발굽, 가재
의 집게발, 개의 머리, 동물 가죽 같은 반응 등이 있다.

| IV | 동물 가죽 | 동물 가죽 벗겼을 때 앞발, 뒷발, 꼬리, 머리 부분이에요. 가죽을 펴서 바닥에 펼쳐 놨어요. |

#### ◆ (Ad)

가상의 동물 또는 신화적 동물의 일부 형태가 포함된 반응은 (Ad)로 채점한다. 예를 들어, 페가수스의 날개, 피터 래빗의 머리, 곰돌이 푸우의 다리가 여기에 해당된다. 여기서 주의할 점은 앞에서 동물 형태의 가면을 제외한 모든 가면은 (Hd)로 채점한다고 소개했는데, 동물을 표현한 가면은 (Ad)로 채점해야 한다는 것이다.

| IX | 라이온킹에 나오는 빨간 원숭이 얼굴 | 전체적으로 원숭이 얼굴이에요. |
|---|---|---|

#### ◆ An

골격, 근육, 뼈 구조, 두개골, 갈비뼈, 심장, 폐, 위장, 간, 근육 조직, 척추, 뇌 같은 신체 내부의 해부된 구조를 포함하는 반응은 An으로 채점한다. 즉, **해부를 하거나 개복해서 보기 전에는 바로 볼 수 없는 내부의 장기, 조직들은 An으로 채점한다.** 따라서 **자궁은 'An'으로 채점되는 반면, 여성의 질은 'An'이 아니라 'Hd'로 채점된다.**

| III | 빨간 게 점점 커지는 게 혈관을 나타내는 것 같아요. | 혈관이 가느다랗게 오다가 장기 기관이랑 이어져 나온다는 느낌을 받았어요. |
|---|---|---|

#### ◆ Art

유화, 그림, 만화, 삽화, 추상화, 미술작품, 동상, 보석, 샹들리에, 촛대, 투구 장식, 배지 장식, 봉인용 인장(seal), 장식품 등의 반응은 Art로 채점한다. 장식품에는 귀걸이, 목걸이 같은 일반적인 장식물부터 카드 VII에서 자주 나타나는 '장식으로 꽂은 깃털' 등도 포함된다. Art로 채점할 때는 해당 예술작품이나 책자, 삽화에 포함된 대상들도 추가 기호를 사용해 함께 채점한다. 예를 들어, 세포 슬라이드, 해부도, 해부학 책은 Art,An으로 채점하고 식물도감은 Art,Bt로 채점한다. 또 두 마리의 고양이를 그린 그림은 Art,A, 두 여신의 조각상은 Art,(H), 몸을 구부리고 있는 두 사람을 그린 만화는 Art,H로 채점한다.

| VIII | 호수 위를 걸어가는 호랑이를 그린 그림 작품이에요. | 여기 호랑이가 호수를 걸어가는 건데 사실상 물위를 걸을 순 없으니까 작품적으로 표현한 게 아닐까 싶어요. |
|---|---|---|

◆ Ay

특정한 문화적 또는 역사적 의미를 갖는 반응은 Ay로 채점한다. 예를 들어, 토템, 로마 시대의 투구, 마그나카르타(영국의 대헌장), 산타 마리아(콜럼버스의 배), 나폴레옹의 모자, 클레오파트라의 왕관, 선사시대 도끼, 수렵시대의 화살촉, 인디언의 깃털 장식 같은 반응들이다.

| II | 중간에 있는 얘가 첨탑 같아 보이네요. | 신라시대 석탑 같은 모양으로 보여요. 울룩불룩한 게 돌을 쌓아서 올린 것처럼 보였어요. (울룩불룩?) 아래는 좀 크고 위에는 좁아지는 모양이 돌을 쌓아서 올린 것 같다고 생각했어요. |
|---|---|---|

◆ Bl

인간이든 동물이든 피 반응은 Bl로 채점한다.

| II | 이 두 사람이 싸워서 피를 흘리고 있어요. | 두 사람이 주먹을 부딪히며 싸우고 있어요. 머리와 다리에는 온통 피가 묻어 있어요. |
|---|---|---|

◆ Bt

어떤 종류든지 식물 또는 식물의 부분과 관련된 반응은 Bt로 채점한다. 예를 들어, 덤불, 꽃, 해초, 나무, 잎, 꽃잎, 나무 몸통, 뿌리, 새 둥지(나뭇가지로 만든 경우) 등이다.

| IV | 정원에 서 있는 나무 | 엄청 큰 나무예요. 정원 한가운데 서 있어요. |
|---|---|---|

### ◆ Cg

각종 의류, 신발, 허리띠 등 입거나 신거나 매거나 착용하는 것과 관련된 반응은 Cg로 채점한다. 예를 들어, 모자, 부츠, 벨트, 드레스, 넥타이, 재킷, 바지, 스카프 등이 해당한다. 단, 의복 및 복식류라 하더라도 장식과 꾸밈의 기능이 더 우세한 경우에는 Art로 채점한다. 예를 들어, 브로치, 귀걸이, 목걸이 등이 여기에 해당된다.

| IX | 만화 캐릭터 | 만화 캐릭터인데 색깔이 화려한 옷을 입고 있어요. 빨간색 상의에 초록색 깃이 높게 세워진 옷이에요. |
|----|-----------|---------------------------------------------------------|

### ◆ Cl

구체적으로 구름에 대한 언급을 포함하는 반응은 Cl로 채점한다. 단, 구름과 비슷해 보이는 안개, 연무 등은 Na로 채점한다.

| VII | 뭉게뭉게 피어난 구름 | 형체가 둥글둥글하고 불규칙적이어서 |
|-----|-----------------|--------------------------------|

### ◆ Ex

폭죽이나 불꽃 등 각종 폭발을 포함하는 반응은 Ex로 채점한다.

| VIII | 축제에서 불꽃이 터졌는데 한 번 더 터지는 모습 | 아래가 불꽃이 터지는 곳이고 양옆이 위로 솟아오르는 모습. (불꽃?) 밑에서 위로 쏘아올려진 것 |
|------|----------------------------------|-------------------------------------------------|
| IX | 핵폭발 | 핵이 터졌어요. 주위가 파괴되면서 위로 먼지가 올라와요. |

### ◆ Fi

불이나 연기에 대한 반응은 Fi로 채점한다. 불과 연기에 대한 반응이더라도 폭발 등 터지는 반응이 함께 표현되는 경우에는 Ex를 추가한다.

| III | 두 사람이 불 앞에서 춤추고 있어요. | 양쪽에 사람이 있고 빨간 불이 일렁이고 있어요. |
|---|---|---|
| VI | 연기가 올라가고 있어요. | 공기의 흐름을 따라서 검은색 회색 연기가 올라가요. |

◆ Fd

인간이 일반적으로 먹을 수 있는 음식과, 동물이 자신의 종에서 일반적으로 먹는 먹이를 먹는 반응은 Fd로 채점한다. 예를 들어, 인간이 먹는 프라이드 치킨, 아이스크림, 새우 튀김, 야채, 솜사탕, 껌, 스테이크, 생선살 같은 음식과, 벌레나 곤충을 먹고 있는 새 같은 반응이 여기에 해당한다. 사과나 체리의 경우, Fd와 더불어 Bt를 채점한다. Fd를 채점할 때 유의할 점은 일반적인 음식, 일반적인 먹이의 대상이 아니더라도 대상을 먹는다, 먹이의 의미 등이 표현된다면 Fd로 채점될 수 있다는 것이다. 다음의 사례를 통해 살펴보자. 첫 번째 사례는 '동물 시체를 먹고 있는 하이에나 두 마리'이다. 이러한 반응도 Fd로 채점된다. 동물의 시체가 일반적인 먹이의 대상은 아니지만 하이에나에게는 먹이가 될 수 있고 그것을 먹는다는 반응이 드러나기 때문에 Fd로 채점한다. 두 번째 사례는 '게(crab)'이다. 보통 게라는 반응에 대해서는 Fd로 채점하지 않는다. 게도 식재료로 사용될 수 있는 대상이지만 이 반응의 맥락에서는 게가 식재료, 먹이, 음식의 의미로 표현된 것으로 보이지 않기 때문이다.

| VIII | 동물 시체를 먹고 있는 하이에나 두 마리 | 배고픈 하이에나 두 마리가 동물 시체를 먹고 있어요. 다 먹고 여기 뼈랑 가죽하고 살 조금 빼고는 남은 게 없네요. | A,An,Fd |
|---|---|---|---|
| X | 이것들은 게 같아요. | 여기하고 여기 다리가 많잖아요. 딱 바다에 사는 게인데요. | A |

◆ Ge

구체적인 모양이 자세히 표현되든, 그렇지 않든 모든 지도 반응은 Ge로 채점한다.

| VII | 우리나라 지도 모양 | 우리나라 지도도 가운데가 잘록하고 오른쪽이 올라가 있고 아랫쪽은 크고 부분 부분이 우리나라 지도랑 똑같아서 |
|---|---|---|

◆ Hh

가정용품이 포함된 반응은 Hh로 채점한다. 예를 들어, 침대, 고기 써는 칼, 의자, 요리기구, 컵, 정원 호스, 유리잔, 램프, 잔디 의자, 접시, 러그(동물 가죽 러그는 Ad를 추가로 채점해야 한다), 은 식기 같은 반응들이다. 집을 꾸밀 때 쓰는 촛대, 거실의 샹들리에, 식탁 중앙에 두는 장식품 같은 Hh 반응은 Art를 추가로 채점할 수 있다.

| IV | 동물 가죽을 카펫으로 만들어 놓은 거예요. | 색이 희미해지는 게 얇은 가죽 느낌이고 넓게 펼쳐져 있어서요. |
|---|---|---|
| VII | 주전자에서 물이 나오는 것 | 주전자 뚜껑 열었을 때 김이 나와서 위쪽으로 올라가려는 모양 |

◆ Ls

육지의 풍경이나 바다 풍경을 포함하는 반응은 Ls로 채점한다. 예를 들어, 산, 산맥, 언덕, 섬, 동굴, 바위, 사막, 늪, 산호초, 바닷속 풍경 등이 있다.

| V | 산봉우리 | 울퉁불퉁 위로 가는 모양이 산봉우리 같다. |
|---|---|---|

◆ Na

Bt나 Ls로 채점되지 않는 다양한 자연환경은 Na로 채점한다. 보통 자연의 풍경이나 일상적인 자연물은 Ls로 채점하고, 보다 더 광대하고 큰 규모의 자연환경이나 자연 속 다양한 현상은 Na로 채점한다. 예를 들어, 태양, 달, 행성, 하늘, 물, 대양, 호수, 강, 얼음, 눈, 비, 안개, 연무, 무지개, 폭풍, 회오리바람, 밤, 빗방울 등이 여기에 해당된다. Na 채점의 예에 '물'이 포함되어 있는데 이는 만약 반응에 물이 다양한 방식으로 언급되는 경우에는 Na로 채점해야 한다는 것을 의미한다. 초보 평가자들은 반응 중에 나오는 '물'에 대해서 Na 채점을 빠뜨리는 경우가 자주 발생하므로 주의할 필요가 있다. 다음 사례처럼 자연물이나 풍경에서 드러나는 물부터 작은 규모의 물까지 다양한 방식으로 표현된 물에 Na가 채점되어야 한다.

| VIII | 야생동물이 물에 비친 모습이에요. | 동물이 서 있어요. 딱 곰 같아요. 이렇게 서 있는 곰의 모습이 물에 비친 거예요. | A,Na |
|---|---|---|---|
| IX | 우주인 두 명이 서로 물총을 쏘고 있어요. | 여기 우주인 두 명이 물총을 쏘고 있어요. 상반신만 보이는데 손에 물총을 잡고 있고 여기 이렇게 물줄기가 쏘아지고 있어요. | (Hd),Na, Sc |
| IX | 궁전의 정원에 있는 화려한 분수대 같아요. | 조각 장식이 많이 붙어서 엄청 화려한 분수대예요. 여기서 분수가 솟아올라서 이렇게 바깥으로 떨어지면서 물보라가 일고 있어요. | Art,Na |
| X | 어떤 아이가 물웅덩이로 뛰어들고 있어요. | 이 아이가 물로 뛰어들고 있어요. 팔을 들고 이렇게 점프하듯이 뛰어들고 있어요. 여기가 웅덩이인데 색이 짙은 파랑색인 걸 봐서 크고 깊은 웅덩이 같아요. | H,Na |

◆ Sc

직접적이든 간접적이든 과학 또는 공상과학의 산물과 관련된 반응은 Sc로 채점한다. 예를 들어, 비행기, 건물, 다리, 차, 전구, 현미경, 오토바이, 자동차, 악기, 레이더 기지, 도로, 로켓, 배, 우주선, 기차, 망원경, TV 안테나, 무기 등이 여기에 해당된다.

| VI | 기타나 바이올린 같이 생겼어요. | 기타나 현악기에는 이렇게 감는 곳이 옆으로 나와 있어요. |
|---|---|---|
| VII | 도끼 | 이쪽이 손잡이이고 여기는 칼날 부분이요. 뭔가 도끼처럼 좀 모양이 날카로운 것 같아요. |

◆ Sx

성기 또는 성적 활동과 관련된 반응은 Sx로 채점한다. 예를 들어, 음경, 질, 엉덩이, 가슴(인간 대상의 성별을 표현하기 위해 사용되는 경우는 제외), 고환, 생리, 유산, 성관계 등이 있다. 보통 Sx는 이차적인 반응내용 기호로 채점된다. 일차 반응내용 기호로는 H, Hd, An 등이 사용된다.

| IV | 여자 생식기처럼 보여요. | 양쪽이 외음부를 싸고 있고 안쪽은 질이 있는 부분처럼 보였어요. |
|----|------------------------|---------------------------------------------------------|

◆ Xy

반응에 구체적으로 x-ray 내용이 포함된 경우에는 Xy로 채점한다. Xy 반응에는 골격이나 장기 등이 포함될 수 있다. 하지만 Xy로 채점한 경우에는 이차 기호로 An을 추가하지 않는다.

| VI | 얘는 폐처럼 생겼어요. | 폐를 스캔하면 이렇게 보여요. 여기 가운데에 길게 있고 양쪽으로 나와 있고 그래서 가슴에 있는 폐 같았어요. |
|----|----------------------|--------------------------------------------------------------------------------------------|

◆ Id(개별 내용 반응)

지금까지 소개한 반응내용 범주 중 어느 것에도 해당되지 않는 반응은 Id로 채점한다. Id(Idiographic contents)는 정의상, 표준적인 반응내용 범주에 포함되지 않는 반응에 해당되기 때문에 수검자의 개성적인 표현을 담고 있을 가능성이 크다. 하지만 그렇다고 해서 Id로 채점되는 반응이 기이하거나 매우 특이한 내용만 담고 있는 것은 아니다. Id 채점에서의 중요한 포인트는 표준적인 반응내용 범주로 채점하기 어려운 반응이라는 점이다.

일단 평가자는 Id로 채점하기 전에 해당 반응내용이 정말로 표준적인 반응내용 범주 어디에도 해당되지 않는지 면밀하게 검토해 봐야 한다.[11] 기본적으로 Id로 채점하는 것보다는 표준적인 반응내용 범주로 채점할 수 있다면 그렇게 하는 것이 채점된 자료의 활용가치가 더 높기 때문이다. 예를 들어, 시험관은 흔하지 않은 반응이고 언뜻 보기에는 표준적인 반응내용 범주 중 어디에도 해당되지 않을 것처럼 보인다. 그러나 시험관은 과학의 산물로 볼 수 있기 때문에 Sc로 채점할 수 있다.

회전목마 역시 자주 나타나지 않는 반응이다. 회전목마 역시 과학의 발달이 가져온 산물로 볼 수 있겠지만, 사람을 태우고서 회전하는 기계라는 의미보다는 예쁜 목마로 장식된 기계라는 점을 고려해 Art로 채점한 후 이차 반응내용 기호로 Sc를 추가한다. 또 부메랑의 경우 이것을 무기로 간주한다면, Sc로 채점할 수 있을 것이다. 그러나 부메랑이 조각해서 만든 것이고 장식의 요소가 포함되기도 한다는 점을 고려해 이차 반응내용 기호로 Art를 추가할 수 있다. 하지만 전체적으로 반응의 맥락이 무엇인가에 따라 그 두 가지 기호의 순서가 달라질 수도 있고 아니면 단순히 Id로만 채점하는 것이 더 적절할 수도 있다.

현실적으로는 표준적인 반응내용 범주 중 어느 범주에도 분류하기 어려운 사례가 존재할 수 있다. Id로 채점되는 다음의 사례를 살펴보자. 첫 번째 사례에서는 두 사람이 들고 있는 것에 대해 Id가 채점되었다. 이 사례에서 수검자는 계속해서 '뭘 들고 있다', '뭔가 엄청 무거운 것', '이걸'로만 표현할 뿐 대상에 대해 구체적인 설명을 하지 못했다. 결과적으로 평가자가 대상을 파악할 수 없어 표준적인 반응내용 범주로 분류할 수도 없었다. **이처럼 Id로 채점된다고 해서 모든 반응이 기이하거나 매우 특이한 내용을 담고 있는 것은 아닐 수 있다.**

두 번째 사례에서도 역시, 코끼리 두 마리가 머리 위에 올리고 균형을 맞추는 물건에 대해서 '뭔가'라는 표현만 반복하면서 수검자가 대상을 구체적으로 설명하지 못하였다. 이처럼 대상이 정확하게 무엇인지 파악할 수 없는 경우 Id로 채점한다.

세 번째 사례에서도 수검자가 '통'이라고 언급했지만 그것이 구체적으로 무엇인지에 대해 설명하지 않았기 때문에 Id로 채점한다. **이러한 사례들의 경우 로르샤흐 검사 시행의 원칙을 위배하지 않는 한 추가 질문을 하는 것이 바람직하다.** 평가자가 추가 질문을 적게 하면 할수록 반응내용을 채점하기 어려울 정도로 수검자가 말한 내용을 충분히 파악하지 못하게 될 가능성이 크기 때문이다. 이런 경우, 단순히 평가자가 추가 질문을 충분히 하지 않았기 때문에 수검자가 표준적인 반응내용 범주 어디에도 속하지 않는 특이한 반응을 많이 한 사람으로 오인될 수 있다.

네 번째 사례는 '천'을 Id로 채점하였다. 천의 경우, 먼저 Hh 또는 Cg로 채점하는 것을 고려해 볼 수 있다. 그러나 천 그 자체는 가정용 커튼 같은 제품이 될 수도 있

| | | | |
|---|---|---|---|
| II | 코끼리 두 마리가 머리에 뭔가 올리고 균형을 잡고 있어요. | 여기 코끼리 머리, 몸인데 코끼리들이 머리 위에 뭔가 올리고 떨어트리지 않으려고 균형을 잡고 있어요. | A,Id |
| II | 곰 두 마리가 묘기를 부리고 있어요. | 곰이 한 발은 여기 통 위에 두고 한 발은 뒤로 젖히고 서로 머리를 맞대며 묘기를 부리는 것 같아요. | A,Id |
| III | 두 사람이 뭘 들고 있는 것 같아요. | 두 사람이 몸을 구부리고 뭔가 엄청 무거운 것을 들고 있어요. 많이 무거운지 얼굴을 찡그리고 있고 손은 이걸 꽉 붙들고 있어요. | H,Id |
| VIII | 여러 가지 색의 천 같아요. | 전체가 여러 색깔의 천 같아요. 벨벳 같이 부드러워 보이네요. 보드라워 보여요. | Id |
| IV | 막대에 장화 한 켤레가 걸려 있어요. | 막대 끝에 양쪽으로 장화가 이렇게 거꾸로 걸려 있어요. 비오는 날 신었던 장화를 말리려고 이렇게 걸어 둔 것 같아요. | Cg,Id |
| X | 공 같은 것을 발로 차려고 하는 사람이에요. | **평**: (수검자의 반응 반복)<br>**수**: 사람이 운동장에서 공 같은 것을 차려고 하고 있어요.<br>**평**: 조금 더 설명해 주시겠어요?<br>**수**: 사람이 여기 있고 이렇게 공을 차려는 모습을 하고 있어요.<br>**평**: 공 같은 것이라고 하셨는데요?<br>**수**: 발 앞쪽에 공 같은 것이 있어요. | H,Id |

고 옷감으로 이용될 수도 있기 때문에 Id로 채점한다. 단, 모자나 의상을 만들기 위한 것 등으로 반응과정에서 천의 용도가 특정되는 경우에는 Cg로 채점할 수 있다.

다섯 번째 사례는 '막대'를 Id로 채점하였다. 막대는 그 자체만으로는 표준적인 반응내용 범주 중 하나로 분류하기가 어렵다. 특히 이 사례에서는 막대의 재질을 포함해서 사실상 막대와 관련해서 구체적인 설명이 거의 나오지 않는다.

마지막으로 여섯 번째 사례는 앞의 사례들과는 달리 평가자가 채점을 위해 추가 질문을 했지만 여전히 수검자의 응답만으로는 표준적인 반응내용 범주 중에서 적절한 항목을 찾기 어려워 Id로 채점된 예이다. 이 사례에서는 '공 같은 것'을 Id로 채점하였다. 전체적인 맥락상 이 사례에서의 공은 축구공을 뜻하는 것일 수도 있으나, 평가자가 이를 확인하기 위해 추가 질문을 했음에도 불구하고 수검자가 구체적인 설명을 하지 않아서 특정한 공으로 단정지을 수 없었기 때문에 Id로 채점되었다. 물론, 공처럼 생긴 모든 것에 대해 Id로 채점한다는 의미는 아니다. 예컨대, 연극 무대에서 사용되는 것 같은 수정구(crystal ball)는 Art로 채점하고 솜으로 된 공모양의 탈지면(cotton ball)은 Hh로 채점한다.

### ◆ 여러 개의 내용기호를 채점할 때

보통 하나의 반응에는 여러 대상이 포함되는 경우가 많다. 원칙적으로는 모든 대상에 대해 각각 반응내용 기호를 부여한다. 그러나 예외가 있다. 첫째, Na, Bt, Ls가 중복되는 경우이다. 그러한 경우 Na가 Bt와 Ls보다 우선시된다. 따라서 반응에 Na, Bt 또는 Na, Ls 또는 Na, Ls, Bt가 포함된 경우에는 Na로만 채점한다. 둘째, 반응에 Na는 없고 Bt와 Ls가 함께 포함되어 있는 경우에는 그 둘 중 하나로만 채점한다.

Na, Ls, Bt 기호를 중복해서 채점하지 않는 이유는 세 가지 기호가 모두 구조 요약 자료에서 '소외지표(isolation index)'를 계산할 때 포함되는데 어느 반응 하나로 인해 해당 지표가 지나치게 높아지는 것을 방지하기 위해서이다. Bt와 Ls는 소외지표에서 같은 가중치를 갖기 때문에 둘 중 어느 것을 남겨도 결과는 달라지지 않는다. 따라서 반응내용의 의미와 맥락 등을 고려해 더 중요한 것을 선택한다.

## 3. 평범반응

수검자들이 각 카드별로 자주 보이는 반응이 있다. 그러한 반응 중 특히 높은 빈도의 반응 13개를 평범반응(popular response)으로 분류해 P 기호로 나타낸다. 여기서 높은 빈도라는 기준은 규준자료에서 반응기록 세 개 중 하나, 즉 세 사람 중 한 사람이 대답하는 반응이 된다. 어떤 반응이 평범반응에 해당하는지는 〈표 3-3〉에

나와 있다. 중요한 점은 지정된 카드에서 평범반응으로 분류된 반응이 나타나야만 P로 채점된다는 것이다.

평범반응은 지정된 카드에서 분명하게 평범반응 조건에 해당되는 내용이 표현되어야만 채점되며 그렇지 않은 경우에는 평범반응과 유사한 내용을 담고 있더라도 채점하지 않는다. 또 반응영역 역시 해당 평범반응에서 지정해 둔 영역과 정확하게 일치하지 않으면 채점되지 않는다.

평범반응과 유사해 보이지만 실제로는 평범반응으로 채점할 수 없는 반응이 나타나는 대표적인 카드 중 하나는 바로 카드 V이다. 예를 들어, 수검자가 카드 V에서 박쥐나 나비로 반응한 후 설명 단계에서 바깥쪽 D10 영역을 제외하는 형태로 반응영역을 설명했다고 하자. 이 경우 박쥐나 나비라는 반응은 카드 V의 평범반응 내용에는 해당하지만 전체 영역을 사용해야 한다는 조건을 충족하지 못하므로 P로 채점하지 않는다.

P 채점 시 카드의 방향도 평범반응 채점 기준에서 명시된 방향인지를 반드시 고려해야 한다. 때때로 수검자들은 카드를 회전시킨 다음 응답할 수도 있다. 그러나 일부 평범반응 채점 기준에서는 카드를 회전시키지 않은 상태에서 특정 영역에서 인간이나 동물의 머리를 보아야 한다는 조건이 포함되기도 한다. VI번과 X번 카드를 제외하고는 모든 카드에 이러한 원칙이 적용된다.

예를 들어, 카드 I과 V에서 박쥐와 나비를 평범반응으로 채점하기 위해서는 카드를 정방향으로 본 상태에서 위쪽 부분이 머리로 표현되어야 한다. 만약 수검자가 카드 I과 V에서 박쥐와 나비라는 응답을 하더라도, 카드를 뒤집어 보면서 카드가 정방향일 때의 아랫부분을 머리라고 설명하는 경우에는 P로 채점하지 않는다.

대조적으로 수검자가 카드를 뒤집은 상태에서 응답했지만 여전히 카드를 정방향으로 보았을 때의 윗부분을 머리라고 설명했다면 P로 채점한다. 카드 VIII에서 D1 영역을 동물이라고 응답한 경우에도, 카드를 정방향으로 보았을 때 D1의 윗부분을 동물의 머리로 표현할 때만 P로 채점한다. 수검자가 카드를 회전해서 보더라도 정방향 기준에서 D1의 윗부분을 동물의 머리로 표현한다면 P로 채점한다.

📑 표 3-3 **평범반응**

| 카드 | 반응<br>영역 | 기준 |
|---|---|---|
| I | W | **박쥐**. 잉크반점 윗부분이 박쥐의 윗부분으로 표현되고 응답 과정에서 잉크반점 전체가 사용되어야 한다. |
| | W | **나비**. 잉크반점 윗부분이 나비의 윗부분으로 표현되고 응답 과정에서 잉크반점 전체가 사용되어야 한다. |
| II | D1 | **구체적으로 표현된 동물**. 곰, 개, 코끼리, 양 같이 구체적인 동물로 표현된 경우. 보통은 동물의 머리나 상체에 대한 반응이 대부분이지만, 동물 전체에 대한 반응도 P로 채점한다. |
| III | D9 | **인간 형태 또는 인간 같은 형태로 표현된 대상**. 인간이나 인간 같은 형태로 표현된 인형, 만화 등의 반응. 만약 D1이 두 사람으로 사용되었다면, D7이나 Dd31은 사람의 일부분으로 표현되지 않은 경우에만 P로 채점한다. |
| IV | W<br>또는<br>D7 | **인간 또는 인간 같은 대상**. 거인, 괴물, 인간 같은 공상과학 생명체 등. 만약 동물 같은 존재라면 P로 채점하지 않는다. |
| V | W | **박쥐**. 잉크반점 윗부분이 박쥐의 윗부분으로 표현되고 응답 과정에서 잉크반점 전체가 사용되어야 한다. |
| | W | **나비**. 잉크반점 윗부분이 나비의 윗부분으로 표현되고 응답 과정에서 잉크반점 전체가 사용되어야 한다. |
| VI | W<br>또는<br>D1 | **동물 가죽, 큰 짐승의 가죽, 러그(카펫), 모피**. 고양이나 여우 같은 동물의 전체 형태로 가죽, 러그(카펫), 모피를 설명하는 경우 P로 채점한다. 가죽의 형태가 자연스러운 모양이든 아니면 자연스럽지 않은 모양이든 상관없다. 가죽 또는 동물의 피부에 대한 표현이 실제 언급되거나 분명하게 내포된 경우만 P로 채점한다. |
| VII | D9 | **인간의 머리 또는 얼굴**. 특히 여성, 아이, 인디언 또는 성별이 뚜렷하지 않은 인간의 머리 또는 얼굴 반응. D9을 포함한 더 큰 영역(D1, D2, Dd22)에 대한 반응에서 머리나 얼굴이 D9 영역으로 제한될 때에도 P로 채점한다. 이 경우 윗부분인 D5 영역은 보통 머리카락이나 깃털로 표현된다. |
| VIII | D1 | **동물 전체 형태**. 보통 개과, 고양이과, 설치류 등의 동물로 표현되며, 동물의 머리가 D4 영역 쪽으로 향한 경우 P로 채점한다. |
| IX | D3 | **사람 또는 사람 같은 형태**. 마녀, 거인, 인간 같은 공상과학 생명체, 괴물 같은 반응 |
| X | D1 | **거미**. 거미의 모든 부속기관이 D1 영역 내에서 표현되어야 한다. |
| | D1 | **게**. 게의 모든 부속기관이 D1 영역 내에서 표현되어야 한다. 다른 종류의 다리 많은 동물은 P로 채점하지 않는다.[12] |

## 4. 조직활동

수검자는 반응할 때 잉크반점 안의 여러 요소를 독립적으로 사용해 응답할 수도 있고, 여러 요소를 서로 연관 짓는 형태로 응답할 수도 있다. 후자와 같이 수검자가 자극 내 요소들을 서로 연관 지어 반응하는 경우 조직화 점수(Z)를 부여한다. 예를 들어, 카드 III의 D9 영역에 대해 '사람'이라고만 반응하는 경우 대상 간 관련성을 만들지 않은 단순 반응에 해당된다. 하지만 만약 사람(D9)이 물건(D7)을 들어올리고 있다고 반응한다면 자극 내 여러 요소를 서로 연관 짓는 형태로 응답한 것이 된다. 바로 이러한 반응에 대해 Z점수를 부여한다.

Z점수는 사용한 자극 영역이 어디인지, 조직화 방식이 단순한지 복잡한지를 기준으로 구분된다. Z점수의 네 종류와 각각의 판단기준은 〈표 3-4〉에 제시되어 있다.

📑 **표 3-4  Z점수의 종류**

| 종류 | 기준 |
|------|------|
| **ZW**<br>(전체 영역,<br>Whole) | 발달질이 +, o, v/+이면서 잉크반점의 전체 영역을 사용한 반응. W 영역을 사용하더라도 발달질이 v인 반응은 Z점수를 부여하지 않는다. |
| **ZA**<br>(인접 부분,<br>Adjacent) | 두 개 이상의 개별적인 대상이 서로 의미 있는 관계를 갖는 것으로 보고한 반응 중 두 대상의 영역이 서로 인접한(맞닿아 있는) 영역인 경우 |
| **ZD**<br>(비인접 부분,<br>Distant) | 두 개 이상의 개별적인 대상이 의미 있는 관계를 갖는 것으로 보고한 반응 중 두 대상의 영역이 서로 인접하지 않은(떨어져 있는) 영역인 경우 |
| **ZS**<br>(공백 부분,<br>Space) | 잉크반점의 흰 공간 영역이 다른 영역과 통합되어 사용된 경우. 공간 영역만 사용된 반응은 Z점수를 부여하지 않는다. |

ZA, ZD, ZS는 여러 영역이 통합되어 사용된 반응이기 때문에 조직화 점수를 부여한다는 것이 쉽게 이해될 것이다. 그러나 ZW는 전체 반점 영역 내 요소 간 통

합이 이뤄지지 않았더라도 W 영역이 사용되면 채점된다. 예를 들어, 카드 I에서 W 영역을 박쥐라고 응답한 경우 영역 내 요소 간 통합이 나타나지 않았지만 W 영역이 사용되었기 때문에 ZW 점수를 채점한다. W보다는 D 영역을 활용해 응답하는 것이 더 쉽고 에너지가 적게 들어감에도 불구하고 전체 영역을 사용해 반응했다는 것은 보다 광범위하게 정보를 사용하고 조직화한 것으로 볼 수 있기 때문이다.

Z점수를 부여할 때 주의할 점이 있다. 첫째, 발달질이 v인 반응은 Z점수를 부여하지 않는다. Wv 반응의 경우, 전체 영역이 사용되었다고 하더라도 Z점수를 부여하지 않는 것에 주의해야 한다. 둘째, ZS 채점은 흰 공간 영역이 다른 영역과 함께 통합되어 사용된 경우에만 채점한다. 예를 들어, 카드 I의 전체 영역에 대해 가면처럼 보인다고 하면서 흰 공간 영역에 대해 눈이라고 응답하는 경우나, 카드 II에서 비행기(DS5)가 불꽃(D3)을 내뿜는 것으로 응답하는 경우 ZS 점수를 부여한다. 그러나 카드 II의 DS5에 대해 단순하게 비행기라고만 응답하는 경우에는 다른 영역이 사용되지 않았으므로 ZS로 채점하지 않는다.[13] 셋째, 반응에 공간영역을 사용했다는 점을 확실하게 표현해야만 ZS로 채점할 수 있다. 만약 수검자가 언급한 반점 영역 내에 흰 공간이 포함되어 있지만 반응을 설명하는 중 공간 영역을 사용했다는 표현이 없다면 ZS로 채점할 수 없다.

이러한 문제가 가장 자주 발생하는 것이 카드 III과 X이다. 이 카드들에서 수검자는 떨어져 있는 잉크반점들을 모두 합쳐서 얼굴이라고 보고서, D와 Dd 영역을 눈, 코, 입, 귀, 수염 등으로 설명하기도 한다. 수검자가 이렇게 반응할 때는 다양한 영역을 이어 주는 가상의 선이 만들어진 셈이 되며 그에 따라 자연스럽게 흰 공간도 어느 정도는 반응 속에 포함된다. 그러나 그러한 사실만으로는 수검자가 흰 공간을 의미 있게 통합해서 사용했다고 단정 지을 수 없다. 사실, 대부분의 경우 수검자는 그저 얼굴 부분의 특징만을 이용해 반응을 한 것일 뿐이고 흰 공간을 통합적으로 활용해서 응답하지는 않는다. 따라서 이러한 경우에는 ZS 점수를 부여하지 않는다.

하지만 카드 III과 IX에서 다음과 같은 얼굴 반응이 나온다면 이것은 흰 공간을 통합해 사용한 것으로 간주할 수 있다. "이건 중국의 경극 배우 얼굴이에요. 여기 눈과 코가 있고, 얼굴을 하얀 색으로 칠했네요." 이 경우에는 ZS 점수를 부여한다.[14]

수검자의 반응에 대해 네 가지 Z점수 중 한 가지를 결정하고 나면, 다음으로는 카드별로 Z점수들에 대해 지정된 값을 부여한다. 다시 말해, Z점수는 카드별로 지정된 Z점수 종류에 따라 다르다.

일반적으로 조직화 방식이 더 복잡하고, 사용된 자극을 조직화하기 위해 더 많은 에너지가 들어가야 하는 경우 높은 Z점수가 부여된다. 카드별로 Z점수 종류들에 따라 구체적으로 지정된 값은 〈표 3-5〉에 나와 있다. 평가자는 Z점수를 채점할 때, 수검자의 개별 반응에 대해 Z점수의 종류를 먼저 결정한 다음, 해당 카드에서 그 Z점수의 종류에 할당된 구체적인 값을 〈표 3-5〉에서 찾아 채점한다. III번 카드에서 두 사람이 D7을 잡고 서로 가져가려 싸운다면 ZA로 채점되겠지만, D7에 대한 언급 없이 "두 사람이 서로 싸우는 중이다. 빨간 반점들은 피가 튄 것이다."라는 반응이면 ZD로 채점이 될 것이다. 반응영역 및 형태질을 채점할 때와 마찬가지로, Z점수를 채점할 때에도 평가자는 『로르샤하 종합체계 워크북』(Exner, 2006)[15] 혹은 로르샤흐 채점을 위한 소프트웨어 등을 활용할 수 있다.

📇 **표 3-5  카드별 Z점수**

| 카드 | ZW | ZA | ZD | ZS |
|:---:|:---:|:---:|:---:|:---:|
| | | Z점수 종류 | | |
| I | 1.0 | 4.0 | 6.0 | 3.5 |
| II | 4.5 | 3.0 | 5.5 | 4.5 |
| III | 5.5 | 3.0 | 4.0 | 4.5 |
| IV | 2.0 | 4.0 | 3.5 | 5.0 |
| V | 1.0 | 2.5 | 5.0 | 4.0 |
| VI | 2.5 | 2.5 | 6.0 | 6.5 |
| VII | 2.5 | 1.0 | 3.0 | 4.0 |
| VIII | 4.5 | 3.0 | 3.0 | 4.0 |
| IX | 5.5 | 2.5 | 4.5 | 5.0 |
| X | 5.5 | 4.0 | 4.5 | 6.0 |

만약 한 반응에 대해 동시에 여러 개의 Z점수 값을 부여하는 것이 가능할 경우에는, 상대적으로 더 높은 Z점수 값을 부여한다. 예를 들어, 수검자가 카드 VIII에서 전체 영역에 대해 "호랑이 두 마리가(D1) 산(D6)을 기어올라가고 있다."고 반응했다고 하자. 이 경우 영역 전체를 사용했으므로 ZW인 동시에, 인접한 D1과 D6 영역을 조직화해서 반응했으므로 ZA에도 해당된다. 〈표 3-5〉에서 찾아보면, 카드 VIII의 ZW 값은 4.5이고 ZA 값은 3.0이다. 이 경우에는 둘 중 더 높은 값인 ZW 값 4.5를 채택해 최종적으로 이 반응의 조직화 점수는 4.5가 된다.

제4장

# 로르샤흐 평가의 채점 III: 특수점수

　　마지막으로 채점할 항목은 특수점수이다. 반응내용에 논리적으로 문제가 있거나 특이한 반응이 있는 경우 특수점수를 부여한다. 특수점수는 총 15개가 있으며 〈표 4-1〉과 같다.

## 1. 드문 언어반응

　　수검자의 반응에 인지적 실수나 논리적 사고과정의 혼란이 포함된 경우 드문 언어반응 기호로 채점한다. 드문 언어반응 기호에는 세 가지 종류, 총 6개의 기호가 있다: ① 일탈된 언어(DV, DR), ② 부적절한 결합(INCOM, FABCOM, CONTAM), ③ 부적절한 논리(ALOG). 이 여섯 개의 채점 기호 중 일부(4개: DV, DR, INCOM, FABCOM)는 반응이 비논리적이고 기이한 정도에 따라 수준 1 또는 수준 2로 구분하여 채점하고 각 기호 뒤에 해당되는 수준을 나타내는 숫자를 붙여서 표기한다. 예를 들어, DV1, DR2, INCOM1, FABCOM2와 같은 식이다.

🖂 **표 4-1  특수점수의 종류**

| 범주 | | 명칭 | 기호 |
|---|---|---|---|
| 드문 언어반응<br>(unusual<br>verbalization) | 일탈된 언어<br>(deviant<br>verbalizations) | 일탈된 언어<br>(deviant verbalization) | DV |
| | | 일탈된 반응<br>(deviant response) | DR |
| | 부적절한 결합<br>(inappropriate<br>combinations) | 모순적 결합<br>(incongruous combination) | INCOM |
| | | 우화적 결합<br>(fabulized combination) | FABCOM |
| | | 오염<br>(contamination) | CONTAM |
| | 부적절한 논리<br>(inappropriate<br>logic) | 부적절한 논리<br>(inappropriate logic) | ALOG |
| 보속 반응<br>(perseveration) | | 보속 반응<br>(perseveration) | PSV |
| 특수 내용<br>(special content characteristics) | | 추상적 내용<br>(abstract content) | AB |
| | | 공격적 운동<br>(aggressive movement) | AG |
| | | 협조적 운동<br>(cooperative movement) | COP |
| | | 병적인 내용<br>(morbid content) | MOR |
| 개인화 반응<br>(personalized answers) | | 개인적 반응<br>(personal response) | PER |
| 특수한 색채 현상<br>(special color phenomena) | | 색채 투사<br>(color projection) | CP |
| 인간 표상 반응<br>(human representational<br>responses) | | 좋은 인간 표상<br>(good human representation) | GHR |
| | | 나쁜 인간 표상<br>(poor human representation) | PHR |

## 1) 수준 1과 수준 2의 구분

수준 1은 인지적 실수나 논리적 사고과정의 혼란이 심하지 않은 경우에 채점하며, 수준 2는 보다 심한 사고상의 혼란을 보이는 경우에 채점한다. 수준 1과 수준 2를 구분할 때는 단순히 부주의한 실수에 해당되는지, 아니면 현실로부터 뚜렷하게 벗어나 부자연스럽고, 분열되고, 부적절한 사고 내용을 보이는지 여부를 기준으로 삼는다.

### ◆ 수준 1

사고의 해리, 비논리성, 유동성(fluidity), 우원증(circumstantiality)이 경미하거나 심하지 않은 경우 채점한다. 즉, 단어 사용이 부적절하거나, 과제에서 벗어나거나, 잘못된 판단을 하는 경우로 사고 내용이 기괴한 정도는 아닌 경우이다. 부주의하게 단어를 선택한 반응, 미성숙함과 교육기회 제한으로 인한 반응, 또는 깊게 생각하지 않고 내린 판단으로 인한 반응이 대부분이다. 따라서 수준 1의 반응은 사람들이 자신을 표현하거나 판단을 내릴 때 세심한 주의를 두지 않아서 발생하는 인지적 실수와 큰 차이가 없을 수 있다.

### ◆ 수준 2

사고의 해리, 비논리성, 유동성, 우원증이 심한 경우 채점한다. 즉, 사고의 결함이 뚜렷하고 사고가 과제로부터 비일상적일 정도로 벗어나 있으며 사용된 표현이 상당히 비전형적인 경우에 채점한다. 수준 2에 해당되는 반응은 두드러지게 부적절하거나 기괴하기 때문에 채점에 큰 어려움이 없다. 따라서 수검자의 특정 반응이 수준 2 기준을 충족하는지 아닌지 의심스러운 수준이라면, 보수적으로 판단하여 수준 1로 채점하는 것이 일반적이다. 또한 수준 1과 수준 2를 구분할 때 연령, 교육 수준, 문화적 배경 같은 변인들은 고려하지 않는다. 즉, 오로지 반응의 내용만을 고려해 사고의 혼란 정도를 평가한다.

## 2) 일탈된 언어(DV, DR)

일탈된 언어 범주에는 두 개의 특수점수가 포함되며(DV, DR), 모두 수준 1과 2를 구분하여 채점한다. 기본적으로 DV와 DR 반응은 수검자가 명확하게 의사소통하는 능력에 문제가 있는 상태임을 시사한다.

### ◆ 일탈된 언어(DV)

DV는 인지적 실수로 인해 부적절한 단어를 선택한 경우 채점한다. 단어가 부적절하다는 점이 눈에 띄고 그러한 표현이 이상한 느낌을 주기 때문에 DV를 탐지하는 것은 쉬운 편이다. DV에는 신조어를 사용하는 것과 중복된 표현을 사용하는 것이 있다.

**신조어**　수검자의 어휘력이 부족한 상태가 아님에도 불구하고 용례에서 벗어난 단어를 쓰거나 부적절한 형태로 새로운 표현을 만들어서 사용한 경우이다. 예를 들어, '망원경으로 관찰할 수 있는 박테리아'라는 응답[1]은 현미경 대신 망원경이란 단어를 잘못 사용했고, 두 단어 간 간극이 너무 커서 단순한 인지적 실수로 보기는 어려워 DV2로 채점된다. 때로는 수검자가 대상의 일부분을 지칭하기 위해 잘못된 단어를 사용하는 경우가 있는데 그때에는 DV가 아니라 뒤에 나올 INCOM으로 채점한다. 예를 들어, 나비를 설명하면서 더듬이 대신 섬모라는 단어를 사용하거나[2] 박쥐의 날개를 지칭하면서 손이라고 말하는 경우이다. 그러나 **동물의 구조를 지칭할 때 실수하는 것에 대해 너무 엄격한 기준으로 INCOM을 채점하는 것은 피할 것을 추천한다.** 예를 들어, 흔히 사람들은 통상 '나비의 주둥이 또는 대롱'이라고 부르는 것이 더 적합한 표현이지만, '나비의 입'이라고 말하기도 한다. '강아지의 발' 대신에 '강아지의 손'이라고 하는 경우도 마찬가지이다. 사람들의 이러한 실수가 부적절한 사고를 반영한다고 보기는 어렵다. 이러한 사례들에 대해 너무 엄격하게 INCOM을 적용하게 되면 수검자의 특수점수가 지나치게 높아질 수 있으므로 주의를 기울여야 한다.

예시를 조금 더 살펴보자. 다음의 첫 번째 예에서 '불밭'이라는 단어는 수검자가 꽃과 불, 숲에서 나는 화재 등을 표현하기 위해 새롭게 만든 신조어이므로 DV1으로 채점된다. 두 번째 예에서는 벌레에서 나방으로 부화(변태)하는 것을 진화라는 단어로 잘못 표현했기 때문에 DV1으로 채점된다.

### ● DV '신조어' 채점의 예시

| | |
|---|---|
| 불밭이에요. 꽃인지 불인지 모르겠고 숲에서 불도 화재도 많이 일어나니까 불일 수 있겠다 생각했어요. | DV1 |
| 벌레고 나방날개예요. 벌레에 나방 날개가 달린. 이 날개가 진화가 덜 된 경우에는 벌레고요. 진화가 다 된 경우에는 나방으로 보는 거라 얘는 아직 날개가 진화가 덜 된 거에요. | DV1 |

**중복 사용**  대상의 특징에 대해 같은 의미의 말을 두 번 언급하면서 특이하게 표현하는 경우이다. 예를 들어, '개인적인 사견으로', '사람이 살지 않는 무인도', '역전 앞' 같은 경우이다. 구체적인 채점 사례를 살펴보자. 먼저, 다음의 예 중 첫 번째 사례를 보면 사람 '시체'에 대해 '죽었다'는 표현을 중복해서 사용한 경우에는 어느 정도는 쉽게 일어날 수 있을 법한 실수로 판단되어 DV1으로 채점되었다. 두 번째 사례에서는 '삼인조'에 대해 '세 사람'이라는 표현을 중복 사용했기 때문에 논리적으로 보다 중대한 실수로 간주해 DV2로 채점되었다. 참고로 영어 표현의 경우, 'two twin', 'a couple of two'와 같이 숫자 중복의 경우 보다 중대한 논리적 문제로 간주해 DV2로 채점된다.

### ● DV '중복 사용' 채점의 예시[3]

| | |
|---|---|
| 어떤 사람의 죽은 시체(dead corpse) | DV1 |
| 세 사람의 삼인조(trio) | DV2 |

### ◆ 일탈된 반응(DR)

DR은 수검자가 과제에서 이탈하는 표현이나, 과제를 왜곡시키는 표현을 반응에 포함시켜 이상하고 특이한 표현이 나타날 때 채점한다. DR을 채점할 때 반응이 반드시 기괴할 필요는 없다. 하지만 DR에서는 과제의 성격이나 목적에 비춰 봤을 때 언어표현이 확실히 부적절한 특징을 보인다. DR에 해당하는 경우는 과제와 관련 없는 구절이 들어가는 것과 부적절하게 두서없이 응답하는 것이 있다. 일부 DR 반응은 DV로 채점할 수 있는 내용이 함께 포함되기도 한다. 이러한 경우에는 DR로만 채점한다.

**부적절한 구**　과제에 부적절하거나 전혀 관련 없는 구절이 반응에 포함되는 경우이다. 반응과 관련해서 삽입된 부적절한 구절에 대해서만 DR을 채점한다. 단순히 논평을 추가하는 표현에는 DR을 채점하지 않는다. 예를 들어, "정말 뭔지 모르겠어요.", "우아, 이번 카드에는 색깔이 있네요.", "조금 더 천천히 살펴보면 더 많은 것을 찾을 수 있을 것 같네요." 같은 표현들은 채점하지 않는다.

대부분의 DR 반응은 부적절성이 두드러지지 않지만, DR2로 채점되는 경우는 사고의 통제 기능이 적절히 유지되지 않는 점을 반영한다. 예를 들어, "이건 굴인 것 같아요. 근데 굴이 상했네요."와 "이건 개인 것 같아요. 저희 아빠는 절대로 개를 못 키우게 하셨어요." 같은 경우 반응과 무관한 구절이 삽입되었으나 그래도 설명하고 있던 굴이나 개와 관련된 내용이기 때문에 DR1으로 채점할 수 있다. 대조적으로, "박쥐네요. 근데 사실 저는 나비가 보고 싶었어요."와 "이건 오바마의 얼굴 같아요. 만약 민주당원이 본다면요."의 경우 자신이 본 박쥐라는 반응을 거부하고 다른 반응을 보기 원했다고 설명하거나, 해당 카드 자극이 얼굴로 보이는 이유와 전혀 관계가 없는, 카드와 무관한 다른 내용을 언급하는 등 부적절한 면이 더 두드러지기 때문에 DR2로 채점된다.[4]

추가로 다음의 반응 사례를 살펴보자. 수검자가 번진 액체의 끈적함을 설명하다 끈적함과 상반되는 보드라움을 떠올리며 강아지 털을 설명하였다. 그러나 끈적함에서 보드라움을 떠올림에 부적절성이 적고 다음 문장에서는 다시 본래의 반응으로 돌아왔음을 고려해 이 경우에는 DR1으로 채점할 수 있다.

**◉ DR '부적절한 구' 채점의 예시**

| VI | 번진 액체 | 물감이 퍼지려면 물이 좀 있어야 되는데 없고 물감만 섞여 있어서 끈적끈적한 느낌이다. 우리 집 강아지 털은 보드라운데······. 이건 양탄자에 번진 액체 같다. | DR1 |
|---|---|---|---|

**우원증적 반응** 수검자의 언어표현이 마치 정처 없이 흘러가듯이 진행되거나 두서없는 경우 해당된다. 이러한 반응에서 수검자는 마치 과제에는 신경 쓰지 않는 듯 부적절할 정도로 상세하게 말한다. 우원증적 DR은 사고가 과제로부터 이탈했음을 나타내며, 수검자가 대상을 설명하는 것이나 반응을 종결하는 것에 문제가 있음을 보여 준다. 우원증적 반응이 반드시 기괴한 것은 아니다. 우원증적 반응내용이 다른 상황에서는 적절한 것일 수도 있지만 현재의 과제 상황에서는 과제의 목표와 문제해결의 측면에서 부적절한 인상을 준다. 발화의 많은 부분이 반응과 관련이 적은 내용이므로 우원증적 반응인 DR은 파악하기가 상대적으로 쉽다.

하지만 우원증적 DR이라 해서 반드시 설명이 길어야 하는 것은 아니다. 또 우원증적 DR 반응과 다음의 반응은 신중하게 구분해야 한다. 첫째, 반응이 다소 부자연스럽더라도 목표와 연관된 반응은 우원증적 DR로 채점되지 않는다. 어떤 사람들은 말을 분명하게 표현하는 것을 매우 힘들어하기도 한다. 예를 들어, "바로 여기요, 아 잠깐만요. 알았다. 바로 여기는 아마 어, 어떤, 머리 같이 보여요. 그러네요. 머리예요. 뭐의 머리 같냐면 음, 음, 개인 것 같아요. 아니요 잠깐만요. 개가 아니고, 여우가 낫겠네요." 같은 경우이다.[5] 이러한 반응은 부자연스럽지만 우원증적인 반응은 아니다. 수검자가 목표에서 벗어나지 않기 위해 노력했기 때문이다.

둘째, 매우 상세하더라도 과제에 부합되는 반응은 우원증적 DR로 채점하지 않는다. 어떤 사람들은 응답할 때 상당히 자세하고 정교한 반응을 하기도 한다. 수검자가 계속 목표를 향해 나아가면서 반응을 조직화해서 상세하게 설명하는 경우라면 수용 가능한 반응이 된다. 보통 우원증적 DR 반응에서는 이야기가 목표에서 벗어나는 경향을 보이며, 때로는 끝내 원래의 대상으로 되돌아오지 못하기도 한다.

채점 사례를 통해 살펴보자. 다음 사례는 모두 우원증적 반응을 이유로 DR1으로 채점된 사례들이다. 첫 번째 사례에서는 바다를 설명하면서 미역과 건초가 언급되자 "바다에 안 들어갔을 때는 예쁘지도 않고 수영할 때는 발에 걸리기도 하는데 왜 자라지."라며 반응과 직접 관계가 없는 답변이 이어졌다. 그러나 심하게 부적절하거나 기이해 보이지는 않기 때문에 DR1으로 채점되었다. 나머지 두 사례도 반응을 설명하는 데 직접적인 관련이 없는 내용으로 흘러간 채 반응이 마무리되었으나 그렇다고 해서 심하게 부적절해 보이지는 않기 때문에 모두 DR1으로 채점되었다.

### ◉ DR '우원증적 반응' 채점의 예시(수준 1)

| | |
|---|---|
| 바다예요. 바닷속에 들어가 본 적 없을 때 가진 바다에 대한 인상이네요. 여기 미역이나 건초 같은 바다 부산물이 떠다니는 것 같아요. 바다에 안 들어갔을 때는 예쁘지도 않고 수영할 때는 발에 걸리기도 하는데 왜 자라지. | DR1 |
| 자동차 로봇이요. 변신하면 이렇게 생겼어요. 어색한 다리 자세로 서 있어요. 애들은 실제로 서야 좋아해요. 제 동생이 그렇거든요. 실제로 세우려면 다리가 뚱뚱하고 어색하고 그래야 돼요. | DR1 |
| 숲속 동물이에요. 숲속에서 먹이는 잘 구할 수 있을까, 겨울에 먹을 게 없어서 죽지는 않을까 걱정되네요. 겨울에 동물들이 먹이가 없어서 많이 죽거든요. | DR1 |

또 다른 사례를 살펴보자. 다음 사례들은 모두 심각한 우원증적 반응으로 간주해 DR2로 채점된 것들이다. 앞서 DR1으로 채점된 사례들은 내용이 다소 부적절하고 과제와 무관하게 반응이 흘러갔음에도 원래 설명하던 '바다', '로봇', '동물'과의 연결 고리가 최소한으로는 유지되는 것들이었다. 그러나 DR2로 채점되는 다음 사례들의 경우, 원래 설명하던 '더러운 불순물과 쓰레기' 내용 이후에 이어지는 표현은 반응을 설명하는 것과 관련이 거의 없고 논리적인 개연성도 매우 낮다. 그다음 사례 역시 '자신은 이런 것을 보면 토할 것 같다'는 내용부터는 원래 반응인 '더럽고 지저분한 붉은 나비'라는 내용과는 논리적으로 연결이 안 되는 동시에 이해하기 어려운 반응에 해당된다. 이에 DR2로 채점된다.

**◆ DR '우원증적 반응' 채점의 예시**(수준 2)

| | |
|---|---|
| 더러운 불순물과 쓰레기로 푸른 들판이 완전히 오염되었어요. 요즘 세상 사람들이 너무 불결해서 이렇게 오염된 거예요. 다들 순결하지 않고 가치관이 더러운 세상이에요. 그런 사람들을 심판이 내려져야 이 세상이 깨끗해지는데 그렇지 않아서 그런 더러운 사람들과 함께 살아야 해요. | DR2 |
| 더럽고 지저분한 붉은 나비예요. 붉은색이 깨끗하지 않고 탁하게 여러 가지 붉은색이라 지저분해요. 이 나비는 전쟁, 죽음, 이런 피 흘리게 하는 온갖 나쁜 것들을 상징하죠. 사람들은 나비라고 좋아하겠지만 나는 이런 것을 보면 토할 것 같아요. 선생님이라면 더럽고 순결하지 않은 것을 받아들이시겠어요? 선생님도 토하실지 몰라요. | DR2 |

## 3) 부적절한 결합(INCOM, FABCOM, CONTAM)

부적절한 결합의 범주에는 세 가지 채점 기호가 포함된다(INCOM, FABCOM, CONTAM). 이 중 INCOM과 FABCOM은 수준 1과 수준 2를 구분하여 채점한다.

### ◆ 모순적 결합(INCOM)

실제로 존재하기 어렵거나 불가능한 특성이나 활동이 하나의 대상에서 나타나는 경우 INCOM으로 채점한다. 단, 그러한 대상이 만화에서 표현된 것으로 제시될 경우에는 INCOM으로 채점하지 않는다. 만화 캐릭터는 현실에서 있을 법하지 않은 모습이나 활동을 하는 것이 얼마든지 가능하기 때문이다. DV와 DR을 채점할 때와 마찬가지로 INCOM에서도 수준 1과 수준 2를 구분하는 것은 기괴함의 정도에 따라 정한다. 수준 1의 INCOM 반응은 무심결에 단순히 실수로도 나타날 수 있고 그다지 심각한 문제를 보이지 않는 반면, 수준 2의 INCOM 반응은 상당히 기이하고 비현실적이다.

INCOM 반응의 예를 살펴보자. INCOM1으로 채점된 반응들은 강아지가 갖기 어려운 빨간색을 강아지에게 부여하거나, 사람의 눈이 갖기 어려운 분홍색을 부여하거나, 인간에게 보다 적합한 미소 짓는 행동을 개구리에게 부여해 다소 부적절한 표현을 나타냈지만 그래도 그다지 기괴한 인상을 주지는 않는 반응들이다. 반면에 INCOM2로 채점된 반응들은 대상에서 표현되는 활동이나 특성이 실재하기 어려울 뿐만 아니라 기괴한 인상을 주어서 수준 2로 채점되었다.

### ✔ INCOM 반응의 예시

| | |
|---|---|
| 빨간 강아지 | INCOM1 |
| 분홍색 눈을 가진 사람 | INCOM1 |
| 개구리가 미소 짓고 있는 것처럼 보이네요. | INCOM1 |
| 뱀의 머리를 한 사나이 | INCOM2 |
| 눈이 네 개인 고양이 | INCOM2 |
| 머리가 세 개인 사람 | INCOM2 |

INCOM에서 수준 1과 수준 2를 구분하는 기준을 살펴보기 위해 다음의 사례들을 검토해 보자. 첫 번째 사례를 보면 해골이 눈물을 흘린다는 실제로 존재하기 어려운 내용을 표현해 기괴한 인상을 주기 때문에 INCOM2로 채점될 수 있다. 두 번째 사례에서는 앞서 DV 항목에서 설명한 것처럼, 대상의 일부를 지칭하면서 잘못된 단어를 사용했기 때문에 INCOM1으로 채점되었다. 이 사례의 경우 두더지의 입을 표현하면서 조류의 입을 지칭하는 '부리'라는 단어를 사용한 것이다. 다만, 사용된 용어가 맥락상 심각하게 부적절한 인상을 주지 않기 때문에 수준 1로 채점되었다. 세 번째 사례에서는 귀가 다섯 개인 기이한 형태의 토끼를 설명하고 있어 INCOM2로 채점되었다. 네 번째 사례에서는 동물에게 웃는 인간의 감정 경험과 행동을 부여하고 있어 INCOM으로 채점되었지만 상대적으로 기괴한 인상을 주지는 않으므로 수준 1이 부여되었다.

✅ **INCOM 채점에서의 수준 분류 예시**

| | |
|---|---|
| 눈물 흘리는 해골이에요. 눈 쪽도 움푹 파여 있고 코 쪽도 움푹 파여 있는데 아래로 흐르는 게 눈물 같아 보였어요. | INCOM2 |
| 두더지요. 여기는 부리 같아요. 두더지가 부리가 얇고 넓게 생긴 이미지가 있거든요. 또 두더지라고 한 건 눈이 잘 안 보여서요. 분명하게 눈 같은 게 보이지 않아요. | INCOM1 |
| 귀가 다섯 개 달린 토끼예요. 너무 이상하게 생겼는데요. | INCOM2 |
| 멧돼지가 씩 웃고 있어요. 눈도 입도 반달 모양이에요. | INCOM1 |

◆ **우화적 결합(FABCOM)**

두 개 이상의 대상이 현실적으로 불가능한 방식으로 관계를 맺고 있는 것으로 표현될 때 FABCOM으로 채점한다. INCOM 반응에서는 하나의 대상에 현실적으로 불가능한 특성 또는 활동이 부여되는 반면, FABCOM 반응에는 항상 두 개 이상의 대상이 포함된다. 단, 실재하기 어려운 투명 반응의 경우에는 예외적으로 대상이 하나만 존재하더라도 FABCOM으로 채점할 수 있다. INCOM과 마찬가지로 FABCOM에서도 반응내용이 만화에서 나타나는 것으로 표현된다면 채점하지 않는다.

FABCOM도 기괴한 정도에 따라 수준 1과 수준 2로 구분한다. 수준 2의 FABCOM 반응에서는 현실을 무시하는 방식으로 기술되기 때문에 훨씬 눈에 띄거나 기괴한 인상을 준다. 이런 점에서 앞서 언급한 현실적으로 불가능한 투명 반응은 항상 수준 2로 채점한다.

FABCOM 반응의 예를 살펴보도록 하자. FABCOM1으로 채점된 반응들은 '두 마리 개가 축구하기', '고양이 두 마리가 노래를 하기', '곰 두 마리가 하이파이브하기'와 같이 대상들을 실제에서 불가능한 방식으로 결합하고 있지만 축구하기, 노래하기, 하이파이브하기 등의 활동은 그다지 기괴한 인상을 주지는 않는다. 반면에 '가재가 커다란 배를 공격'하는 것이나 '마주 보고 있는 두 사람의 심장이 밖으로 나와서 뛰고' 있는 것, '다람쥐의 눈에서 연기가 피어오른다'는 것처럼, FABCOM2로 채점된 반응은 결합된 내용이 모두 대상들을 비현실적인 방식으로 결합하는 동시에 내용도 기괴한 인상을 준다는 점 때문에 수준 2로 채점된다.

### ✅ FABCOM 반응의 예시

| | |
|---|---|
| 두 마리 개가 축구를 하고 있다. | FABCOM1 |
| 고양이 두 마리가 노래를 하고 있다. | FABCOM1 |
| 곰 두 마리가 하이파이브를 하고 있다. | FABCOM1 |
| 가재가 커다란 배를 공격하고 있다. | FABCOM2 |
| 마주 보고 있는 두 사람의 심장이 밖으로 나와서 뛰고 있다. | FABCOM2 |
| 다람쥐의 눈에서 연기가 피어오른다. | FABCOM2 |

이어서 FABCOM 채점 사례를 추가로 살펴보자. 첫 번째 사례를 보면 '게'가 '불'을 들고 있다면서 두 대상을 결합해 반응하였으나 이는 현실적으로는 불가능한 활동이다. 하지만 불을 들고 있는 것이 기괴한 활동의 인상을 주지는 않기에 FABCOM1으로 채점할 수 있다. 두 번째 사례에서는 여러 바다 생물이 모여 파티하는 비현실적인 결합을 표현하였으나 역시 기괴한 인상을 주는 정도는 아니기 때문에 FABCOM1으로 채점된다.

반면, 세 번째 사례의 경우 '병아리'와 '복숭아'를 결합하였으나 현실적으로는 불가능한 방식으로 결합하였을 뿐만 아니라, 내용도 기괴한 인상을 주기 때문에 FABCOM2로 채점된다. 네 번째 사례에서도 '곤충'과 '태아'가 비현실적이고 기괴한 방식으로 결합되었기 때문에 FABCOM2로 채점된다.

### ✅ FABCOM 채점에서의 수준 분류 예시

| | |
|---|---|
| 게가 불을 들고 있어요. 게처럼 다리가 많고 여기는 위쪽으로 타오르고 있는 모양이라서 불로 봤어요. | FABCOM1 |
| 바닷속 생물들이 다 모여서 파티하는 것 같아요. 다들 즐겁게 춤추고 노래하고 있어요. | FABCOM1 |
| 복숭아를 먹고 토한 병아리들이에요. 병아리들이 배부르게 복숭아를 먹고 왔는데 너무 많이 먹어서 다 토해 놨어요. 복숭아를 뿜어내는 거예요. | FABCOM2 |
| 엄청 큰 곤충이 양쪽에 태아를 매달아 두고 먹으려 하고 있어요. | FABCOM2 |

#### ◆ 오염(CONTAM)

두 개 이상의 대상이 하나의 반응에 융합 혹은 통합되는 과정에서 명백하게 현실세계에서 벗어나는 내용을 포함하는 경우 CONTAM으로 채점한다. 로르샤흐 검사에서의 부적절한 결합 중 가장 기괴한 인상을 주는 반응이 바로 CONTAM이며 다른 채점 기호와 다르게 수준을 구분하지 않는다. 어떤 반응이 CONTAM으로 채점된다면 드문 언어반응 중 다른 기호(DV, DR, INCOM, FACOM, ALOG)에 해당되는 내용이 있더라도 CONTAM 이외의 다른 채점 기호를 추가하지 않는다.

CONTAM 반응에서 융합 혹은 통합된 각 대상은 개별적으로 보고되었다면 적절할 수 있을지라도 하나의 반응으로 중첩되는 과정에서 그러한 적절성이 손상된다. INCOM은 서로 다른 잉크반점 영역에서 지각된 대상들이 현실적으로는 불가능한 방식으로 하나의 반응 속에서 결합이 이루어진 것이다. 반면에 CONTAM은 사고상의 혼란에 의해 동일한 잉크반점 영역에 대해서 하나의 반응 위에 또 다른 반응이 덮어씌워진 것에 해당된다. 이러한 반응과정은 마치 하나의 스크린에 동시에 두 개의 필름 영상을 송출해 매우 혼란스러운 형태의 이중 영상이 나타나게 된 것과 유사하다고 할 수 있다.

CONTAM 반응에는 종종 신조어나 다른 특이한 언어표현이 포함되기도 한다. 신조어 형태의 CONTAM 반응의 예로는 새의 머리와 사람의 얼굴을 중첩시켜서 '새-사람 얼굴'이라고 표현하는 것을 들 수 있다.

때로는 수검자가 CONTAM 반응을 하는 과정에서 부자연스러운 논리가 드러나기도 한다. 예컨대, "이건 바위처럼 보인다, 그리고 피 흘리는 것처럼 보인다, 그러니까 피 흘리는 바위이다."라고 하는 것이다. 또 다른 예로는 카드 II의 D3 영역에 대해 먼저 세워서 보면서 "이건 나비네요."라고 말하고서 다시 뒤집어 보면서 "이건 불꽃이네요."라고 말한 다음, 이 둘을 혼합해 "그러니까 불꽃나비가 분명하네요."라고 말하는 것을 들 수 있다.

다시 한번 강조하자면, CONTAM 반응에서 문제 삼는 것은 두 대상이 비현실적으로 결합되는 것이 아니다. 앞서 제시한 사례들을 CONTAM으로 채점하는 이유는 피와 바위 그리고 불꽃과 나비가 비현실적으로 결합되어서가 아니다. 그보다는 같은 반응영역에 대해서 두 개의 대상에 대한 지각이 중첩되어 표현되었기 때문에 CONTAM으로 채점하는 것이다.

때로는 CONTAM 반응이 반응 단계에서는 크게 두드러지지 않고 질문 단계에 와 서야 명백해지는 경우가 있다. 예시를 통해 살펴보자. 다음의 반응은 카드 Ⅰ의 전체 영역에 대한 반응이다.

### ✔ 질문 단계에서 CONTAM이 드러나는 예

| 반응 단계 | 질문 단계 |
|---|---|
| 이건 박쥐네요. | 여기 날개가 있고(D2) 몸통이 있고(D4) 여기는 박쥐의 얼굴인 데 이게 눈이고(DdS26) 입이고(DdS29) 귀예요(Dd28). |

수검자는 반응 단계에서는 일반적인 반응이자 카드 Ⅰ의 평범반응인 '박쥐'를 응답 하였다. 그러나 질문 단계에서는 수검자가 박쥐와 박쥐의 얼굴을 중첩해서 보았음 이 드러난다. 이 경우 중첩된 대상인 '박쥐'와 '얼굴'은 형태질이 각각 o에 해당하므 로 반응의 채점은 다음과 같다: WSo Fo A P 3.5 CONTAM. 그 외 CONTAM으로 채 점할 수 있는 사례는 다음과 같다.

### ✔ CONTAM 채점의 예

| Ⅵ | 호랑이 악기 같 아요. | 가운데 선이 길게 있고 여기는 기타 통으로 보이는데 이게 호랑 이로도 보여서 호랑이 기타 같았어요. |
|---|---|---|

## 4) 부적절한 논리(ALOG)

평가자가 응답을 촉진하기 위한 개입을 하지 않았음에도 수검자가 자발적으로 응답을 정당화하기 위해 부자연스럽고 자의적인 논리를 사용하는 경우 ALOG로 채 점한다. ALOG는 수검자가 어떤 이유로든지 간에 스스로 자연스럽지 않은 논리로 반응할 때만 채점한다. 평가자가 질문 단계에서 핵심단어에 대해 물었을 때 나타난

자의적인 논리에 대해서는 ALOG로 채점할 수 있지만, 평가자가 질문 단계에서 핵심단어와 무관한 질문을 한 후에 나타난 경우는 설사 논리적으로 문제가 있다 하더라도 ALOG로 채점할 수 없다.

ALOG 반응에서, 수검자는 자신의 반응내용을 정당화하기 위해 비논리적인 표현을 사용한다. 보통 이러한 정당화 시도는 대상의 크기, 공간적 요소, 색깔, 또는 다른 특징을 언급하는 방식으로 이루어지며, '왜냐하면', '~니까'라는 표현을 사용하는 경우가 많다. 다음은 ALOG 반응의 예들이다.

"이것은 남극임에 틀림없어요 카드 아래 쪽에 있으니까요.", "이 초록색 부분은 건초임에 틀림없어요. 말 옆에 있으니까.", "빨간색 귀걸이라 특별해 보여요. 빨간색은 특별하니까요. 파란색이라면 그렇지 않았을 거예요.", "한겨울이에요. 이 사람이 파란색으로 표현된 걸 보니 한겨울임에 틀림없어요.", "악마예요. 머리 색이 이상하잖아요.", "분명히 거대한 나비처럼 크게 보여요, 카드의 대부분을 차지하고 있잖아요.", "이게 되게 작아 보이잖아요. 그러니까 아기 코끼리인 거죠.", "유럽인은 턱수염이 있잖아요. 그러니까 이건 유럽인이에요." 같은 경우가 있다.

보통 ALOG 반응의 경우, 질문 단계에 들어가기 전 혹은 평가자가 핵심단어에 대해 질문하기 전에는 분명하게 드러나지 않을 수 있다. 따라서 ALOG 반응의 채점을 위해서는 질문 단계를 충실하게 수행하는 동시에 핵심단어에 대한 질문이 필수적이다. 단, 핵심단어 이외의 내용에 대한 질문을 통해 수검자의 자의적인 논리가 나타나는 경우에는 ALOG로 채점해서는 안 되기 때문에 평가자는 유도질문을 사용하지 않도록 주의할 필요가 있다.

다음의 세 사례는 모두 ALOG로 채점되는 예들이다. 첫 번째 사례의 경우, 수검자는 반응 단계에서부터 자신의 반응에 대해 스스로 확신하는 언급을 했을 뿐만 아니라, 질문 단계에서 자발적으로 '왕발'이라는 비논리적인 이유를 들어 자신의 반응을 더욱 정당화하였다. 두 번째 사례의 경우, 반응 단계에서는 다소 조심스럽게 표현을 했으나, 질문 단계에서 자발적으로 자의적인 논리를 사용해 자신의 반응을 정당화하였다. 세 번째 사례의 경우, 두 번째와 마찬가지로 반응 단계에서는 다소 조심스럽게 접근했고 질문 단계에서 처음에는 자의적인 정당화 반응이 나타나지 않았으나, 평가자가 핵심단어를 질문했을 때는 이를 설명하는 과정에서 자의적인 논리를 사용했다.

| 반응 | 질문 |
|---|---|
| 저건 왕임에 틀림없어요. | 여기 왕 머리하고 팔이 있고요. 이건 왕이에요. 왜냐하면 왕발이잖아요. |
| 이건 아마 병든 새일 것 같아요. | 여기 몸통하고 다리가 있어요. 병든 새가 분명해요. 새의 머리가 보이지 않잖아요. |
| 이건 남자인데 나쁜 놈일 것 같아요. | 평: (수검자의 반응 반복)<br>수: 여기 머리, 몸, 다리고 체형이 남자 같아요.<br>평: 나쁜 놈이라고 하셨는데요.<br>수: 이 남자는 확실히 나쁜 놈이에요. 까만색이니까요. |

　　그러나 다음의 사례에서는 ALOG를 채점하지 않는다. 앞 사례들과의 차이점을 주의 깊게 살펴보기 바란다. 다음 사례에서도 수검자가 '장례 치러지는 사람의 심장. 가운데 붕 떠 있으니까'라는 자의적인 논리를 사용한 것은 분명하다. 그러나 이는 평가자가 수검자가 언급한 적이 없는 장례식이라는 단어를 사용해 추가 질문을 한 이후 새롭게 나온 반응이다. 이러한 경우에는 수검자의 자의적인 논리가 평가자의 질문에 의해 촉발되었는지, 정말 수검자가 처음부터 그렇게 본 것인지를 구분하기가 어렵다. 따라서 이때는 ALOG로 채점해서는 안 된다.

| 반응 | 질문 |
|---|---|
| 검은 옷을 입은 두 사람이 뭘 하고 있어요. 아마 마주 보고 서서 같이 대화를 나누고 있는 거 같아요. | 평: (수검자의 반응 반복)<br>수: 두 사람이 여기 한 명, 여기 한 명 있어요. 머리, 팔, 몸, 다리가 이렇게 있고. 서로 마주 보고 서서 대화를 하고 있어요. 모임이나 행사에 참여한 사람들이네요.<br>평: 혹시 장례식 장면인가요?<br>수: 둘 다 머리 끝부터 발끝까지 검은 옷을 입고 검은 신발을 신고 있으니까 장례식장이 맞는 것 같아요. 그리고 이거(가리키며)는 장례 치러지는 사람의 심장 같아요. 심장이 허공에 떠 있으니까요. 우리 아버지도 심장이 안 좋았어요. |

## 2. 보속 반응(PSV)

PSV는 동일한 반응내용이 반복되는 형태로 사고의 경직성과 집착이 나타날 때 채점한다. PSV 반응은 다음과 같은 세 종류가 있으며 모두 PSV 기호로 채점한다.

### ◆ 카드 내 보속 반응

카드 내 보속 반응은 같은 카드에서 같은 영역에 대해 발달질, 결정인, 형태질, 내용이 모두 같은 반응으로 연속해서 나타나는 경우를 말한다. 만약 Z점수를 포함하고 있는 경우라면, 그것도 모두 똑같아야 한다. 단, 반응내용의 구체적인 항목은 변동될 수 있지만 그 경우에도 표준적인 반응내용 범주는 동일해야 한다.

하지만 특수점수는 동일하지 않아도 된다. 또 평범반응도 동일할 필요는 없다. 예컨대, 카드 V에서 나비(Wo Fo A P 1.0)라고 대답한 후 이어서 나방(Wo Fo A 1.0)이라고 반응하는 경우, 평범반응 기호는 동일하지 않으나 다른 채점 기호가 동일하므로 두 번째 반응에 PSV 기호를 추가한다.

카드 내 보속 반응의 예는 다음과 같다. 다음의 예에서 PER은 나중에 소개할 특수점수 중 하나로 개인화 반응("제가 이전에 실제로 검정색 나비를 본 적이 있거든요.")을 나타낸다.

| V | 10 | 박쥐 | 검정색인 거랑 모양이 날개와 꼬리, 얼굴, 더듬이 같은 것 | Wo FC'o A P ZW |
| V | 11 | 나비 | 나비 같아 보이기도 하네요. 제가 이전에 실제로 검정색 나비를 본 적이 있거든요. 그 나비는 좀 더 크기는 했는데 아무튼 그 나비가 떠올랐어요. 더듬이도 있으니까. | Wo FC'o A P ZW PER, PSV |

### ◆ 내용 보속

앞 카드에서 보았던 대상을 다른 카드에서 다시 보고하는 경우를 말한다. 중요한 점은 카드가 변경되어 자극이 바뀌었음에도 이전에 수검자가 보고했던 것과 동일한 대상으로 보고한다는 점이다. 예를 들어, 수검자가 카드 III에서 **"두 사람이 서로를 지그시 바라보며 대화를 나누고 있어요."**라고 응답한 후, 카드 VII에서 **"어 여기 아까 그 대화 나누던 사람들이 또 있네요. 근데 지금은 서로 사이가 나빠졌어요."**라고 대답하는 경우이다. 동일한 카드 내에서 연속해 발생하는 카드 내 보속 반응과 달리, 내용 보속 반응은 서로 다른 카드들에 걸쳐 나타나게 된다. 단, 내용 보속 반응에서는 동일한 대상을 다시 보고하는 두 번째 반응의 채점이 이전 반응의 채점과 같을 필요가 없다.

### ◆ 기계적 반복

기계적 반복 반응은 말 그대로 매 카드마다 기계적으로 같은 대상을 반복해서 반응하는 것이다. 예를 들어, 카드 I에서 나비라고 반응한 후, 카드 II에서도 나비, 카드 III에서도 나비, 이런 식으로 계속 기계적으로 같은 반응을 반복하는 것이다. 이러한 유형의 보속 반응은 주로 지적인 장애가 있거나 신경학적인 문제가 있는 환자에게서 나타난다.

이처럼 기계적으로 같은 반응을 보일 경우 전체 반응 수가 14개가 되지 않아 타당한 형태의 검사 기록을 얻지 못할 가능성이 크다. 이 경우 평가자는 과연 해당 수검자에게 재검사를 진행할 필요가 있는지에 대해 재고해 봐야 한다.

## 3. 특수 내용

특수 내용 기호는 수검자의 독특한 인지적 특징 또는 자아 특성과 관계된 투사 반응을 채점하기 위해 사용한다. 총 네 개의 기호가 있으며, 사고의 특징, 자기상, 대인관계 문제 등과 관계된 정보를 제공해 준다.

## 1) 추상적 내용(AB)

AB는 분명하고 구체적인 상징적 표현이 포함된 반응에 채점한다. AB는 두 가지 종류가 있다.

첫째, 반응에 인간의 정서나 감각 경험에 대한 내용이 포함되어 내용 기호로 Hx가 채점되는 경우이다. 이처럼 정서나 감각 경험에 대한 표현이 추상적인 방식으로 이뤄진 경우 보통 발달질은 v로 그리고 결정인은 형태질 없는 M으로 채점된다. 예를 들어, "이것은 슬픔을 상징한다. 전부 까만색이다."(Wv Mᵖ.C' Hx AB), "이것은 격정적인 혼란을 나타낸다. 진하고 흐린 여러 가지 색깔이 온통 뒤죽박죽으로 섞여 있다."(Wv, Mᵃ.C.Y Hx AB), "굉장히 크고 거슬리는 소리를 표현한 것 같다."(Wv Mᵃ Hx AB) 등이 있다. 이러한 경우에는 인간의 정서나 감각 경험이 명확하게 드러나면서도 추상적으로 표현되었기 때문에 Hx와 AB가 함께 채점된다.

하지만 반응내용 기호로 Hx가 부여된 모든 사례에서 AB 기호가 부가되는 것은 아니다. 반응에서 특정 대상이 인간의 정서나 감각 경험을 하는 경우에는 Hx로 채점하더라도 AB를 부가하지는 않는다. 다음의 두 사례를 주의 깊게 살펴보기 바란다.

먼저 "털이 있는 강아지들이 서로 키스하면서 사랑을 표현하고 있다."(D+1 Mᵃ.FTo 2 A,Hx P 3.0 FAB,COP,GHR)는 반응을 검토해 보자. 이 경우, 인간의 감정 경험이 표현되었지만 추상적인 방식은 아니다. 이때 Hx로는 채점하지만 AB로는 채점하지 않는다.

다음으로, "털이 있는 강아지들이 서로 키스하면서 사랑을 표현하고 있다. 여기 빨간색 부분은 그들의 사랑의 강도를 상징적으로 보여 준다."(D+1 Mᵃ.C.FTo 2 A,Hx P 3.0 AB,FAB,COP,GHR)는 반응을 검토해 보자. 이 경우, 조금 전 사례와는 다르게 인간의 정서나 감각 경험이 명확하게 드러나면서도 추상적으로 표현된 부분(사랑의 강도)을 포함하고 있기 때문에 Hx와 AB가 함께 채점된다.

둘째, 반응에 분명하고 구체적인 형태가 포함된 상태에서 상징적 표현이 나타나는 경우이다. 이때는 첫 번째 종류의 AB 반응과 달리 형태가 사용되어 F와 관련된 채점이 가능하다. 예컨대, "이 하트 모양의 조각 작품은 인생의 행복을 상징한다.”(Do Fu Art AB)와 같이 어떤 대상에게 직접적으로 상징적 의미가 부여되는 경우이다. 단, 추상화 그림의 경우 반응에 구체적인 상징적 표현이 포함되지 않는다면, 그 자체만으로는 AB로 채점하지 않는다. 만약 '삶의 환희를 묘사하는 추상화'라고 표현했다면 AB를 채점한다. 이 외에 추상적 내용 반응의 사례는 다음과 같다.

| 자유를 표현하는 동상 |
| --- |
| 아름다운 자연환경이 상징적으로 표현된 국기 |
| 남성의 강인함을 표현하는 그림 |
| 인생의 고통을 상징적으로 표현하기 위해 검은색으로 칠해져 있다. |
| 노랑, 초록, 주황 등 봄을 생각할 때 떠오르는 색깔들이 봄의 생명력을 나타내고 있어요. |

## 2) 공격적 운동(AG)

어떤 운동 반응이든(M, FM, m) 명확하게 공격적 행동이 표현되는 경우 AG로 채점한다. 예를 들어, 다투다, 싸우다, 부수다, 화가 나다와 같은 경우이다.

AG로 채점되기 위해서는 반응에서 공격이 진행 중인 것으로 표현되어야 한다. 이런 점에서 어떤 대상이 공격을 이미 받은 것으로 표현된 경우에는 AG로 채점하지 않는다. 예를 들어, '총상을 입은 사슴', '두들겨 맞은 사람', '폭파된 건물' 같은 경우는 AG로 채점하지 않는다.

이와 비슷하게 폭발이라는 반응은 그 자체로는 AG 반응에 해당되지 않는다. 그러나 폭발로 인해 무엇인가가 파괴되고 있을 때는 AG로 채점한다. 공격적 운동 반응의 사례는 다음과 같다.

| 문을 때려 부수는 주먹 |
| --- |
| 조각 작품을 쓰러뜨리는 고양이 |
| 말싸움을 하고 있는 두 사람 |
| 로켓에 의해 폭파되고 있는 건물 |
| 무언가를 노려보고 있는 여자 |
| 경기장에서 치열하게 싸우고 있는 선수들 |
| 사람의 눈가가 불처럼 이글거리는 것처럼 보여서 화가 난 것 같다. 눈이 호랑이 눈처럼 무서운 느낌이 든다. |

## 3) 협조적 운동(COP)

어떤 운동 반응(M, FM, m)이든 둘 이상의 대상이 긍정적이거나 협조적인 상호작용을 하는 것으로 표현될 때 COP로 채점한다. 이때 반응에 긍정적이거나 협동적인 상호작용이 분명하게 나타나야 한다. 이런 점에서 두 사람이 무언가를 같이 쳐다보고 있다 또는 두 사람이 서로 이야기하고 있다 정도는 COP로 채점할 만큼 긍정적이거나 협조적인 상호작용으로 간주하지 않는다. 대조적으로, 둘 이상의 대상이 참여하는 춤 반응은 항상 COP로 채점한다. 혼자서 추는 춤이 아니라 둘 이상이 함께 추는 춤은 협조적인 상호작용을 포함하는 활동으로 볼 수 있기 때문이다.

때로는 AG와 COP가 함께 채점되기도 한다. 인간 또는 동물들이 함께 협동해서 공격적인 행동을 하는 경우가 있기 때문이다. 협조적 운동 반응의 사례는 다음과 같다.

| |
|---|
| 두 사람이 짐을 같이 들어올리고 있다. |
| 거미 두 마리가 나방을 협공하고 있다. |
| 두 사람이 남들 눈에 안 띄게 숨어서 음모를 꾸미고 있다. |
| 축제 때 사람들이 모여서 함께 춤을 추고 있다. |
| 어미가 새끼에게 먹이를 먹이고 있다. |
| 아이들이 함께 호흡을 맞춰 그네를 타면서 놀고 있다. |

## 4) 병적인 내용(MOR)

병적인 내용에 해당되는 반응은 두 가지 종류가 있다.[6] 첫째, 대상이 죽은, 파괴된, 망가진, 손상된, 상처 입은, 부서진 것 등으로 표현되는 경우이다. 예를 들어, 깨진 거울, 죽은 고양이, 낡은 옷, 다친 사람, 병에 걸린 것, 불탄 집, 썩어 가는 과일, 실험용으로 해부된 동물, 땅에서 뜯겨져 나간 식물 뿌리, 코피를 흘리는 얼굴, 두통 등이다.

둘째, 부정적인 감정이나 특징이 표현된 대상들이다. 예를 들어, 지옥 같은 집, 불행한 사람, 어두운 인상, 우는 사람, 우울, 불안 등이다. 병적인 내용에 해당하는 사례는 다음과 같다.

| | | |
|---|---|---|
| Ⅱ | 핏자국이 있는 걸 보면 전쟁이 났던 것 같은 느낌이 들어요. | 양쪽이 어떤 지형을 그린 지도처럼 보였고, 가운데는 호수라고 생각했어요. (핏자국?) 빨간데 선명한 색깔이 아니라서 시간이 지나고 핏자국이 희미하게 남겨진 것 같은 느낌이 들어요. |
| Ⅵ | 벌레 먹은 나뭇잎처럼 보여요. 벌레가 파먹어서 형태가 일정하지 않고 원래 단풍잎 같은 잎사귀 같은데 형태가 괴상하게 변한 것 같아요. | 파인 부분이 많아서 벌레 때문에 예쁘지 않게 앙상한 나뭇잎이 되었다고 봤어요. |

## 4. 개인화 반응(PER)

수검자가 자신의 응답을 정당화하기 위해 자신만 알 법한 개인적 지식이나 자신의 경험을 언급하는 경우 PER로 채점한다. 이러한 자기 정당화 반응은 내가, 나의, 내게는, 우리의 같은 지칭을 동반하는 경우가 많다.

하지만 수검자가 반응 도중에 자기 정당화와는 무관하게 '나는 이러하다', '내가 보기에는', '나의', '우리의' 같은 표현을 사용하는 경우도 많다. 또 자기 정당화를 위해 개인적 지식이나 경험을 언급하면서도 자기를 지칭하는 대명사를 사용하지 않는 경우도 많다. 따라서 자기에 대한 언급 여부만으로는 PER 채점을 하기 어렵다.

자신이 아는 지식을 활용하거나 자신을 지칭하는 대명사를 사용하더라도 단순한 코멘트인 경우에는 PER로 채점하지 않는다. 예를 들어, "옛사람들은 이런 것을 사용했지요.", "제가 그걸 본 적은 없는데 이게 그렇게 보여요.", "저는 저걸 좋아하지 않아요."[7] 같은 예들은 자신의 반응을 정당화하기 위해 자기만 아는 지식이나 경험을 끌어온 것이 아니므로 PER로 채점하지 않는다. 개인화 반응에 해당하는 사례들은 다음과 같다.

| |
|---|
| TV에서 본 적이 있어요. |
| 엄마가 저런 걸 갖고 계셨어요. |
| 어릴 때 아버지가 사 주신 것과 똑같아요. |
| 예전에 내가 구입한 적이 있어요. |
| 아침마다 보는 거예요. |
| 내가 맨날 하는 일이에요. |
| 미술 수업 시간에 봤어요. 미술 수업을 들어 본 적 있는 사람이라면 다 알 겁니다. |
| 어릴 때 유치원에서 만들었던 것과 똑같이 생긴 가면이네요. |
| 예전에 생물 같은 거 공부하면서 배웠던 것과 비슷하네요. |

## 5. 특수한 색채 현상: 색채 투사(CP)

대부분의 수검자가 자신이 본 반점 영역의 색깔을 정확하게 표현한다. 그러나 드물게 수검자가 반점 영역의 색채명을 잘못 말하는 경우가 있다. 이 경우 단순 실수인지, 아니면 지각 체계에 문제가 있는 것인지를 확인하기 위해 질문 단계에서 주의 깊게 살펴봐야 한다. 만약 질문 단계에서 수검자가 정확한 색채명으로 바꿔서 답할 경우에는 언어적인 실수에 해당되므로 DV로 채점한다. 그러나 질문 단계에서도 수검자가 계속 잘못된 색채명으로 대답할 경우에는 수검자가 색맹이나 색약처럼 색채 지각에 문제가 있는지 여부를 확인해야 한다.

특이한 색채 반응을 보이는 경우가 한 가지 더 있는데 바로 색채 투사(CP)이다. CP는 수검자가 무채색 반점이나 반점 영역을 유채색으로 표현할 때 채점한다. CP 반응은 반응 단계에서 바로 유채색을 언급하는 방식으로 표현될 수도 있지만, 반응 단계에서는 유채색 언급이 나타나지 않았다가 질문 단계에서 드러나기도 한다.

예를 들어, 카드 V에서 "아주 화려한 옷이네요."라고 대답한 경우 반응 단계에서는 유채색에 대한 언급이 없었으므로 이것만으로는 CP 채점을 할 수 없다. 그러나 질문 단계에서 핵심단어인 '화려한'에 대해 추가 질문을 했을 때, 수검자가 "색깔이 아주 예쁘니까요. 전반적으로 이렇게 핑크색 천으로 된 옷에 자주색으로 수가 놓아져 있어요."

와 같이 유채색을 보고하면 CP로 채점한다. CP가 채점되는 또 다른 사례는 다음과 같다.

| | | |
|---|---|---|
| Ⅰ | 화려한 가면 | 평: (수검자의 반응 반복)<br>수: 엄청 화려한 가면이에요. 다양한 색깔의 무늬로 장식이 되어 있네요. 이쪽은 루비색 계열의 무늬가 있고 이 반대쪽에는 에메랄드색 계열의 무늬가 있어요. |
| Ⅶ | 동물 가죽 | 평: (수검자의 반응 반복)<br>수: 전체가 하나의 가죽이에요. 제 눈에 갈색처럼 보였거든요. 갈색 하면 떠오르는 게 가죽이라서요.<br>평: 갈색이요?<br>수: 색이 점점 옅어지는 게 갈색 같다는 느낌을 받았어요. 저도 왜 그런지는 잘 모르겠는데요. |

CP 반응을 채점할 때 주의할 점이 있다. 수검자들은 CP 반응을 할 때 대부분 반점의 음영 특징을 사용해서 유채색을 설명한다. 이 경우 음영 확산에 대한 기호(FY, YF, Y)가 채점되어야 한다. 또 수검자가 CP를 포함하는 반응을 하는 경우에는 유채색 결정인(FC, CF, C)을 채점하지 않는다. 반점 영역에 유채색이 존재하지 않기 때문이다.

## 6. 인간 표상 반응(GHR, PHR)

특수점수의 제일 마지막 부분에는 인간 표상 반응이 기록된다. 인간 표상 반응은 각 반응에 대해 앞에서 채점된 여러 기호를 검토한 후 결정된다. 인간 표상 반응은 타인에 대한 지각이나 타인과 상호작용하는 방식 등 인간에 대한 표상이 표현된 내용에 대해 채점한다. 인간 표상 반응은 다음 세 가지 기준 중 어느 것이라도 해당되는 경우 채점한다.

A. 인간과 관련된 반응내용 기호, 즉 H, (H), Hd, (Hd), Hx가 포함되는 반응

B. 결정인 M이 포함되는 반응

C. COP 또는 AG가 특수점수로 함께 채점된 FM 반응

일단 수검자의 반응이 앞서 제시한 세 가지 기준 중 어느 하나에라도 해당하여 인간 표상 반응의 채점 대상으로 확인되면, 다음 단계로 해당 반응이 좋은 인간 표상 반응(GHR)인지 나쁜 인간 표상 반응(PHR)인지를 구분해야 한다. 이것은 〈표 4-2〉의 단계적 절차를 따라 채점된 기호를 검토해 결정하게 된다.

📖 표 4-2  GHR과 PHR 구분 단계

| 단계 | 기준 | 채점 |
|---|---|---|
| 1단계 | 내용 기호가 H이고 다음 조건을 모두 충족할 때<br>1) 형태질이 +나 o나 u일 때<br>2) 드문 언어반응 특수점수가 없을 것(DV는 예외)<br>3) AG, MOR 특수점수가 없을 것 | → GHR |
| 2단계 | 형태질이 -이거나 형태질 없는 반응일 때, 또는 형태질이 +나 o나 u인 경우여도 ALOG, CONTAM, 또는 수준 2의 특이한 언어반응 특수점수가 있을 때 | → PHR |
| 3단계 | COP를 채점한 모든 반응(단, AG가 있는 경우는 제외)<br>** 2단계에 포함된 특수점수 이외의 특수점수가 포함된 경우도 COP가 포함된 모든 반응은 GHR 채점 | → GHR |
| 4단계 | 특수점수에 FABCOM, MOR이 포함된 경우 또는 내용 기호가 An인 경우 | → PHR |
| 5단계 | 카드 III, IV, VII, IX에서 P로 채점되는 인간 표상 반응이 있을 경우<br>** Hd라 해도 이 경우에는 GHR 채점. 그 외에 Hd 반응은 6단계에서 PHR로 채점됨 | → GHR |
| 6단계 | AG, INCOM, DR 특수점수가 있거나 내용 기호가 Hd일 때. 단, (Hd)는 해당하지 않음 | → PHR |
| 7단계 | 그 외의 인간 표상 반응 | → GHR |

채점할 때는 단계를 순서대로 밟아 가면서 각 단계에서 설명하는 채점 기준을 확인한다. 예를 들어, Do Fu H로 채점된 반응이 있다고 하자. 이 반응은 내용기호가 H이고 형태질은 u이며, 특이한 언어반응 특수점수 범주의 기호가 없고, AG와 MOR 반응도 없다. 따라서 이 경우 1단계를 바로 충족하여 GHR로 채점한다. 반면에 Do Fu (Hd)로 채점된 반응의 경우에는 내용기호가 H가 아니기 때문에 1단계의 채점 기준을 충족하지 않으므로 다음 단계로 진행한다. 이후 단계에서 해당하는 내용이 계속 없으므로 중지되지 않고 7단계까지 모두 검토한 후 최종적으로 GHR 채점으로 결정된다.

## 7. 여러 개의 특수점수가 해당될 때

한 반응이 여러 개의 특수점수 기준을 충족할 때는 해당되는 모든 특수점수가 채점되어야 한다. 그러나 예외인 경우가 있다. 드문 언어반응 범주에 해당하는 여섯 개 기호(DV, DR, INCOM, FABCOM, CONTAM, ALOG)는 상호 연관성이 있어서 여러 개의 채점 기준을 충족할 때 추가적으로 고려해야 할 사항들이 있다.

CONTAM을 제외한 나머지 다섯 개 기호(DV, DR, INCOM, FABCOM, ALOG)를 여러 개 동시 채점할 수 있는지 판단할 때는 각 특수점수에 해당하는 내용이 분리되어 나타난 것인지를 고려한다. 즉, 하나의 특수점수 기준을 충족하는 반응내용과 또 다른 특수점수 기준을 충족하는 반응내용이 독립적이라면 해당하는 기호를 모두 채점한다. 그러나 채점 기준을 충족하는 표현 부분이 중복된다면, 모두 채점할 경우 수검자의 인지적 혼란을 과대평가하게 되므로 전부를 채점하지는 않는다.

예를 들어, "코끼리 두 마리가 서로 손을 부딪히고 있다."는 반응은 코끼리의 발을 손으로 표현했으므로 INCOM에 해당하고, 코끼리 두 마리가 현실적으로 가능하지 않은 방식으로 관계를 갖는 것으로 표현했으므로 FABCOM에도 해당된다. 그러나 이 경우에는 FABCOM으로만 채점한다. FABCOM으로 채점되는 '서로 손을 부딪히고 있다'는 표현 안에 이미 INCOM의 내용도 포함되어 있기 때문이다. 이처럼 같은 반응내용에서 여러 가지 채점 기준이 충족되는 경우에는 전부를 채점하지 않고 보다 더 심각한 인지적 혼란을 반영하는 기호(구조 요약 자료의 Wsum6의 가중치가 높은 기호)로만 채점한다.

드문 언어반응 범주에 해당하는 여섯 개 기호의 가중치 위계는 다음과 같다: DV1(1) < DV2(2), INCOM1(2) < DR1(3) < INCOM2(4), FABCOM2(4) < ALOG(5) < DR2(6) < FABCOM2(7), CONTAM(7)

앞서 언급한 바와 같이, DV로 채점되는 내용이 함께 포함된 DR 반응의 경우 DR로만 채점한다. 또 어떤 반응이 CONTAM으로 채점된다면 나머지 다섯 개 기호에 해당하는 내용이 있더라도 추가 채점하지 않는다.

반대로 채점 기호에 충족되는 언어표현이 독립적으로 나타나서 중복되지 않는다면 각각의 특수점수 모두를 채점한다. 예를 들어, "빨간색 강아지 두 마리가 주전자 두 개를 옮기고 있다."는 반응의 경우, 실제로 존재하지 않는 형태로 빨간색이라는 특성을 강아지에 부여하고 있으므로 '빨간색 강아지'는 INCOM에 해당된다. 그리고 '강아지가 주전자 두 개를 옮기고 있다'는 것 역시 현실에서 가능할 법하지 않은 행동이기 때문에 FABCOM에 해당된다. 또 빨간색 강아지라는 표현은 강아지가 주전자를 옮긴다는 표현과 서로 중복되지 않는다. 다시 말해서 강아지가 빨간색이라는 것과 강아지가 주전자를 옮긴다는 것은 서로 관계가 없다. 이처럼 채점 기준을 충족하는 언어표현이 서로 중복되지 않는 경우 해당되는 특수점수(INCOM과 FABCOM)를 모두 채점한다.

# 제2부

# 학습 점검 퀴즈와 채점 연습

| 제5장 | 학습 점검 퀴즈 |
| 제6장 | 채점 연습 |

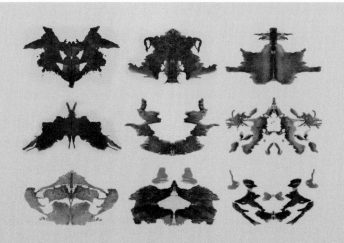

**제5장**

# 학습 점검 퀴즈

(!) 로르샤흐 평가의 실시와 관련된 다음 질문에 ○ 또는 ×로 답하시오.

| No. | 문제 | O, X |
|---|---|---|
| 1 | 평가자와 수검자의 이상적인 좌석 배치는 마주 보고 실시하는 것이다. | |
| 2 | 10개의 카드는 그림이 보이지 않게 뒤집은 채 I번 카드가 맨 위에 오도록 쌓아 둔다. | |
| 3 | 로르샤흐 검사에서 수검자에게 카드를 전달할 때, 수검자가 손에 잡을 수 있도록 건네 줘야 한다. | |
| 4 | 수검자의 이해를 돕고자 "무엇이 떠오르시나요?"라고 지시하는 것이 가능하다. | |
| 5 | 반응을 기록할 때 평가자가 알아보기 쉽게 핵심단어(key word)만 적는다. | |
| 6 | 반응을 기록할 때 V, >, <라는 기호는 카드회전 방향을 나타낸다. | |
| 7 | 로르샤흐 검사의 질문 단계에서 추가된 반응은 채점 시 구조 요약에 포함시키지 않는다. | |
| 8 | 반응 단계에서 여러 번의 격려와 촉구를 했음에도 반응 수가 14개 이상이 되지 않는다면, 질문 단계로 넘어간다. | |
| 9 | I번 카드에서 수검자가 반응을 전혀 하지 않으면 일단 II번 카드로 넘어간다. | |

| 10 | 로르샤흐 검사를 재실시하는 경우에는, 이전 반응 단계에서 했던 응답을 제외하고 재실시 때 새로 보이는 것만 추가로 응답하도록 요청한다. | |
|---|---|---|
| 11 | 로르샤흐 검사를 실시할 때, 임상적인 의미가 있다고 판단되는 경우 평가자는 결정인 채점과는 무관하게 그 내용에 대해 질문해야 한다. 예를 들어, 수검자가 고양이가 슬프다고 기술한 경우 고양이가 왜 그렇게 느끼는지를 반드시 질문해서 그 의미를 파악해야 하는 것이다. | |
| 12 | 아동은 로르샤흐 검사의 질문 단계를 어려워할 수 있기 때문에, 아동이 흥미로워하는 일상 사물 혹은 장난감을 제시하면서 질문 단계의 방식과 유사하게 예행 연습을 한 후 질문 단계를 실시할 수 있다. | |
| 13 | 질문 단계에서 반응영역을 확인하기 위해 반응영역 기록지를 직접 가리켜 보도록 할 수 있다. | |
| 14 | 로르샤흐 검사에서 보통 한계 검증을 위해 선택되는 카드는 평범반응이 잘 안 나타나는 것들이다. | |
| 15 | 한계 검증 단계는 선택적으로 실시한다. | |
| 16 | 로르샤흐 검사에서 해석적 의미가 있을 것으로 기대되는 반응 수는 일반적으로 한 카드당 2~5개이기 때문에, 수검자가 어느 카드에서 한 개만 하거나 여섯 개 이상 하려고 하는 경우, 평가자는 때에 따라 적절하게 개입할 필요가 있다. | |
| 17 | I번 카드에서 수검자가 여섯 번째 반응을 하려고 한다면, 여섯 번째 반응을 말하기 전에 I번 카드를 회수한다. | |
| 18 | 수검자가 카드 II, III, IV 각각에 대해 계속 한 개씩 반응하는 경우 수검자의 자유로운 반응을 제한하지 않기 위해 별다른 개입 없이 계속 검사를 진행한다. | |
| 19 | V번 카드까지 매번 다섯 개 이내의 반응을 하다가 VI번 카드에서 일곱 개의 반응을 했다면, VII번 카드에서 여섯 개 이상의 반응을 할 때 제지한다. | |
| 20 | I, II, III번 카드 모두에서 반응을 2~5개 한 후 그다음 카드부터 반응 수가 증가하는 경우에는 여섯 개 이상 반응하도록 두는 것을 한 번 허용한 후, 그다음 카드들에서도 계속 6~7개의 반응까지 허용한다. | |
| 21 | 수검자가 첫 세 장의 카드에서 각각 다섯 개보다 더 많은 반응을 하려고 해 평가자가 개입했고 카드 IV에서 세 개의 반응을 했다고 가정하자. 이 경우 만약 수검자가 카드 V에서 다섯 개보다 더 많이 반응을 하려고 하면 평가자는 또 다시 개입해서 카드를 넘겨받고 다음 카드로 넘어가야 한다. | |

(!) 발달질의 채점과 관련된 다음 질문에 ○ 또는 ×로 답하시오.

| No. | 문제 | O, X |
|---|---|---|
| 1 | 발달질 채점 시 대상에 구체적이고 전형적인 형태가 있어도 집합적으로 표현되면서 개별 대상의 형태가 구체화되지 않았다면 발달질을 낮춰서 채점한다. | |
| 2 | 원래는 구체적이고 전형적인 형태가 없는 대상이라고 하더라도 구체적인 형태를 갖출 수 있도록 정교하게 보고한다면, 발달질에서 v가 아니라 o로 채점한다. | |
| 3 | 잎(a leaf)의 경우 보통 발달질은 v로 채점된다. | |
| 4 | 수검자가 카드 III에서 사람(D9)이 재킷을 입고 있으며 재킷의 옷깃(Dd27)이 튀어나와 있다는 반응을 하는 경우, 튀어나온 재킷의 옷깃을 설명한 Dd27 영역은 사람을 설명한 D9 영역의 일부이다. 즉, 같은 반점 영역 안에서 재킷을 입은 사람을 설명하면서 경계를 반점 영역 내에서 윤곽을 임의로 변화시키고 있기 때문에 이 경우 발달질은 +로 채점한다. | |
| 5 | '둥근 모양의 꽃봉오리'는 발달질이 'o'로 채점되고, '막 피어나려는 꽃'은 발달질이 'v'로 채점된다. | |

(!) 형태질의 채점과 관련된 다음 질문에 ○ 또는 ×로 답하시오.

| No. | 문제 | O, X |
|---|---|---|
| 1 | 발달질과 형태질을 채점할 때, 형태(shape)의 특성에 대한 판단 기준은 동일하다. | |
| 2 | 형태질 +는 수검자가 길고 창조적으로 반응을 설명하는 경우에 채점한다. | |
| 3 | 형태질 채점에서 작업도표에 없는 반응인 경우 보외법이 적용되기 어려울 때는 u나 - 채점을 고려한다. | |
| 4 | 수검자가 작업도표에 포함되지 않은 반응을 한 경우 -로 채점해야 한다. | |
| 5 | 형태질 채점 시 작업도표에 없는 반응에 대해 보외법을 적용할 때는 관용적으로 판단하여 되도록 형태를 적합하게 보는 o로 채점한다. | |

⚠️ 결정인의 채점과 관련된 다음 질문에 ○ 또는 ×로 답하시오.

| No. | 문제 | O, X |
|---|---|---|
| 1 | 결정인 채점 시 수검자의 반응내용상 색채가 사용된 것으로 추측 가능할 경우, 색채결정인 채점이 가능하다. | |
| 2 | C로 채점될 반응이지만 형태를 지닌 대상과 접한 것으로 설명하는 경우 색채 결정인 간 하향원리에 따라 CF로 채점된다. | |
| 3 | 색채 결정인의 채점에서 형태가 분명하게 사용되었을지라도 색채가 더 중요하게 사용된 것으로 판단할 때는 CF로 채점된다. | |
| 4 | 반응 단계에서 두 대상을 대칭의 형태로 지각했지만, 질문 단계에서 그 두 대상이 남녀라고 보고하는 경우에도 쌍 반응으로 인정한다. | |
| 5 | 반사된 대상을 포함하여 대칭적인 두 대상을 보고하는 경우 쌍 반응을 채점한다. | |
| 6 | 동물이나 무생물이 하는 행동으로 표현되었어도 인간이 주로 하는 운동감각 활동인 경우 M으로 채점한다. | |
| 7 | 그림으로 표현된 운동 반응은 운동의 내용과 관계없이 모두 p로 채점한다. | |
| 8 | 말의 가상적 존재인 유니콘에 대해 날아가고 있다고 반응하는 경우 M이 아니라 FM으로 채점된다. | |
| 9 | 운동 반응 중 능동과 수동 반응을 결정하는 기준이 되는 동사는 말하다(talk)이다. | |
| 10 | 무생물이 움직이는 상태가 아니고 정적으로 있는 상태에도 자연스럽지 않은 긴장 상태가 존재하는 경우에는 m으로 채점한다. | |
| 11 | 수검자가 '부드러운' 혹은 '거친' 등의 단어를 직접 언급하는 경우, 음영 재질 반응으로 채점할 수 있다. | |
| 12 | 대상에 대한 입체감이 표현된 반응 중 음영을 근거로 입체감을 표현한 것은 YF, FY, Y로 채점하나 음영 없이 실루엣에 근거한 입체감은 FD, DF로 채점한다. | |
| 13 | 반응 및 질문 단계에서 반응 대상의 명칭만 언급할 뿐 형태에 대한 언급이 명시적이지 않더라도 색채나 음영 등의 특성을 언급하지 않는다면 F를 준다. | |
| 14 | 수검자가 "어떤 사람이 후드를 쓰고 서 있어요."라고 대답하는 경우, FD 채점을 고려할 필요가 있다. | |
| 15 | 한 반응 내에서 동일 결정인 범주에 해당되는 기호가 여러 개 있으면 모두 채점하므로 FC.CF의 채점이 가능하다. | |
| 16 | 한 반응에 대해 여러 개의 결정인을 채점할 수는 있지만 여러 개의 음영 결정인을 동시에 채점할 수는 없다. | |

⚠️ 반응내용의 채점과 관련된 다음 질문에 ○ 또는 ×로 답하시오.

| No. | 문제 | O, × |
|---|---|---|
| 1 | 반응내용 중 Na, Bt, Ls가 중복되는 경우 Na만 채점한다. | |
| 2 | 물은 반응내용과 맥락에 따라서 Ls로 채점되기도 하고 Na로 채점되기도 한다. | |
| 3 | 음식으로 분류되는 식재료는 문화권마다 다양하게 분류되나, 반응 및 질문 단계의 멘트에서 식재료나 먹이, 음식의 뉘앙스가 표현되지 않으면 Fd로 채점할 수 없다. | |
| 4 | 공룡은 가상의 동물은 아니지만 현재 멸종했기 때문에 (A)로 채점한다. | |
| 5 | 안개나 노을은 구름이 변형된 형태이므로 내용 범주 채점은 Cl이다. | |
| 6 | 요정, 거인, 악마, 유령, 인간 닮은 괴물은 (H)로 채점하고 광대는 H로 채점한다. | |

⚠️ 평범반응의 채점과 관련된 다음 질문에 ○ 또는 ×로 답하시오.

| No. | 문제 | O, × |
|---|---|---|
| 1 | 수검자가 카드를 뒤집어 봤지만 카드를 정방향으로 보았을 때와 동일한 위치에서 대상을 지각하여 평범반응을 응답한 경우 평범반응으로 채점한다. | |
| 2 | 카드 I을 뒤집어서 전체 영역을 박쥐로 봤다면 평범반응 P 채점을 한다. | |
| 3 | 형태질 채점이 u인 경우에도 평범반응 P를 채점할 수 있다. | |
| 4 | 카드 V에서 D10과 같이 작은 영역을 뺀 나머지 영역에 대해 '박쥐' 혹은 '나비'라고 반응할 경우, 형태질은 보외법에 의해 o를 채점하지만 평범반응 P는 줄 수 없다. | |

⚠️ 조직화 점수의 채점과 관련된 다음 질문에 ○ 또는 ×로 답하시오.

| No. | 문제 | O, X |
|---|---|---|
| 1 | Z점수 채점 시 전체 영역이 사용된 경우는 모두 ZW로 채점한다. | |
| 2 | 한 반응이 여러 개의 Z점수에 해당되는 경우 가장 낮은 Z점수로 채점한다. | |
| 3 | 인접한 두 영역의 반응 시, 해당 두 영역의 합이 전체 영역이 되는 경우, 조직화 점수는 보다 높은 점수로 준다. | |
| 4 | 수검자의 반응이 인접 부분 조직활동 점수(ZA)와 공백 부분 조직활동 점수(ZS)로 둘 다 채점 가능한 경우 수검자가 공백 부분을 보고 반응을 산출했다는 의미가 중요하므로 공백 부분 조직활동 점수(ZS)만 채점한다. | |

⚠️ 특수점수의 채점과 관련된 다음 질문에 ○ 또는 ×로 답하시오.

| No. | 문제 | O, X |
|---|---|---|
| 1 | 반응에서 인간의 정서나 감각 경험이 대상에 구체적으로 부여되어 내용 기호에서 Hx가 채점된 경우는 AB가 추가되지 않는다. | |
| 2 | 내용 기호에서 Hx가 채점된 모든 경우에 대해 AB로 채점한다. | |
| 3 | 특수점수 채점 시 반응내용에 공격하거나 공격을 당하는 행동이 명확하게 표현되어 있다면, AG를 채점한다. | |
| 4 | "두 마리의 곤충이 이 기둥을 쓰러뜨리려고 한다."는 반응의 경우, 상대적으로 더 두드러진 내용에 초점을 맞춰 특수점수를 COP로 채점한다. | |
| 5 | 평가자의 촉진 질문에 대해 수검자가 자의적인 논리에 기초해 응답을 산출하는 경우에는 ALOG를 채점하지 않는다. | |
| 6 | 평가자가 질문 단계에서 핵심단어와 무관한 질문을 한 후에 나타난 경우는 논리적 부적절성이 있었더라도 ALOG로 채점할 수 없다. | |
| 7 | 15개 특수점수는 서로 독립적이며 각각의 기준을 만족하는 내용이 있으면 해당하는 모든 기호를 채점한다. | |
| 8 | 수검자의 반응이 DV2와 CONTAM의 특수점수에 모두 해당되는 경우 둘 다 채점한다. | |
| 9 | CP는 유채색 반점에서 색깔의 이름을 잘못 명명한 경우 채점될 수 있다. | |
| 10 | 수검자가 자신의 반응에 대한 설명을 하다가 우원증적 반응(circumstantiality)을 보였다면 DR로 채점한다. | |

| 11 | 특수점수 중 일탈된 언어(DV) 반응에는 신조어와 중복 사용이 포함된다. | |
|----|---|---|
| 12 | 실재하기 어려운 또는 불가능한 특성이나 활동이 하나의 대상에 부여된 경우 FABCOM으로 채점한다. | |
| 13 | 반응 단계 시 '고양이'를 본 수검자가, 질문 단계에서 "저 고양이가 나를 노려보고 있어요. 화가 난 것 같아요."고 했을 때, 특수점수는 PER, AG, AB를 준다. | |
| 14 | INCOM과 FABCOM 모두 만화에서 나타나는 것으로 표현된다면 채점하지 않는다. | |
| 15 | 인간 표상 반응 GHR은 인간 표상 반응 중에 특수점수 COP를 채점한 모든 반응에 채점된다. 단, AG가 있는 경우에는 채점하지 않는다. | |
| 16 | 인간 표상 반응 채점 시 Hd는 PHR로 채점한다. 그러나 카드 Ⅲ, Ⅳ, Ⅶ, Ⅸ에서 평범반응이 채점된 경우에는 Hd가 있어도 GHR로 채점한다. | |
| 17 | 인간 표상 반응 중 (Hd) 채점을 하는 경우 PHR로 채점한다. | |
| 18 | 나비를 설명하면서 더듬이 대신 섬모라는 단어를 사용하거나, 박쥐의 날개를 지칭하면서 손이라고 말하는 경우에는 DV로 채점한다. | |
| 19 | 실재하기 어려운 특성이나 활동이 부여된 대상일지라도 만화 캐릭터를 묘사하는 것일 때 INCOM으로 채점하지 않는다. | |
| 20 | 특수점수 중 드문 언어반응에 해당되는 부적절한 결합의 세 가지 항목 모두 수준 1과 2로 구분한다. | |
| 21 | 특수점수 중 MOR은 명확하게 음울한 감정이나 특징을 대상에 부여하는 경우 채점된다. | |
| 22 | "나는 이것과 비슷한 것을 내 딸에게 사 준 적이 있다."는 반응은 PER로 채점될 수 있다. | |
| 23 | 카드 내 보속 반응의 경우, '특수점수'는 두 반응의 채점에서 동일하지 않아도 된다. | |

(!) 로르샤흐 평가의 실시와 관련된 퀴즈의 정답과 해설

[로르샤흐 평가의 실시]

| No. | O, X | 해설 |
|---|---|---|
| 1 | × | 평가자와 수검자가 나란히 앉도록 좌석 배치를 하는 것이 이상적이며 경우에 따라 90°의 좌석 배치를 사용할 수도 있으나 마주 보는 배치는 권장하지 않는다. 이 경우 평가자가 수검자의 반응에 영향을 줄 수 있기 때문이다. 예를 들어, 마주 보는 좌석 배치 시 상대적으로 인간반응이 더욱 많아진다는 연구 결과가 있다. (p. 23) |
| 2 | ○ | 10개의 카드는 그림이 보이지 않게 뒤집은 채 I번 카드가 맨 위에 오도록 쌓아 둔다. (p. 33) |
| 3 | ○ | 수검자가 카드를 손에 잡고 돌려 볼 수 있게 하기 위해서이다. 평가자는 카드를 탁자 위에 내려놓지 않도록 주의해야 한다. (p. 33) |
| 4 | × | 표준적인 지시문을 변형해서는 안 된다. 해당 표현은 상상력을 측정하는 검사라는 오해를 불러일으킬 수 있다. (p. 34) |
| 5 | × | 반응은 수검자가 말한 그대로 기록해야 한다. (p. 34) |
| 6 | ○ | 수검자의 카드 회전 여부를 함께 기록해야 하며, 방향을 나타내는 기호를 사용해서 표기하면 된다. (p. 35) |
| 7 | ○ | 원칙적으로 질문 단계에서 추가한 반응은 구조 요약에 포함시키지 않는다. 그래도 해당 내용에 대해 기본적인 질문을 하고 적어 두는 것이 좋다. 해당 반응을 채점하고 질적인 해석을 위한 정보로 활용할 수 있기 때문이다. (pp. 57-58) |
| 8 | × | 전체 반응 수가 14개 미만이라면 결과를 타당하게 해석하기 어렵다고 보기 때문에 재실시를 위해 반응 단계를 한 번 더 진행해야 한다. (p. 43) |
| 9 | × | 우선 시간이 충분하므로 서두르지 않아도 된다는 점을 강조하면서 여유 있게 반응할 수 있도록 격려한다. 반응에 실패한다면, 라포 형성이나 검사 이해가 잘되어 있는지 확인하고 검사를 거부하는 뜻은 아닌지 살펴본다. (pp. 37-38) |
| 10 | × | 재실시 시에는 응답 수가 충분하지 않아서 다시 한번 더 시행하려 하니 첫 시행에서 반응한 것을 다시 말할 수도 있고 새롭게 보이는 것도 말하여 이번에는 더 많은 반응을 해 달라고 설명한다. (p. 43) |
| 11 | × | 로르샤흐 검사를 실시하다 보면, 임상적으로 흥미로운 이슈가 대두될 때도 있다. 하지만 그런 경우라도 채점과 무관한 질문을 하는 것은 삼가야 한다. (p. 56) |

| 12 | ○ | 아동은 로르샤흐 검사의 질문 단계를 어려워할 수 있기 때문에, 아동이 흥미로워하는 장난감 등을 제시하면서 질문 단계의 방식과 유사하게 예행 연습을 한 후 질문 단계를 실시할 수 있다. (p. 57) |
|----|----|------------------------------------------------------------|
| 13 | × | 반응영역 기록지가 아닌 로르샤흐 카드를 건넨 상태에서 진행해야 한다. (p. 51) |
| 14 | × | 일반적으로 한계 검증을 위해 선택되는 카드는 Ⅲ, Ⅴ, Ⅷ번 카드들처럼 일반적으로 평범반응이 흔하게 나타나는 것들이다. (p. 58) |
| 15 | ○ | 수검자가 평범반응을 보고하지 않았거나 매우 적게(1~2개) 했을 때 고려한다. (p. 58) |
| 16 | ○ | 한 카드에서 여섯 개 이상 반응하는 경우에 반응이 많다고 본다. 다섯 개를 초과한 여섯 번째 반응부터는 해석의 가치가 적어서 소요되는 시간이나 에너지를 고려할 때 보통은 다음 카드로 넘어가는 것이 권장된다. (p. 39) |
| 17 | ○ | Ⅰ번 카드에서 다섯 번째 반응까지는 특별한 개입 없이 기록을 하지만 여섯 번째 반응을 하려고 한다면 여섯 번째 반응을 말하기 전에 Ⅰ번 카드를 회수한다. 그리고 부드럽게 "다음 카드로 넘어갈게요."라고 말하며 Ⅱ번 카드를 건넨다. (p. 39) |
| 18 | × | 수검자가 카드 Ⅱ, Ⅲ, Ⅳ에 대해서 한 가지 반응만 하고 전체 프로토콜이 짧을 것 같다는 확신이 들면 Ⅳ번 카드에서는 카드를 곧바로 돌려받지 않고 서두르지 말라며 간접적으로 격려한다. (p. 39) |
| 19 | ○ | 기본적으로 평가자가 개입을 하지 않고 여섯 개 이상 반응하도록 두는 것을 한 번만 허용한다. 그리고 반응 수가 많을 때의 개입은 다섯 개 반응 후 카드를 회수하는 것이다. (p. 41) |
| 20 | ○ | Ⅰ, Ⅱ, Ⅲ 카드의 반응 수는 다섯 개 이하이지만 Ⅳ번 카드에서 8~10개의 반응을 하려고 한다면 평가자는 이를 제한하지 않는다. 이례적으로 특정한 카드에서만 반응이 많아진다는 것은 해석적인 의미가 있을 수 있기 때문이다. 그러나 Ⅴ번 카드에서도 다섯 개 이상 계속 반응하려 한다면 여섯 번째나 일곱 번째 반응에서는 다음 카드로 넘어간다. 이후에도 다섯 개 이하로 반응할 때까지 같은 방식으로 진행한다. (p. 40) |
| 21 | × | Ⅰ번 카드에서 여섯 번째 반응을 말하기 전에 Ⅰ번 카드를 회수한다. Ⅱ번 카드나 그 후의 나머지 카드에서도 마찬가지이다. 이후에 수검자가 다섯 개 이하로 응답하는 경우가 생긴다면 그 카드 이후에 다시 여섯 개 이상의 반응을 하더라도 카드를 회수하지 않는다. (pp. 39-40) |

[발달질]

| 발달질 | 1 | ◯ | (pp. 74-75) |
|---|---|---|---|
| 발달질 | 2 | ◯ | (p. 72) |
| 발달질 | 3 | ◯ | (p. 71) |
| 발달질 | 4 | ◯ | (p. 77) |
| 발달질 | 5 | ◯ | (pp. 73-74) |

[형태질]

| 형태질 | 1 | × | 발달질은 언급된 대상이 기본적으로 전형적인 형태나 구체적인 형태를 갖췄는지 여부만 판단한다면, 형태질에서는 사용된 반점 영역이 보고한 대상의 형태적 요소와 얼마나 일치하고 해당 영역에서 많은 사람이 그러한 형태로 지각할 수 있는 반응인지를 판단하기 때문에 둘 사이의 판단 내용은 동일하지 않다. (p. 112) |
|---|---|---|---|
| 형태질(+) | 2 | × | +는 반응의 길이와 창조성을 기준으로 채점하지 않는다. 보통 반응보다 형태를 더 자세하게 기술한 반응을 말한다. (pp. 114-115) |
| 형태질(보외법) | 3 | ◯ | (p. 116) |
| 형태질(보외법) | 4 | × | 도표에 없는 반응은 반응자 숫자가 적어서 누락되었을 가능성이 크기 때문에 앞서 언급된 바와 같이 일반적으로는 u나 -로 채점될 것이다. 그러나 그렇게 결론을 내리기 전에 작업 도표에 실린 반응에 대해 보외법을 적용하여 o로 채점할 수 있을지 고려해야 한다. (p. 116) |
| 형태질(보외법) | 5 | × | 보외법 적용 시에는 신중하게, 논리적으로 보수적인 접근이 원칙이다. (p. 116) |

[결정인]

| 결정인(색채) | 1 | × | 색채 채점은 반드시 색채에 대한 수검자의 언어표현이 있어야 한다. 색채에 대한 언급이 영역을 지칭하기 위해서이거나 색채를 보고하지 않는 경우에는 결정인으로 색채를 채점하지 않는다. (p. 92) |
|---|---|---|---|
| 결정인(색채) | 2 | ○ | (p. 90) |
| 결정인(색채) | 3 | ○ | (pp. 88-89) |
| 결정인(쌍 반응) | 4 | × | 두 대상을 대칭적으로 지각했지만 동일한 특성으로 보고하지 않았기 때문에 쌍 반응으로 채점하지 않는다. (p. 105) |
| 결정인(쌍 반응) | 5 | × | 반사 반응에는 쌍 반응을 채점하지 않는다. (p. 104) |
| 결정인(운동) | 6 | ○ | (pp. 81-82) |
| 결정인(운동) | 7 | ○ | 반응에서 움직임이 보고되나 추상화, 만화, 그림이라는 표현으로 운동성이 제한되면서 정적인 양상이 될 경우 보고된 운동의 내용과 관계없이 모두 p로 채점한다. (p. 84) |
| 결정인(운동) | 8 | ○ | (p. 82) |
| 결정인(운동) | 9 | ○ | (p. 84) |
| 결정인(운동) | 10 | ○ | (p. 82) |
| 결정인 (음영 재질) | 11 | × | 촉감을 언급하는 어휘를 사용하더라도 그렇게 본 이유가 잉크반점의 형태에 기반하고 있다면 음영 재질 반응으로 채점할 수 없다. 예를 들면, "거친 모래예요. 가장자리가 뾰족뾰족한 모양이라 거칠어 보여요."와 같은 경우가 해당한다. (p. 95) |
| 결정인(차원) | 12 | × | 음영을 근거로 입체감을 표현한 것은 VF, FV, V로 채점한다. FD는 형태에 근거한 입체감에 채점하는 기호이며, DF는 존재하지 않는 채점 기호이다. (pp. 97-99, 103) |
| 결정인(형태) | 13 | ○ | (pp. 106-107) |
| 결정인(형태 차원) | 14 | ○ | (pp. 102-103) |
| 결정인(혼합 반응) | 15 | × | 한 반응에 대해 동일 결정인 범주의 기호를 여러 개 채점할 수 없다. 그러한 경우 형태가 가장 적게 반영된 채점 기호 하나만을 기입한다. 따라서 이 경우 반응 중 FC와 CF가 모두 들어 있지만 그중 형태가 가장 적게 반영된 기호만 남겨야 하므로 이 반응에 대한 색채 결정인 채점은 CF가 된다. (p. 108) |
| 결정인(혼합 반응) | 16 | × | 빈번하지는 않지만 한 반응에 대해 여러 개의 음영 결정인이 고려될 수 있는데 이때 수검자의 반응을 꼼꼼하게 확인해서 채점한다. (p. 108) |

[반응내용]

| 반응내용 | 1 | ○ | Na, Bt, Ls가 중복되는 경우, Na가 Bt, Ls보다 우선시된다. (p. 131) |
|---|---|---|---|
| 반응내용 | 2 | × | 여러 가지 물은 언제나 Na로 채점한다. (p. 127) |
| 반응내용 | 3 | ○ | (p. 125) |
| 반응내용 | 4 | × | 공룡은 지금 멸종했더라도 한때는 실존했던 동물이므로 A로 채점한다. (p. 121) |
| 반응내용 | 5 | × | 안개, 노을, 연무 등은 Na로 채점한다. (p. 126) |
| 반응내용 | 6 | × | 광대는 (H)로 채점한다. (p. 118) |

[평범반응]

| 평범반응(P) | 1 | ○ | 카드를 회전해서 보았더라도 카드를 정방향으로 봤을 때와 동일한 위치로 평범반응을 응답할 경우 평범반응으로 채점한다. (p. 132) |
|---|---|---|---|
| 평범반응(P) | 2 | × | 일부 P 채점 기준에서는 카드를 회전시키지 않았을 때의 위치와 동일한 곳에서 인간이나 동물의 머리를 보아야 함을 포함하기도 한다. 이러한 기준은 카드 I, II, III, IV, V, VII, VIII, IX에 적용된다. (pp. 132-133) |
| 평범반응(P) | 3 | × | 평범반응은 높은 빈도로 나타나는 반응이다. 형태질이 u라는 것은 반응빈도가 낮은 응답이라는 뜻이므로 개념상 평범반응으로 채점할 수 없다. (pp. 131-132) |
| 평범반응(P) | 4 | ○ | (p. 132) |

[조직화 점수]

| 조직화 점수 | 1 | × | 전체 영역이 사용되었더라도 Wv 반응에 대해서는 Z점수를 채점하지 않는다. (p. 135) |
|---|---|---|---|
| 조직화 점수 | 2 | × | 한 반응이 여러 개의 Z점수에 해당될 경우, 가장 높은 Z점수 값을 채점한다. (p. 137) |
| 조직화 점수 | 3 | ○ | 한 반응이 여러 개의 Z점수에 해당될 경우, 가장 높은 Z점수 값을 채점한다. (p. 137) |
| 조직화 점수 | 4 | × | 만약 한 반응이 여러 개의 Z점수에 해당될 경우, 더 높은 Z점수 값을 채점한다. (p. 137) |

[특수점수]

| | | | |
|---|---|---|---|
| **특수점수(AB)** | 1 | ○ | 정서나 감각 경험이 추상적인 방식으로 이뤄진 경우 Hx와 AB가 함께 채점된다. (p. 157) |
| **특수점수(AB)** | 2 | × | 인간의 정서나 감각 경험이 대상에 구체적으로 부여된 반응을 했을 때 내용 기호에 Hx가 채점되지만, AB가 추가되지 않는다. (p. 157) |
| **특수점수 (AG/COP)** | 3 | ○ | 어떤 운동 반응이든(M, FM, m) 명확하게 공격적 행동이 표현되는 경우 AG로 채점한다. AG로 채점되기 위해서는 반응에서 공격이 진행 중인 것으로 표현되어야 한다. 이런 점에서 어떤 대상이 이미 공격을 받은 것으로 표현된 경우에는 AG로 채점하지 않는다. 이와 비슷하게 폭발이라는 반응은 그 자체로는 AG 반응에 해당되지 않는다. 그러나 폭발로 인해 무엇인가가 파괴되고 있을 때는 AG로 채점한다. (p. 158) |
| **특수점수 (AG/COP)** | 4 | × | 인간 또는 동물들이 함께 협동해서 공격적인 행동을 하는 경우에는 COP와 AG가 둘 다 채점된다. (p. 159) |
| **특수점수(ALOG)** | 5 | ○ | (pp. 152-153) |
| **특수점수(ALOG)** | 6 | ○ | (p. 154) |
| **특수점수(다중)** | 7 | × | 드문 언어반응 범주에 해당하는 여섯 개 기호는 상호연관성이 있어서 반응이 여러 개의 채점 기준을 충족할 때 충족하는 표현 부분이 중복된다면 해당되는 기호 전부를 채점하지 않는다. (pp. 164-165) |
| **특수점수(다중)** | 8 | × | 어떤 반응이 CONTAM으로 채점된다면 드문 언어반응 범주에 해당되는 나머지 다섯 개 기호의 채점 기준에 해당되는 내용이 있더라도 추가 채점하지 않는다. (p. 165) |
| **특수점수(CP)** | 9 | × | CP는 카드의 무채색 반점을 유채색으로 표현할 때 채점한다. 유채색 반점에 대해 색깔 이름을 잘못 명명한다면 언어적 실수에 해당되므로 DV로 채점된다. (p. 161) |
| **특수점수(DR)** | 10 | ○ | (p. 145) |
| **특수점수(DV)** | 11 | ○ | (pp. 142-143) |
| **특수점수 (FABCOM)** | 12 | × | 실재하기 어려운 또는 불가능한 특성이나 활동이 하나의 대상에 부여된 경우는 INCOM으로 채점한다. (p. 147) |

| | | | |
|---|---|---|---|
| 특수점수(다중) | 13 | × | 노려보고 있다는 공격 행동에 대해 AG, 고양이에게 화가 났다는 인간의 감정 경험과 행동을 부여하고 있어 INCOM1이 채점된다. (pp. 147-148, 158) |
| 특수점수<br>(INC/FAB) | 14 | ○ | (p. 147, 149) |
| 특수점수<br>(GHR/PHR) | 15 | ○ | (p. 163) |
| 특수점수<br>(GHR/PHR) | 16 | ○ | (p. 163) |
| 특수점수<br>(GHR/PHR) | 17 | × | 내용기호가 Hd일 때는 PHR이나, (Hd)는 해당되지 않는다. (p. 163) |
| 특수점수(DV) | 18 | × | 대상의 일부분을 지칭하기 위해 잘못된 단어를 사용하는 경우에는 DV가 아니라 INCOM을 채점한다. (p. 142) |
| 특수점수(INC) | 19 | ○ | (p. 147) |
| 특수점수<br>(부적절한 결합) | 20 | × | 부적절한 결합의 세 가지 항목(INCOM, FABCOM, CONTAM) 중 CONTAM에 대해서는 수준 구분을 하지 않는다. (p. 151) |
| 특수점수(MOR) | 21 | ○ | (pp. 159-160) |
| 특수점수(PER) | 22 | ○ | (p. 160) |
| 특수점수(PSV) | 23 | ○ | (p. 155) |

## 제6장

# 채점 연습

## 1. 연습문제

| 카드 | 번호 | 반응 | 질문 |
|---|---|---|---|
| I | 1 | 날개를 펼친 사람이요. | **평:** (수검자의 반응 반복)<br>**수:** 여기(Dd22)가 두 사람 얼굴, 여기(D1)가 손이고 등에는 날개가 솟아 나온 사람이에요.<br>**평:** 두 사람이라고요?<br>**수:** 둘이 서로 어깨동무를 하고 의지하고 있는 거예요. |
| I | 2 | 악귀 | **평:** (수검자의 반응 반복)<br>**수:** 눈(DdS26)이 네 개인 강한 악귀예요. 사탄 마귀. 여기는 날개예요.<br>**평:** 눈이 네 개요?<br>**수:** 여기 이렇게 네 개. 눈꼬리가 다 올라가 있어서 사나운 악귀예요. 화가 나 있어요. 화를 터뜨릴 때 눈꼬리가 위로 올라가잖아요. 입이 뾰족한 건 사람들의 영혼과 생명을 빨아들여서 그래요. 이 마귀는 누군가의 영혼을 빨아들여 잡아먹고 아프게 하면서 그의 고통을 즐기며 행복한 마귀예요. 여기 코도 |

| | | | |
|---|---|---|---|
| | | | 있어요. 냄새가 나는 사람에게 가죠. 향기 나는 사람은 창조주가 보호해 주니까 못 가지만 더러운 냄새 나는 사람은 사탄 마귀한테 걸려들면 못 빠져나가요. 저는 더러운 걸 보면 구역질이 심하게 나요. 그래서 아까 청소해 주시는 분이 걸레를 들고 내 방으로 들어오길래 못 들어오게 했어요. 청소는 스스로 해야 제대로 된 인간이죠. |
| I | 3 | 드라큘라 | 평: (수검자의 반응 반복)<br>수: 전체적으로 드라큘라 같이 보였어요. 그런데 저 잠깐 나갔다 와도 돼요? 얘가 삼성이라고 써 있는 거 가져오라고 해서요.<br>평: (제지 후) 그림의 어떤 특징을 드라큘라라고 보셨나요?<br>수: 분위기도 그렇고 침침해서요. 어두컴컴해서 드라큘라라고 그런 거였어요.<br>평: 어두컴컴하다고요?<br>수: 색깔이 까매서요. |
| II | 4 | 엄청 화나 보이는 얼굴 | 평: (수검자의 반응 반복)<br>수: 여기(DdS30) 빈 공간을 눈으로 봤고 여기(DS5) 입을 벌린 입, 소리치는 입으로 봤고 화가 엄청 나 있어요. 뭔가 얼굴이 빨간색은 시뻘건 눈썹이고 여기 이제 수염이 턱수염? 빨간색 턱수염 같은 것 그래서 좀 얼굴로도 봤었던 거 같아요.<br>평: 화나 있다고 보신 걸 저도 똑같이 볼 수 있도록 설명해 주세요.<br>수: 빨간색이 분노를 상징하는 것처럼 보여요. 그냥 뭔가 입도 되게 크게 퍼져 있는 게 뭔가 할말 하는 큰소리 내뱉고 있는 듯한 모습이었어요. |
| II | 5 | 엄청 큰 돌산 끝에 있는 성 | 평: (수검자의 반응 반복)<br>수: 밑에서 쳐다봤을 때 저 위에 보이는 성 같은 느낌이에요.<br>평: 돌산이라고 하셨는데 그림의 어떤 특징 때문에 보신 건가요?<br>수: 색깔이 그래서요.<br>평: 색깔이 그렇다는 건…….<br>수: 암석 색……. 짙은 회색이에요. |

| | | | |
|---|---|---|---|
| Ⅱ > | 6 | 물 먹는 소 | 평: (수검자의 반응 반복)<br>수: 여기가 소. 네 개의 다리고 여기(D2)가 머리고, 물에 비친 것.<br>평: 그림의 어떤 점 때문에 소로 보인 건가요?<br>수: 뭔가 이렇게 솟은 등이나 덩치 같은 걸 봤을 때 그렇게 보여요. |
| Ⅲ | 7 | 위에서 흘리는 피 | 평: (수검자의 반응 반복)<br>수: 천장에서 흘러내리는데 여기까지 흘러내릴 일이 없는데……. 더 흘러야 하는데 이상하네요.<br>평: 그림의 어떤 특징으로 피를 보신 건가요?<br>수: 떨어지는 모양이 어떤 패턴을 나타내는 것이에요. 빨간색이고요. |
| Ⅲ | 8 | 박쥐 | 평: (수검자의 반응 반복)<br>수: 제가 여기서 박쥐를 봤어요? (잠시 침묵) 전체적으로 봤을 때 이게 눈, 다리, 날개 같다는 생각이 들어서요.<br>평: 그림의 어떤 특징으로 눈을 보신 건가요?<br>수: 여기(S)가 입처럼 보여서 눈처럼 보였습니다.<br>평: 날개를 보셨는데요.<br>수: 일단 색깔이 달라서 특이해 보였어요. 빨간 날개를 가진 박쥐예요. |
| Ⅲ | 9 | 전통적인 탈 | 평: (수검자의 반응 반복)<br>수: 여기(Dd32)가 이제 눈이고 여기가 이렇게 입이고 탈 같은 느낌이에요. 전체적으로 얼굴 느낌이 들었어요.<br>평: 전통적인 탈 같다고 하셨어요.<br>수: 색감이 전통 탈 같은 느낌이 들었어요. 빨간색하고 검은색이 강렬한 느낌을 주는 것 같아요. |
| Ⅳ | 10 | 큰 암벽 | 평: (수검자의 반응 반복)<br>수: 무슨 중국 영화 뭐 이런 거 보면 절이 되게 산속에 있잖아요. 깊은 산속에 있는데 이게(D3) 절 같이 보였고 그 밑에는 되게 험한 암벽이나 숲같이 보였어요.<br>평: 암벽은 그림의 어떤 특징으로 보신 건가요?<br>수: 절이 있어서 암벽이라고 생각한 것도 있는데 뭔가 자국들이 이렇게 난 게 그냥 암벽도 이렇게 돌멩이가 튀어나와 있으면 그림자 지고 이러잖아요.<br>평: 그림자 졌다는 걸 그림의 어떤 특성으로 보신 건가요? |

| | | | |
|---|---|---|---|
| | | | 수: 여기 이렇게 진하고 연한 것 때문에 울퉁불퉁하게 보이니까요.<br>평: 그리고 절을 보셨는데요.<br>수: 전통적인 절 모양으로 생겼어요. 암벽이 엄청 크고 절은 작다 보니까 멀리 보이는 절이에요. |
| IV < | 11 | 수면에 비친 산속 풍경 | 평: (수검자의 반응 반복)<br>수: 산이고요. 풍경 좋은 곳에 나무가 다소 이상한 모습이기는 하지만 전반적으로 풍경 같아요.<br>평: 풍경이 좋다고요?<br>수: 관동별곡 쓰신 정철이 있을 것 같아요. 산수화 같은 느낌인 거죠.<br>평: 산수화 같은 느낌이라는 것?<br>수: 질감이 산수화처럼……. 산 같은 느낌이에요.<br>평: 질감이 산수화 같다는 걸 저도 이해할 수 있게 도와주세요.<br>수: 명암이 다르고 전반적으로 검은색이에요. |
| IV | 12 | 사냥 당하는 멧돼지 | 평: (수검자의 반응 반복)<br>수: 가운데가 멧돼지고요. 주변이 피 흘리는 모습이에요.<br>평: 피를 흘리고 있다고요?<br>수: 피가 흘러 나가는 듯한 느낌이에요. 바깥으로 갈수록 더 흐린 부분이 있고 중심에서 바깥으로 퍼져 나가는 느낌 때문에요. |
| V | 13 | 모델과 가스. 패션 쇼장에서 앞으로 걸어가는 모델을 뒤에서 보고 있고 양옆에 가스 같은 게 뿜어져 나오는 모습이에요. | 평: (수검자의 반응 반복)<br>수: 아래가 걸어가는 다리고요. 검은색 연기가 뭉친 거에요.<br>평: 연기가 뭉쳤다고요?<br>수: 가장자리가 울퉁불퉁해요. 흰 런웨이(DdS27) 바깥으로 연기가 뿜어져 나오는 것 같아요. |
| V | 14 | 날개 달린 사슴 | 평: (수검자의 반응 반복)<br>수: 사슴으로 보이는 건 이 부분(Dd34)이 뿔 모양처럼 생겨서요.<br>평: 날개가 달렸다고도 하셨어요.<br>수: 여기 사슴에 날개가 달렸어요. |

| V | 15 | 물속 | 평: (수검자의 반응 반복)<br>수: 물에 들어갔을 때 아무것도 보이지 않고 시야가 뿌옇게 보이는 상태를 생각했어요.<br>평: 뿌옇다고요?<br>수: 검은색이요.<br>평: 저도 똑같이 볼 수 있도록 도와주세요.<br>수: 깊은 바닷속에서 아무것도 안 보이는 상태인 거죠. |
|---|---|---|---|
| VI | 16 | 십자가 같은 게 여기 있고 아래쪽에 호랑이 가죽 같은 게 있는 것 같아요. 제단 같아요. 호랑이 가죽을 밑에 깔아 놓고 위에 뭔가 꽂아 놓은 그런 느낌이에요. | 평: (수검자의 반응 반복)<br>수: 여기가 가장 큰 십자가 이미지가 먼저 보였고요. 그러다 보니까 미신적인 거 의식 그런 걸로 생각이 됐고 여긴 호랑이 가죽이 한 마리인데 얼굴은 연결되어 있고 앞다리 앞다리 뒷다리 뒷다리 꼬리 이렇게 해서 약간 서 있는 느낌이에요. 호랑이가 이렇게 있으면 수직으로 이렇게 십자가를 꽂아 놓은 느낌이에요.<br>평: 어떤 점 때문에 꽂아 놓은 느낌이 들었을까요?<br>수: 일단 이 밑에 호랑이 가죽이라 생각되는 부분이랑 십자가라 생각되는 부분 진하기가 다른 것 같아요. 그러다 보니 십자가에 더 눈이 가고 얼굴 같이 보이는 부분이 위엄 있고 그렇다 보니까 얘는 수직으로 서 있지 않을까?<br>평: 위엄 있다고요?<br>수: 일단 해태 같이 생겼어요. 얼굴이 무섭게 생겼어요.<br>평: 어떤 점 때문에 그렇게 보이신 건가요?<br>수: 얼굴이 화내고 있는 표정 같아요.<br>평: 조금 더 자세히 설명해 주시면 좋겠습니다.<br>수: 얼굴 형태는 해태이고 팔에는 깃털이 나와 있는 거예요. |
| VI | 17 | 진한 아메리카노 | 평: (수검자의 반응 반복)<br>수: 진한 아메리카노는 아메리카노를 젓는 머들러 같은 거라 생각했고 여기가 전체적인 컵이라고 생각을 했어요.<br>평: 진한 아메리카노라고 했는데요?<br>수: 이것도 색깔이 진해서요.<br>평: 색깔이 진하다고요? |

| | | | |
|---|---|---|---|
| | | | **수**: 일단 다 이렇게 까맣게 되어 있고 이렇게 젓는 부분이라고 했던 부분이 특히 더 까맣게 보이는 게 더 진해 보인다고 해야 되나? |
| VI | 18 | 물에 비친 돌 | **평**: (수검자의 반응 반복)<br>**수**: 제가 강원도에 여행을 갔다가 강에 유람선을 탔는데 비치는 걸 봤었거든요. 그걸 연상한 것 같아요.<br>**평**: 돌 같다고 하셨는데 그림의 어떤 특징으로 그렇게 보신 거죠?<br>**수**: 얘가 까맣기도 하고 돌은 깎이는 방식에 따라서 되게 특이하게 생긴 돌들도 있잖아요. |
| VII | 19 | 용암이 흘러내리는 모습이에요. 단계적으로 흘러내리는 거 같기도 해요. | **평**: (수검자의 반응 반복)<br>**수**: 이렇게 흘러내리는 것 같아요.<br>**평**: 어떤 점에서 그렇게 보셨나요?<br>**수**: 처음에는 이렇게 작게 흘러내리다가 모이는 거예요. |
| VII | 20 | 흘러가는 구름 | **평**: (수검자의 반응 반복)<br>**수**: 도형 하나하나가 구름의 질감이고 방향성을 가지는 것 같아요.<br>**평**: 구름의 질감이라고요?<br>**수**: 색 차이 때문에 구름처럼 몽글몽글 부드러울 것 같아요. |
| VII | 21 | 맨 밑에 사람이 두 명 보이는데 하얀색으로 뭔가 어떤 미로나 관문을 지나고 있는 부부처럼 보여요. | **평**: (수검자의 반응 반복)<br>**수**: 까만색 사이로 하얀 빛 같은 게 들어오는 거라고 느꼈어요. 그리고 그 밑에 작은 형상이 두 개가 있는데 왼쪽이 좀 더 키가 작고 오른쪽이 더 키가 크고 위에 있는 조그만 동그라미가 얼굴, 밑에 몸통이라고 생각을 해서 이 부분만 봤을 때는 미로나 관문을 지나고 있는 부부 같다고 생각을 했어요. |
| VIII | 22 | 사람 많은 야간 스키장 모습을 보는 것 같기도 하고요. | **평**: (수검자의 반응 반복)<br>**수**: 스키장 있는 산이요.<br>**평**: 그림의 어떤 특성으로 그렇게 보셨나요?<br>**수**: 흰색인데 눈이 쌓여 있는 느낌이 들었고요. 여기도 흰색으로 되어 있는 게 스키장 슬로프 같은 느낌이 들었어요. 양쪽에 이렇게 있어요.<br>**평**: 스키장 슬로프요?<br>**수**: 여기가 리프트 같아 보였어요.<br>**평**: 사람이 많다고 하셨는데요. |

| | | | |
|---|---|---|---|
| | | | 수: 사람 많은 것 같다고 했는데 그 이유가 아랫부분이 되게 화려한 색깔인데 사람이 많이 보여서 화려한 조명을 틀고 있는 것 같은? 스키장 아래쪽에 사람이 모이는 곳에 환한 조명을 켜 놓은 것 같은 느낌이 들었어요.<br>평: 화려한 조명이요?<br>수: 나트륨 등 같이 켜져 있는 거예요.<br>평: 리프트를 어떻게 보셨는지 이해할 수 있도록 설명해 주세요.<br>수: 뭔가 길쭉하게 생긴 게 리프트를 아래쪽에서 봤을 때 모습이랑 비슷한 것 같아서요. 얘 자체가 이 모양 때문이라기보다는 옆에서 스키장처럼 보여서 리프트로 연상이 돼요.<br>평: 아래쪽에서 봤다고요?<br>수: 리프트가 길쭉하게 한눈에 보이려면 아래쪽에서 올려다본 거여야 할 것 같아서요. |
| VIII | 23 | 무언가가 위의 그림 부분이랑 아래 그림 부분을 서로 힘겹게 잡아당기는 것 같기도 하네요. | 평: (수검자의 반응 반복)<br>수: 무언가가 두 손을 뻗어서 밑에 있는 걸 잡아당기는 것 같고 얘도 팔을 뻗어서 위의 것을 잡아당기는 것 같아서요. 서로 힘겹게 잡아당기는 것 같아요.<br>평: 무언가요?<br>수: 뭔지 모르겠어요. |
| VIII | 24 | 색이 변하는 이구아나 두 마리가 나뭇잎을 먹으려 하고 있어요. | 평: (수검자의 반응 반복)<br>수: 모양이 똑같이 생겼어요.<br>평: 잎은 그림의 어떤 특성으로 보셨나요?<br>수: 색이 초록색이고 요건 줄기예요. 나무는 맛있을 것 같아요. 색이 진초록도 있고 연두도 있고요. 여러 색을 먹을 테니 예뻐질 것 같아요. |
| IX | 25 | 용의 얼굴이에요. 용의 입과 눈썹이 뭔가 입에서 불이 나오고 눈썹은 다 불, 화염으로 되어 있어요. 뱀 같은 코를 가지고 있어서 파충류 | 평: (수검자의 반응 반복)<br>수: 그냥 좀 이게 눈으로 보였고요. 여기 이 두 개가 코로 봤어요. 약간 뱀 코 같이 생겼어 가지고 그리고 이제 이렇게 초록색과 빨간색 전체를 얼굴로 봤었고요. 그래서 이 빨간색 부분이 하관 부분인데 막 빨간색은 불을 뿜고 있어서 하관이 가려져 있는 모습으로 봤고요. 눈이 이렇게 있다면 위에 눈썹일 |

| | | | |
|---|---|---|---|
| | | 같은 용 같은데 뭔가 지금 노려보고 있는 거 같아요. | 텐데 그 부분이 주황색 화염으로 덮여져 있는 모습으로 봤어요. 눈썹 부위가 화염으로 되어 있는 거예요.<br>평: 불을 어떻게 보신 건가요?<br>수: 모양이 뭔가 촛불처럼 밑에서 위로 올라갈수록 가늘어지는 모양과 여기 아래 색이 불처럼 보여서요. |
| IX | 26 | 곤충을 해부했을 때 보이는 모습이에요. 진득진득한 액체도 나오고 심장 부분도 보이는……. 서로 섞이면서 영향을 받는 느낌이에요. 원래 깨끗했던 게 오염되어 가는 느낌이요. | 평: (수검자의 반응 반복)<br>수: 이런 것들이 장기처럼 보여서 해부했을 때의 모습이라는 생각이 들었고요. 원래 깨끗한 색들은 이런 본연의 색인데 여기 섞이면서 안 좋게 변하는 것 같았어요.<br>평: 진득진득한 액체가 나온다고 하셨어요.<br>수: 약간 이런 부분들이 다른 데보다 진해 보여서 사탕이 녹으면 물 같은 게 흐르면서 진득한 모습이 되는 것 같아서 그런 게 떠올랐어요.<br>평: 심장은 어떻게 보신 건가요?<br>수: 여기가 양쪽으로 심장이요.<br>평: 그림의 어떤 특징 때문인가요?<br>수: 빨간 게 피가 흐르는 그런, 순환하고 있는 모습?<br>평: 곤충의 장기는 어떻게 보셨나요?<br>수: 해부했다고 생각하니까 그럼 몸 안에는 장기가 있을 텐데……. 그게 오염이 되어 있으니까요. |
| X | 27 | 대부분이 데칼코마니네요……. 파란색 왼쪽 위랑 오른쪽 위 파란색은 고구려 벽화에 나올 거 같은 말 타고 있는 사람이에요. | 평: (수검자의 반응 반복)<br>수: 이 부분이 말이고요. 이게 타고 있는 사람이에요. 나머지 튀어나와 있는 건 장식 같은 거죠. 실제로 기마병들이 이런 장식 같은 걸 한 예시가 되게 많거든요. 통 같은 것도 되게 화려한 거 쓰고. 저는 보이는 걸 다 넣으려고 항상 노력했어요. 뭔가 이것저것 맞춰 보는 거죠…….<br>평: 고구려 벽화라고 하셨는데요.<br>수: 제가 고구려 벽화의 기마병이 아니라, 고구려 벽화 같다고 말한 이유가 벽화에는 여러 가지 상징적인 표현이 많이 들어가잖아요. 벽화라면 이런 나뭇잎도 넣지 않을까? 뭔가 상징하는 것들을 좀 끼워 맞추는 거죠. 전체적으로 벽화처럼 보였어요. |

| | | | |
|---|---|---|---|
| | | | **평**: 나뭇잎을 어떻게 보신 건가요?<br>**수**: 나뭇잎이 이렇게 생겼잖아요. 형태가 나뭇잎이고 나뭇잎 색깔이고 살짝 파인 부분도 벌레가 먹었다고 보기에 좋고요. |
| X < | 28 | 바닷속 바위에서 꽃게가 한쪽 발은 노란 물고기를 잡고 있고 한쪽 발로는 이 주황색 물고기를 못 오게 발로 막고 있어요. 주황색 물고기가 노랑 물고기를 먹으려 하는데 이건 내 거니까 건들지 마라 막고 물고기를 먹는 겁니다. 얘는 해파리고 얘도 물고기 같고. | **평**: (수검자의 반응 반복)<br>**수**: 여기 바닷속 바위(D9)이고 이게 꽃게(D7)예요. 그리고 여기가 집게 발로 노란 물고기(D15). 이렇게 생긴 거를 집었다, 다른 물고기(D13) 오지 말라고 발로 이렇게 막고요.<br>**평**: 저도 똑같이 볼 수 있게 설명해 주실래요?<br>**수**: 물고기는 물고기 모양이고 색도 그렇고요. 게도 머리 부분도 있고 배쪽은 이렇게 가느다란 다리가 있고요.<br>**평**: 해파리도 보셨어요.<br>**수**: 여기(D1)요. 사실 얘네들은 곁다리죠. 주인공은 얘네고요. |
| X | 29 | 할아버지 같아요. 초록색 콧수염이에요. 빨간 머리를 가지고 파란 장식이랑 회색 모자를 쓰고 있어요. | **평**: (수검자의 반응 반복)<br>**수**: 여기가 수염 모양이고 여기는 머리 모양이에요. 점이 두 개. 이게 눈동자예요. 그리고 이마에 파란 고귀한 장식이에요. 귀족이 할 수 있는……?<br>**평**: 모자라고 하셨는데요?<br>**수**: 머리카락 위에 있으니까 뭔가를 쓰는 거 같은데……. 이 지위를 뜻하는 모자처럼 보여요. |
| X | 30 | 그런 것 같기도 해요. 복실복실한 흰색 몰티즈가 목줄을 이렇게 하고 달려가고 있는 모습인데 주인이 위에서 보는 것 같은 느낌이에요. | **평**: (수검자의 반응 반복)<br>**수**: 이건 가운데 흰색 부분을 다 몰티즈로 봤고 이 파란색 부분이 강아지 가슴에 하는 하네스라고 하나 가슴 줄 같고 이 부분이 다리고 발 앞발이고 주황색 이게 눈이에요.<br>**평**: 몰티즈로 본 것이 그림의 어떤 특징 때문일까요?<br>**수**: 하얀색인데 털이 있는 작은 강아지가 몰티즈니까.<br>**평**: 복실복실하다고요?<br>**수**: 여기 흰색을 전체로 어떤 몸으로 보면 테두리가 털 모양이에요. |

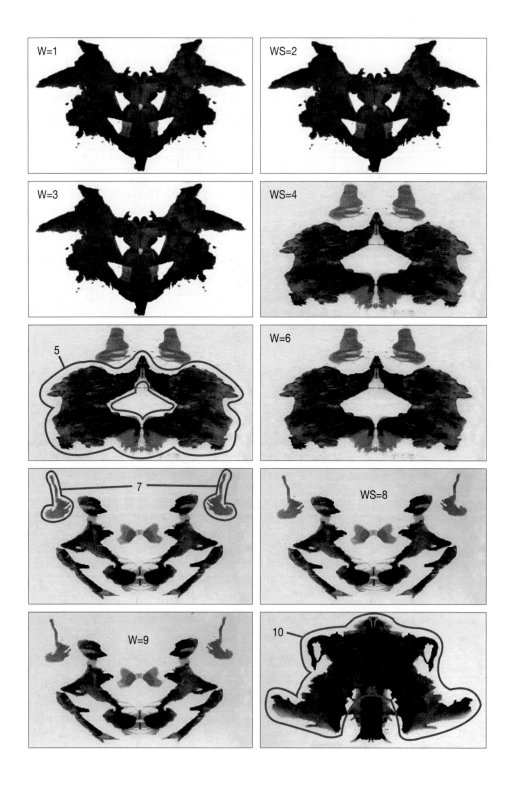

W=1

WS=2

W=3

WS=4

5

W=6

7

WS=8

W=9

10

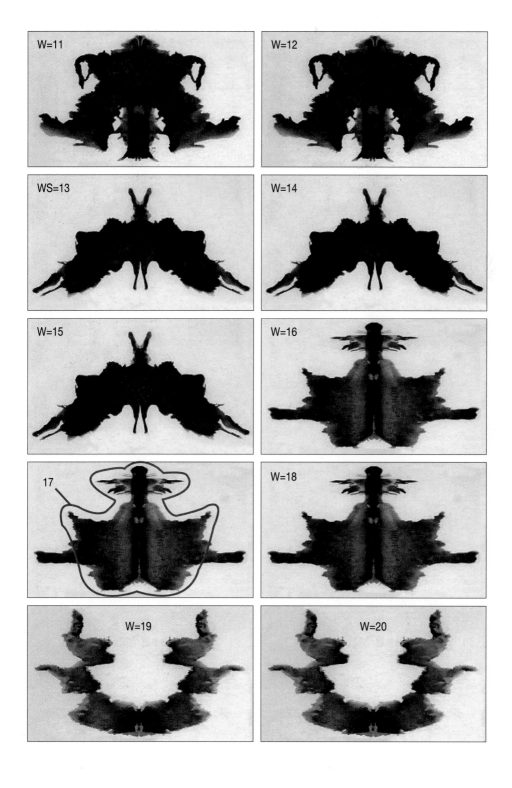

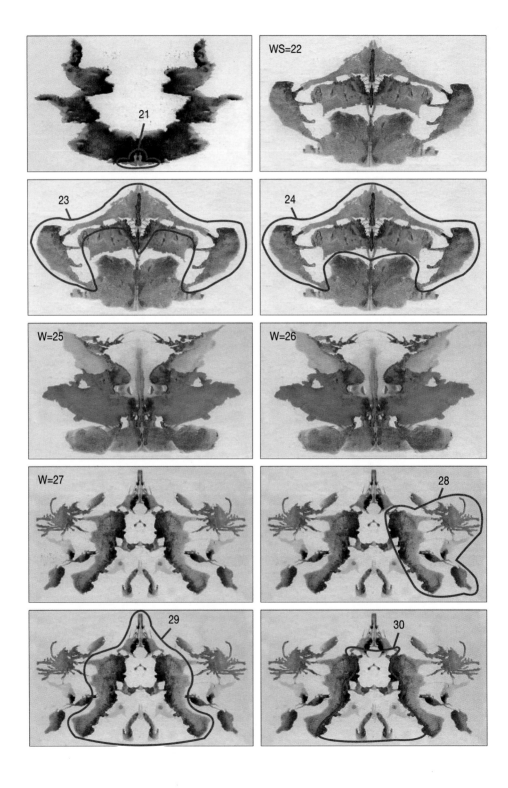

⚠️ 연습문제 정답과 해설

| 번호 | 정답 | 해설 |
|---|---|---|
| 1 | W+ Mᵖo 2 (H) ZA INC1,COP,GHR | • (H): 날개가 달린 가상의 인간에 채점. 이러한 경우 H,Ad 를 쓰지 않도록 주의해야 함<br>• INC1: 인간이 갖기 어려운 특성(날개)을 부적절하게 결합 |
| 2 | WSo Mᵃu (H),Hx ZS AG,DR2,PHR | • M, Hx, AG: 화가 나 있다는 표현으로 인해 채점됨. 이 세 가지 채점결정인이 빠지지 않고 채점되어야 함에 주의 할 것<br>• DR2: 반응 설명과 무관한 내용이 두서없이 흘러가며, 그 내용은 기괴하고 비논리적임 |
| 3 | Wo C'Fu (H) ZW DR2,PHR | • C'F: 수검자가 드라큘라를 인지한 데에는 그림의 분위기, 침침함, 어두컴컴함이 주도적인 영향을 미친 것으로 보임<br>• DR2: "그런데 저 잠깐 나갔다 와도 돼요? 얘가 삼성이라 고 써 있는 거 가져오라고 해서요."라고 검사 장면에 실 재하지 않는 대상의 지시를 언급하며 과제에 부적절하고 관련 없는 발언을 함 |
| 4 | WSo Mᵃ.CF- Hd,Hx ZS AG,INC1,AB,PHR | • CF: 화나고 분노하는 사람의 얼굴을 지각하는 데 빨간색 이 주도적 영향을 한 것으로 보임<br>• INC1: 시뻘건 눈썹과 빨간색 턱수염 |
| 5 | Dd+ FD.C'Fu Ls,Sc ZA | • FD: '엄청 큰 돌산 끝에 있는 성', '밑에서 쳐다봤을 때 저 위에 보이는 성'<br>• Sc: 성은 건물의 일종으로 보아 Sc 채점 |
| 6 | W+ FMᵃ.Fro A,Na,Fd ZW | • Fd: 그 종이 일반적으로 먹는 것을 먹고 있는 동물의 경 우 채점 |
| 7 | Dv2 mᵖ.FCo 2 Bl | • DQv: 피는 용기, 공간 등에 따라 여러 가지 형태를 취하 고 전형적인 형태라는 것이 없음<br>• FC: 피라는 반응에 '떨어지는 모양'이란 형태가 더욱 주 도적인 역할을 했고, 색채는 부가적임 |
| 8 | WSo CF- A ZW INC1 | • INC1: 빨간 날개 |
| 9 | Wo FC. FC'- (Hd) ZW PHR | • FQ-: 카드 Ⅲ의 W 영역 도표에는 '탈'이란 반응이 없으며, 참고할 만한 '가면'이란 반응도 없음. 그러나 수검자가 얼 굴 형태의 탈을 설명하고 있고 도표에서 '얼굴'은 FQ-에 해당하므로 이를 참고하여 FQ- 채점이 가능함 |

| 10 | D+7 VF.FDu Ls,Sc ZA | • VF: 그림의 진하고 연한 특성 때문에 울퉁불퉁하게 튀어 나온 돌멩이의 그림자를 지각함<br>• FD: '암벽이 엄청 크고 절은 작다 보니까 멀리 보이는 절' |
|---|---|---|
| 11 | Wv/+ rF.YFo Na ZA | • rF: 수면에 비친 풍경에 형태를 거의 부여하지 않고 단순하게 산수화 같은 느낌으로 언급 |
| 12 | W+ mᵖ.YF- A,Bl ZA MOR | • mᵖ: '피가 흘러 나가는 듯한 느낌'<br>• FQ-: 카드 IV의 W 영역 도표에는 '멧돼지'라는 반응은 없음. 그러나 '코끼리', '황소' 같이 네발 동물이 FQ-에 해당하므로 이를 참고하여 FQ- 채점이 가능함<br>• MOR: 사냥 당해 피를 흘리는 멧돼지 |
| 13 | WS+Mᵃ.mᵃ.C′Fo H,Fi, Sc ZS GHR | • mᵃ: 뿜어져 나오는 가스 |
| 14 | Wo Fu (A) ZW INC1 | • INC1: 사슴이 가질 수 없는 특성(날개)을 사슴에 부적절하게 결합함 |
| 15 | Wv C′ Na | • DQv: '물'은 전형적인 특성이 없는 대상. DQv이므로 W 반응임에도 ZW 채점하지 않음에 주의<br>• C′: 뿌옇게 검다는 것 외에 형태에 대한 구체화가 전혀 없음 |
| 16 | W+ mᵖ.VF.Mᵃo Ad,Art,Hx,(Ad) P ZW AG,INC1,PHR | • mᵖ: 꽂아진 십자가<br>• VF: 가죽과 십자가의 진하기 차이로 인해 수직으로 꽂아진 입체감을 봄<br>• INC1: 해태에 깃털을 결합시킴 |
| 17 | Dd+99 YFu Fd,Hh ZA | • Fd: 아메리카노<br>• Hh: 머들러 |
| 18 | Wv/+ rF.C′Fu Na ZW PER | • PER: 반응을 지각하는 데 사용된 카드의 특징을 설명하지 않고 자신의 개인적인 경험을 근거로 들어 설명함 |
| 19 | Wv mᵖ- Na | • FQ-: 카드 VII의 W영역 도표에는 용암, 단계적으로 흘러내리는 모습과 대조할 만한 반응이 없음. 단계적으로 흘러내려 모이는 모습으로 설명하고 있으나 그러한 단계적 형태와 흘러내리는 형태가 납득되기 어려운 모양인 관계로 FQ- 채점 |
| 20 | Wv mᵖ.TFo Cl | • mᵖ: 흘러가는 구름 |
| 21 | DdS+28 Mᵃ.C′Fu H,Sc,Na ZA GHR | • Na: 하얀 빛 |

| 22 | WS+ C'F,FD,CF-2<br>Na,Sc,H ZW | • C'F: 그림의 흰색에서 눈이 쌓인 느낌을 받았고 거기에서 스키장 슬로프 같은 인상이 이어진 것으로 보여 색채에 의해 주도된 반응으로 보임<br>• CF: 마찬가지로 화려한 색깔이 환한 조명을 연상시킨 것으로 보이고 이에 대해서는 형태의 구체화도 충분하지 않음 |
|---|---|---|
| 23 | Dd+99 M$^a$u 2 Id ZA<br>GHR | • Id: 무언가, 뭔지 모르겠다 |
| 24 | D+ FM$^a$.CFu 2<br>A,Bt,Fd ZA DR1 | • DR1: 잎을 설명하다 갑자기 "나무는 맛있을 것 같아요.", "여러 색을 먹을 테니 예뻐질 것 같아요." 같은 무관한 구절이 포함됨<br>• CF: "진초록도 있고 연두도 있고요."는 여러 가지 색조의 음영을 언급하는 것이 아니라 두 가지 색채를 언급하는 것이므로 Y가 아니라 C를 채점 |
| 25 | W+ M$^a$.FD.m$^a$.FCu<br>(Ad),Fi ZW AG,PHR | • FD: '불을 뿜고 있어서 하관이 가려져 있는 모습'<br>• AG: '노려보고 있는' |
| 26 | Wv/+ CF.YF.TF.m$^p$-<br>Ad,An,Bl ZW MOR | • DQv/+: '진득진득한 액체'는 전형적이고 일반적인 형태가 없는 대상임. '해부'된 내부와 장기에 대해 구체적으로 설명하지 않고 전형적인 장기의 형태를 갖추지 못하게 설명함 |
| 27 | W+ M$^p$.FC-2<br>H,A,Ay,Art,Bt ZW<br>DR1,AB,MOR,PHR | • DR1: "저는 보이는 걸 다 넣으려고 항상 노력했어요. 뭔가 이것저것 맞춰 보는 거죠."<br>• MOR: '나뭇잎 살짝 파인 부분은 벌레가 먹었다' |
| 28 | D+ M$^a$.FCu A,Ls,Fd ZA<br>FAB1,PHR | • M$^a$: 게가 물고기를 못 오게 발로 막는 행동은 게의 종 특유 행동이 아니고 의인화된 행동임<br>• FAB1: 꽃게와 물고기가 서로 아웅다웅하는 행동이 실재하기 어려운 부적절한 결합 |
| 29 | Dd+22 FC,FD-<br>Hd,Cg,Art ZA<br>INC1,PHR | • Art: 고귀한 장식<br>• INC1: 초록색 콧수염 |
| 30 | DdS+99 FC',FM$^a$.FD-<br>A,Id ZS | • 강아지 털, 복실복실하다와 같이 재질을 보았을 가능성을 주는 표현이 있었지만 확인했을 때 '테두리가 털 모양이라' 지각된 것이므로 재질 반응 채점하지 않음 |

## 2. 실전문제

| 카드 | 번호 | 반응 | 질문 |
|---|---|---|---|
| I | 1 | 박쥐 | 평: (수검자의 반응 반복)<br>수: 날개, 손, 머리, 꼬리요. 정면으로 날개를 펴고 있는 박쥐예요. 검정 색깔이라 박쥐라고 생각했어요. |
| I | 2 | 핼러윈 얼굴이요. | 평: (수검자의 반응 반복)<br>수: 호박 뚫을 때 이런 모양으로 뚫는 것 같아서요.<br>평: 저도 똑같이 볼 수 있도록 도와주세요.<br>수: 여기(DdS30)가 눈이고 그 아래가 입이고 모양도 여기만 봤을 때 호박 같은 느낌이 들었어요. 그래서 핼러윈 악마 느낌이 들었어요. 그냥 그렇게 연관된 것 같아요. |
| I | 3 | 새 | 평: (수검자의 반응 반복)<br>수: 그냥 여기(D2)가 날개로 보였고 여기(D4)는 새몸뚱이로 보였어요. 하지만 잘 들여다보면 날개 속에 사람의 얼굴이 숨어 있어요.<br>평: 사람의 얼굴이요?<br>수: 전체적으로는 날개를 가진 새를 봤는데, 이쪽 날개 안에는 남자의 얼굴, 이쪽 날개에는 여자 얼굴이 보이잖아요? 이건 얼굴 날개예요.<br>평: 남자 얼굴에 대해 설명해 주시겠어요?<br>수: 여기 자세히 보면 진하게 쑥 들어가 있는 부분이 눈이고, 여기 튀어나온 부분(Dd34)이 코로 보이죠? (손가락으로 선을 그려 가리키며) 그리고 여기(D7) 반대쪽으로 여자 옆 얼굴이 실루엣으로만 보이네요. |
| I | 4 | 옛날 미술관 데칼코마니 | 평: (수검자의 반응 반복)<br>수: 이게 원래 미술할 때 한쪽만 그리고 접어서 양쪽으로 딱 펴거든요. 그림을 접었다가 펴면 이렇게 좌우 대칭 모양이 되니까 데칼코마니라고 생각이 듭니다.<br>평: 그림의 어떤 특징에서 데칼코마니로 본 것인지 말해 주시겠어요? |

| | | | |
|---|---|---|---|
| | | | 수: 색깔도 비슷하고요. 이런 까만색깔 점이나 이런 게 데칼코마니처럼 잘 표현한 것 같아서요. 딱 그 때 봤던 그 그림이네요. |
| I | 5 | 악마(잠시 침묵) 더 말해요? 악마가 화가 나서 날개를 펼치고 있어요. 근데 이 악마한테 이빨이 없어요. 그래서 힘이 없어 보여요. 근데 악마를 누가 들고 있어요. 들고 있는 사람이 누군지는 모르겠어요. | 평: (수검자의 반응 반복) 수: 이 눈이 악마의 눈 같았어요. 그리고 이 악마가 날개를 펼치고 있는데 자세히 보니까 이빨이 없고 약해 보여요. 근데 여기 보면 누군가가 들고 있어요. 이 하얀색이 사람인데 악마를 들고 있어요. 평: 악마의 눈은 그림의 어떤 특징 때문에 보신 건가요? 수: 화가 나 보여서요. 평: 이빨이 없다고 하셨는데요. 수: 이게 입인데 밑에 이런 게 없잖아요. |
| II | 6 | 손 마주치고 쎄쎄쎄하는 두 거인 | 평: (수검자의 반응 반복) 수: 전체적으로 쎄쎄쎄하는 모습 같잖아요. 평: 쎄쎄쎄요? 수: 여기 손을 마주치면서 아침바람 찬 바람에 하는 거예요. 평: 거인에 대해 말씀해 주시겠어요? 수: 되게 크게 보이지 않아요? 사람이라고 하기에는 몸이 되게 커요. 복면을 써서 눈, 코, 입은 정확하게 보이지 않아요. 평: 복면이요? 수: 빨간 복면을 썼어요. |
| II | 7 | 양쪽 검은 사람에게 끌려가는 남성 | 평: (수검자의 반응 반복) 수: 이건 좀 설명하기 힘든데요. 이 앞 사이에 있는 하얀색 있잖아요? 이거를 끌려가는 사람이라고 생각했어요. 평: 저도 똑같이 볼 수 있도록 도와주세요. 수: 여기 머리 라인은 없지만 라인이 있다고 가정하고 이게 목이고 여기가 어깨라고 생각했는데 이렇게 사람의 모습을 하고 있다고 했을 때 검정색이 양쪽에서 끼어들잖아요. 뭔가 범죄자를 끌고 갈 때처럼 양쪽에서 이렇게 팔짱 끼고 끌려가는 걸로 봤어요. 그래서 가운데 남성을 양쪽에서 검정색 옷을 입은 남자들이 끌고가는 모습 같아요. |

| | | | |
|---|---|---|---|
| Ⅱ | 8 | 피 흘리는 곰 두 마리 | 평: (수검자의 반응 반복)<br>수: 여기 곰이요. 검은 곰처럼 생기지 않았어요? 두 마리가 있는데 아랫쪽에 피를 흘리고 있고 몸에도 얼룩덜룩 빨간 피를 묻히고 있어 사이가 나빠 보이네요. 심하게 싸웠나 봐요.<br>평: 얼룩덜룩이요?<br>수: 아랫쪽 피는 새빨갛잖아요. 그런데 여기 검정색 몸통에 묻은 빨간 피는 흐리기도 하고 조금 진하기도 하고 얼룩덜룩 지저분해 보여요. |
| Ⅱ | 9 | 좌심방 우심방 | 평: (수검자의 반응 반복)<br>수: 심장으로 느껴졌기 때문입니다.<br>평: 저도 똑같이 볼 수 있도록 설명해 주세요.<br>수: 중학교 때 선생님이 생명과학 시간 때 좌심방, 우심방을 알려 주셨는데 그때 책에서 본 거랑 모양이 비슷하게 생겼어요. |
| Ⅱ | 10 | 연료가 뿜어져 나가는 전투기 | 평: (수검자의 반응 반복)<br>수: 여기 이렇게 전투기로 봤어요. 여기 날개 부분이고요. 앞으로 자기의 목적지를 향해서 달려가고 있는 모습으로 봤고 여기 배경은 밤이에요. 여기 보면 색깔이 고르지 않고 이렇게 된 부분이 있는데 이 부분이 밤하늘처럼 보였어요. 그리고 주변에 빨간색은 다른 전투기가 쏘아 올린 이런 연료 부분이라고 생각을 했어요. 여기 연료도 순간순간 계속 나아가기 때문에 계속 생기는 모습이라고 봤고요. 아직 공격을 시작하거나 하진 않았는데 엄청 빨리 가고 있는 모습이라고 생각했어요.<br>평: 연료로 보신 건 그림의 어떤 특징 때문에 보신 건가요?<br>수: 그냥 뭔가 바람이 이쪽으로 불어서 뒤쪽으로 순간적으로 날려서 퍼지는 모습이라고 생각을 했어요. |
| Ⅲ | 11 | 모닥불 | 평: (수검자의 반응 반복)<br>수: 선이 여러 곳에 휙휙 가 있는 게 불이 타오르는 모양 같아요.<br>평: 불이라고요?<br>수: 빨갛고 타오르는 불 같아요. |

| III | 12 | 협조하는 두 사람 | 평: (수검자의 반응 반복)<br>수: 이렇게 남자랑 여자 두 사람이에요.<br>평: 남자와 여자?<br>수: 머리도 있고 목도 있고 가슴도 있고 팔도 있고 허리도 있고 무릎도 있고 다리가 있어요. 마주 보고 있으니 이성이라는 것을 단박에 알 수 있어요. 틀림없어요.<br>평: 어떤 점에서 협조를 하는 것으로 보셨나요?<br>수: 맷돌을 돌린다든지 같이 무언가 같이하는 일을 하고 있어요.<br>평: 맷돌이요?<br>수: 이것(D7)이 맷돌처럼 보여요. 그리고 이 부분(D3)은 행복, 양쪽의 이것(D2)은 열정을 의미하죠.<br>평: 행복과 열정이요?<br>수: 그러니까 실제로 눈에 보이지는 않겠죠. 여기에서는 빨간 표시를 통해 열정, 행복 이런 긍정적인 분위기를 나타낸 거예요. |
| III | 13 | 아프리카 사람 횃불이고 의식을 행하는 것 같네요. 바구니를 둘이 옮기는 것인지 모르겠지만 흑인 여성 둘이 있어요. 사실 여성인지 남성인지는 잘 모르겠어요. 원시 부족이 의식을 수행하는 것으로만 보여요. 한밤에 횃불이고 여성도 남성도 아닌 사람이 있네요. | 평: (수검자의 반응 반복)<br>수: 신비의 세계에 나오는 부족 느낌이에요. 머리가 빡빡 밀려 있거나 머리가 많지 않은 머리예요. 가슴인지 성기인지 모르겠지만 포즈에서는 구분이 어려운……. 여성이 아닐 수도 있겠다 생각했어요. 성기일 수도 있겠다는 생각이 들어서요.<br>평: 의식이라고 하셨는데요.<br>수: 어떤 의식에 필요한 횃불이 있으니까요. 밝혀 줘야 하니까 주변은 어두울 것 같고.<br>평: 횃불이요?<br>수: 빨갛게 타오르잖아요.<br>평: 흑인이라고 하셨어요.<br>수: 잉크가 검정색이어서 그럴 수 있고, 머리 모양. 목이 긴데, 색깔이 옅기도 해서 목에 장신구를 착용하는 부족의 흑인을 연상했어요. |
| III | 14 | 자궁 | 평: (수검자의 반응 반복)<br>수: 빨간색도 있고 모양 자체가 자궁과 매우 비슷해서요. |

| III | 15 | 동물 웃는 얼굴 확대 | 평: (수검자의 반응 반복)<br>수: 눈이 있고요. 콧구멍이 엄청나게 크고요. 색도 시커멓네요.<br>평: 웃고 있는 얼굴이라고 하셨는데요.<br>수: 밑에(DdS23을 양쪽으로 이어 그리며) 씩 웃고 있는 느낌이에요. 미간 사이가 되게 먼 멧돼지가 정면을 보고 있어요. |
|---|---|---|---|
| IV | 16 | 큰 망토를 입은 괴물 | 평: (수검자의 반응 반복)<br>수: 여왕이 레이스? 프릴 같은 느낌으로 하나 입고 엄청 크게 망토 같은 걸 입고 있는 듯한 형태를 봤어요. 마왕으로 연관 지은 것도 검정색도 영향을 준 것 같아요. 괴물보다는 마왕이에요.<br>평: 레이스? 프릴 같다고요?<br>수: 우선 모양이 그래 보이고 색깔도 다른 데와 달리 연한 부분이 있잖아요. 그 부분을 레이스, 프릴 같은 느낌으로 봤던 것 같아요. |
| IV | 17 | 동물 가죽 | 평: (수검자의 반응 반복)<br>수: 동물 가죽을 벗겼을 때 앞발, 뒷발, 꼬리, 머리 부분이에요. 가죽을 펴서 바닥에 펼쳐 놓은 느낌이요. (손으로 문지르면서) 진하고 연한 색 느낌이 털 질감이에요. |
| IV | 18 | 괴물 | 평: (수검자의 반응 반복)<br>수: 색깔이 어둡고 키는 엄청 큰데……. 몸통이 되게 커서 괴물이라고 생각합니다. 괴물이자 악마로 보인다는 뜻이에요.<br>평: 몸통이 커서 괴물이라고 하셨는데요.<br>수: 몸통이 크고 까만 것은 모두 괴물이에요. |
| IV | 19 | 오래된 나무 | 평: (수검자의 반응 반복)<br>수: 검은색 부분의 형태가 TV에 나오는 엄청 오래된 나무들이랑 비슷하게 생겼다고 생각했어요.<br>평: 그림의 어떤 특징 때문에 그렇게 보셨어요?<br>수: 엄청 오래된 문화재 나무랑 생긴 게 비슷해요. 제가 TV에서 똑같이 봤거든요. |

| | | | |
|---|---|---|---|
| IV | 20 | 낙엽 | **평**: (수검자의 반응 반복)<br>**수**: 전체적으로 보면 좀 낙엽 같아서.<br>**평**: 저도 똑같이 볼 수 있도록 도와주세요.<br>**수**: 찢어진 낙엽 같아요.<br>**평**: 찢어졌다고요?<br>**수**: 보면 이렇게 가장자리가 울퉁불퉁하잖아요. 여기도 찢겨져 있고요. |
| V | 21 | 나비. 이제 막 번데기에서 나와서 날개를 펴는 그런 느낌밖에 안 드네요. 그래도 아직 날개가 다 마르지 않은 나비예요. | **평**: (수검자의 반응 반복)<br>**수**: 나비 얼굴, 더듬이, 날개가 이렇게 있어요. 그리고 다리.<br>**평**: 날개가 다 마르지 않은 나비라고 하셨어요.<br>**수**: 여기 선이 울퉁불퉁하고 끝까지 뻗어 있지 않은 걸로 봐서 번데기에서 나온지 얼마 되지 않지 않았나 생각했어요. |
| V | 22 | 우주여행 하는 나비 | **평**: (수검자의 반응 반복)<br>**수**: 전체적인 실루엣이 까만색 나비 같아요. 날개, 몸통, 더듬이. 그런데 나비 몸통을 보면 그냥 까맣지가 않고 가장자리 쪽으로 흐릿하다 안쪽으로 갈수록 완전 까만색이라서요. 이 허공을 우주라고 하고……. 나비가 이 우주를 훨훨 날아다니며 여행하는 거죠. |
| V | 23 | 비스듬히 등진 두 사람 | **평**: (수검자의 반응 반복)<br>**수**: 머리가 있고 여기 경사진 부분이 전체적으로 비스듬하게 누워 있는 몸통이에요. |
| V | 24 | 예쁘고 화려한 검은 나비 | **평**: (수검자의 반응 반복)<br>**수**: 더듬이고 날개를 펼치고 있고요. 나비처럼 느껴졌고 날개를 확 펼친 느낌이라 날아오르려고 하는구나 이렇게 생각했어요.<br>**평**: 예쁘고 화려하다고 하신 건 그림의 어떤 특징으로 보신 건가요?<br>**수**: 전체적으로 검은색인데 색이 중간중간 연한 색 부분이 무늬가 많고 화려할 것 같다고 느꼈어요. 날개도 굉장히 커서 사람들의 이목을 끌 것 같고요. |

| V | 25 | 푸른 소나무 | 평: (수검자의 반응 반복)<br>수: 여기 푸른 부분이 소나무의 솔잎들이고요. 전체적으로 나무처럼 생겼어요.<br>평: 푸른색이요?<br>수: 네, 소나무처럼 푸르른 색이에요. |
|---|---|---|---|
| VI | 26 | 기타 | 평: (수검자의 반응 반복)<br>수: 일단 이게 기타 바늘, 기타 머리, 기타 몸통처럼 보이고요.<br>평: 기타 바늘이라고요?<br>수: 네, 여기가 한 개로 되어 있으면 이해가 가는데 두 개여서 기타 바늘처럼 보였습니다. |
| VI | 27 | 염소 가죽 | 평: (수검자의 반응 반복)<br>수: 러그나 벽에 걸어 두는 것 같은 동물 가죽이고 그걸 펼쳐 놓은 모양이에요.<br>평: 가죽으로 보신 건 그림의 어떤 특징 때문에 그렇게 보신 건가요?<br>수: 동물 가죽 모양이에요. 그리고 가운데가 진하고 주변은 색깔이 연해요. |
| VI | 28 | 이렇게 하니까 여기까지는 호수고 여긴 나무고……. 호수에 나무가 비쳐 보이는 거랑 흡사해 보이는 것 같아요. 어디서 본 것 같은 풍경인 것 같아요. | 평: (수검자의 반응 반복)<br>수: 가로지르고 있는 선이 물과 하늘이에요. 수면이 가로지르고 있는 중간 부분의 선이 돼서 여기 숲이 있는데 숲이 엄청 깨끗한 호수랑 있으면 반사돼서 보이잖아요. 그래서 전체적으로 그게 표현이 된 것 같아요.<br>평: 나무는 어떻게 보신 건가요?<br>수: 나무를 하나씩 본 것이 아니라 많은 나무가 합쳐진 것으로 봐서 숲이라고 생각했어요. |
| VI | 29 | 일본 여자가 보여요. 기모노를 입고 있는데 이 기모노를 입기 싫어서 찢으려고 해요. 그런데 몸이 묶여 있어서 찢을 수가 없어요. 그래서 이 여자는 불행해요. | 평: (수검자의 반응 반복)<br>수: 기모노를 입고 있는데 여자 기모노였어요. 그리고 이렇게 자세히 보면 이런 부분이 찢고 싶은 것처럼 연상이 됐고. 근데 묶여 있어서 기모노를 찢고 싶은데 찢지 못하는 거예요.<br>평: 찢고 싶다고요?<br>수: 다른 부분은 매끄러운데 여기만 날카롭게 되어 있잖아요. 그런 게 기모노와는 반대되는 느낌이라. |

| VI | 30 | 잘린 열매 | **평**: (수검자의 반응 반복)<br>**수**: 여기(D3)는 꼭지랑 꼭지에 붙은 잎사귀처럼 보였어요. 그리고 씨앗으로 딱 생각이 든 이후부터 씨앗이 보이는 건 열매 단면이겠다는 생각했어요.<br>**평**: 씨앗이라고요?<br>**수**: 주변 어두운 거에 비해 얘만 밝고 길쭉한 모양이나 중심에서 두 개가 마주 보고 있는 게 사과 씨 같다고 생각했어요. |
|---|---|---|---|
| VII | 31 | 동화책에 나오는 난쟁이 옆모습 같아요. 이쪽이 몸통이고 반대 방향으로 고개를 돌리고 있는 모습이요. 두 명이 서로 엉덩이를 맞대고 반대쪽으로 향하고 있는데 고개만 돌려 바라보는 모습. 이쪽이 사람 옆모습, 머리카락, 깃대 같은 걸 달았다는 생각이 들어요. 얘는 손 모양이고 이쪽이 신발, 나머지는 옷 형태라고 생각돼요. | **평**: (수검자의 반응 반복)<br>**수**: 난쟁이 두 명이 보이고 이게 신발이고 뾰족해서 난쟁이가 우스꽝스러운 이미지가 대표적이니까 엉덩이를 맞대고 손을 이렇게 한 것 같은 느낌이 들었고요. 손이 이쪽에 있으면 얼굴(D9)도 이쪽을 향해야 하니까 목을 틀어서 반대로 향했구나 생각했어요.<br>**평**: 깃대를 어떻게 보신 건가요?<br>**수**: 깃털이 솟아서……. 길쭉해서요. 그리고 털 질감 같은 것도 있고 옆에 곡선으로 이루어져 있어서요.<br>**평**: 머리카락은 어떻게 보신 건가요?<br>**수**: 꼬불꼬불해서요. |
| VII | 32 | 아기 다람쥐 둘이 마주 보고 시소 타는 것 | **평**: (수검자의 반응 반복)<br>**수**: 여기가 다람쥐 얼굴, 몸, 꼬리예요. 이게(D4) 시소. 시소 위에 올라탄 거죠. |
| VII | 33 | 멀리 보이는 해안선과 설산 | **평**: (수검자의 반응 반복)<br>**수**: 이 부분이요. 여기 짙은 부분이 해안선이고 나머지 부분이 전부 물이에요.<br>**평**: 해안선이라고요?<br>**수**: 이걸 물이라 했을 때 좀 다르게 나타나니까요.<br>**평**: 어떻게 해서 물을 보신 거죠?<br>**수**: 색의 진하기가 다른 방식으로 넓게 있어서요. |

| VII | 34 | 쌍둥이 토끼 | 평: (수검자의 반응 반복)<br>수: 토끼만 보여요. 토끼가 깡충깡충하는데, 이렇게 뒤에 귀가 가려져 있어요.<br>평: 가려져 있다고요?<br>수: 옆모습이라서요. 이렇게 꼬리. 꼬리 있고, 제가 토끼띠거든요? 토끼띠 사람들은 왠지 순할 것 같아요. 그리고 여기가 꼬리인 것 같았어요. 느낌이. |
|---|---|---|---|
| VII | 35 | 머리가 네 개 달린 토끼 | 평: (수검자의 반응 반복)<br>수: 네, 여기 머리가 네 개가 몸이랑 붙어 있어요. 희한한 토끼네요.<br>평: 희한하다고요?<br>수: 몸은 하나인데 머리가 네 개 달려서요. |
| VIII | 36 | 해질녘의 산과 절벽 | 평: (수검자의 반응 반복)<br>수: 해질녘은 색깔 때문인데 깊은 산속에서는 구름이 피어오르고 노을이 지면 노란색이랑 분홍색이 섞여서 해질녘이라고 생각했어요.<br>평: 산을 어떻게 보신 건가요?<br>수: 색깔이 초록빛이고 뾰족해서요.<br>평: 그리고 절벽을 보셨어요.<br>수: 이 부분이 산 같진 않고 깎여 내려 떨어지는 느낌이 들어서요. 그리고 구름이 피어오르는 첩첩산중에는 절벽도 있을 것 같아서요. |
| VIII | 37 | 수채화 | 평: (수검자의 반응 반복)<br>수: 색감이나 질감이 물에 푼 물감을 종이에 칠해 놓은 것 같아요. |
| VIII | 38 | 성 밖에서 울고 있는 개 두 마리 | 평: (수검자의 반응 반복)<br>수: 사실 이 개들은 앞에서 봤던 우두머리 악귀들이거든요. 악귀인 것을 속이려고 개로 변신을 한 거예요. 하늘을 쳐다보며 울부짖는 시늉을 하고 있죠. 천상의 성에 들어가려고 사정을 하는 모습. 하지만 하느님께서 개를 부정식품이라고 언급하셨거든요. 악귀를 천상에 들일 리가 없어요. 결국 이 악귀 개들은 저 지옥의 불구덩으로 빠질 거예요.<br>평: 지옥의 불구덩이요?<br>수: 여기 온통 붉은색, 엄청 뜨겁게 불이 활활 타오르고 있잖아요. 색도, 모양도 딱 지옥 불구덩이네요. |

| | | | |
|---|---|---|---|
| VIII | 39 | 색감이 예쁘네요. 카멜레온 같은 애들이 절벽에 올라가는 것 같아요. 초록색 우림 같은데 나무가 우거져 있는데 그걸 올라가는 것 같아요. | **평**: (수검자의 반응 반복)<br>**수**: 카멜레온처럼 생겼어요. 여긴 수풀 늘어진 거고요.<br>**평**: 카멜레온을 그림의 어떤 특성으로 보신 건가요?<br>**수**: 색깔이 다양하니까요. 절벽 같은 것을 올라가고 있어요.<br>**평**: 나무가 우거졌다고 하셨어요.<br>**수**: 벽에 담쟁이 나무처럼 늘어져 있는 것 같아요. |
| VIII | 40 | 종교적 의미의 장식품 | **평**: (수검자의 반응 반복)<br>**수**: 사실 뭔지는 잘 모르겠고 동물(D1)이 있는 장식품이라서 그냥 종교적 의미가 있을 것 같았어요.<br>**평**: 어떤 동물을 보신 거죠?<br>**수**: 개나 고양이 같은 네발 달린 동물 같아요.<br>**평**: 종교적 의미라고 하셨는데요?<br>**수**: 예전에 박물관 같은 데서 이런 것처럼 생긴 것을 본 적이 있어요. |
| IX | 41 | 이것도 색깔이 많네요. 이거 약간 사람 얼굴처럼 보여요. 코가 길고 미녀와 야수에 나오는 주전자 아줌마 같아 보여요. 위쪽이 약간 주전자 모양처럼 보여요. | **평**: (수검자의 반응 반복)<br>**수**: 윗부분이 금속 재질의 주전자 같아 보였어요. 주전자 보면 위에 손잡이가 있고 물 들어가는 부분이 있고 특히 커피 끓이는 주전자는 아래는 동그랗고 위에는 이렇게 되어 있는 모양이라고 생각했어요. |
| IX | 42 | 폭발하는 것 같아요. | **평**: (수검자의 반응 반복)<br>**수**: 주황 부분이 이렇게 퍼져 가는 모습이 폭발하는 모습 같아서요.<br>**평**: 폭발로 보신 건 어떤 점 때문인가요?<br>**수**: 불이 난 것처럼 보이고 색깔이 불꽃색이라서요. |
| IX | 43 | 뭔가 불을 피울 때 연기가 날아가는 모습 같아요. | **평**: (수검자의 반응 반복)<br>**수**: 연기가 하늘로 올라갈 때 흩어지는 것처럼 생겨서요. 불도 있고요.<br>**평**: 연기요? 저도 똑같이 볼 수 있도록 설명해 주세요.<br>**수**: 흩어질 때처럼 막……, 불규칙적인 거?<br>**평**: 불 피울 때 연기라고 했는데 불은요?<br>**수**: 그냥 섞여 있는 거 같은……, 주황색이 불 색깔 같은데 그냥 연기도 나고 있는 것 같아요. |

| | | | |
|---|---|---|---|
| IX | 44 | 색 바랜 물건 | **평**: (수검자의 반응 반복)<br>**수**: 주황색과 다른 주황색이 서서히 변해서 원래 주황색이 없어지고 있어요.<br>**평**: 어떤 점에서 서서히 변한 것처럼 보셨나요?<br>**수**: 색이 점점 연해지잖아요.<br>**평**: 물건이라고도 말씀하셨는데요.<br>**수**: 형체를 알아볼 수 없어 무슨 물건이다 딱 말하기는 어렵네요. 어쨌든 무슨 주황색 물건이었는데, 오래돼서 빛도 바래고 형체를 알아볼 수 없을 정도로 망가진 것 같아요. |
| IX | 45 | 사람 | **평**: (수검자의 반응 반복)<br>**수**: 아래가 빨간색 옷이고요. 중간 하얀 부분이 만화 캐릭터의 눈이에요. 초록색 부분이 머리카락이고요. 주황색은 조명이에요.<br>**평**: 머리카락을 그림의 어떤 특성으로 보신 건가요?<br>**수**: 색깔이 좀 진하고 머리 모양처럼 보였어요.<br>**평**: 조명을 어떻게 보셨나요?<br>**수**: 주황색 색깔이 가장 컸고 머리와 경계선 없이 약간 흐릿한 게 조명이 비춰서 이렇게 색이 물드는 부분이 있으니까요. |
| X | 46 | 해양 생물들이 파티하는 것 같아요. 파란색들이 약간 다리 많이 달린 게 같은 느낌이고 해삼이나 그런 것처럼 긴 형태의 것 같아요. 여기도 그러니까 게처럼 보이고 해마 같은 약간 그런 것들로 이미지가 좀 많이 보이는 것 같아요. 소라, 게 이런 것들……. | **평**: (수검자의 반응 반복)<br>**수**: 각각 색을 가진 그림들이 해양 동물로 많이 보여요. 여기 파란색(D1)은 대게? 다리가 좀 밑으로 난 그런 거고 여기 초록색이 집게발로 보이고요. 갈색? 이 친구들은 게로 보여요.<br>**평**: 해마도 있다고 하셨어요.<br>**수**: 얘가 꼬리 말고 있는 게 좀 해마 모습이랑 비슷해서 그랬어요. 얼굴이랑 비슷하진 않은데 꼬리 부분이 비슷해 보이고요.<br>**평**: 해삼처럼 긴 형태인 것 같다고 하셨어요.<br>**수**: 이 빨간색 해삼 두 마리요. 형태가 분명하지 않고 주변이 다 바다생물이다 보니까 좀 길다랗게 해삼 이런 걸 생각한 것 같아요. |

| | | | |
|---|---|---|---|
| X | 47 | 폭죽이 팡팡 터지는 축제에서 두 사람이 트로피를 들고 과시하고 있어요. | **평**: (수검자의 반응 반복)<br>**수**: 여기, 다 형형색색 폭죽 같잖아요. 형태가 다 다르고 불규칙한 게 폭죽 터질 때 같아요. 폭죽을 이렇게 계속 터뜨리는 것을 보면, 축제가 벌어지고 있는 느낌.<br>**평**: 두 사람이 트로피를 들고 과시한다고 하셨는데.<br>**수**: 여기 핑크색 털코트를 입은 두 사람(D9). 폭죽이 여기저기 밝게 터지고 털이 북실북실한 옷을 입고 있어 사람 형체는 잘 보이지 않아요. 트로피를 둘이 같이 높이 들고 있어요.<br>**평**: 어떤 점에서 털이 북실북실한 털코트로 보셨나요?<br>**수**: 분홍색 색감이 털이 북실북실한 느낌을 주잖아요.<br>**평**: 트로피는 어떤 점에서 그렇게 보셨나요?<br>**수**: 그냥 모양도 그렇고, 높이 같이 뭔가를 들어올린 게 꼭 트로피 같다는 생각이 들었어요. |
| X | 48 | 수중동물 같아요. | **평**: (수검자의 반응 반복)<br>**수**: 꽃게(D1) 같고 가재 같고 옛날 수중동물 같아서 그래서 물고기 같다고 생각했습니다.<br>**평**: 꽃게 같다는 건 어떻게 보신 건가요?<br>**수**: 다리가 달려 있고 둥그런 몸통이어서요.<br>**평**: 가재는?<br>**수**: 가재는 게 편이다라는 말이 있지 않습니까? 가재가 꽃게 다리를 잡고 있는 것 같아서요. |
| X | 49 | 축제 | **평**: (수검자의 반응 반복)<br>**수**: 이름은 기억이 안 나는데 인도의 축제에 관한 글을 예전에 본 적이 있거든요. 그때 본 축제 사진이랑 이미지가 비슷해서요.<br>**평**: 어떤 특징 때문에 그렇게 보신 건가요?<br>**수**: 여러 색깔이 있고 알록달록한 가루가 퍼지는 느낌이라서요. |
| X | 50 | 파킹을 즐기는 사람들 | **평**: 파킹을 즐기고 있다고 하셨어요.<br>**수**: 네, 엄청 신나 보여요.<br>**평**: 파킹이라고요?<br>**수**: 여기 신이 난 사람들이 파킹을 즐기고 있어요. 다양한 색이 그 신난 감정을 표현하고 있어요.<br>**평**: 저도 파킹이 뭔지 이해하도록 도와주세요.<br>**수**: 워터파크 있잖아요. 거기 가서 노는 거죠. 파킹! 파크에서 노는 거. |

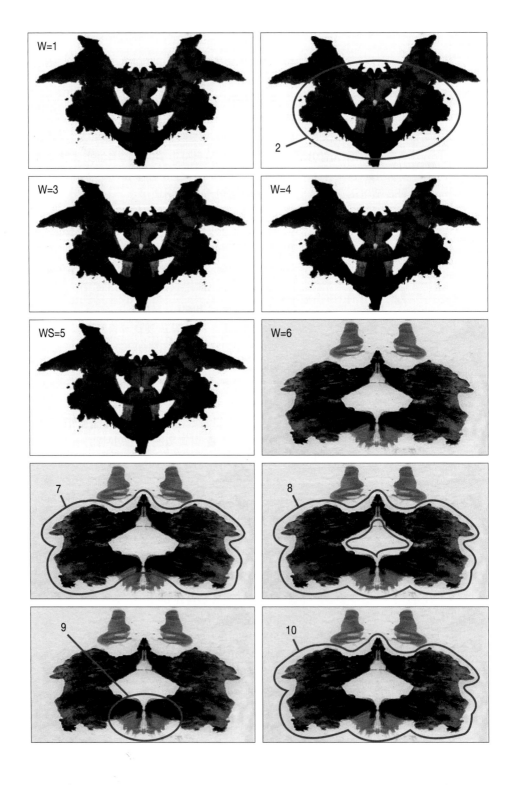

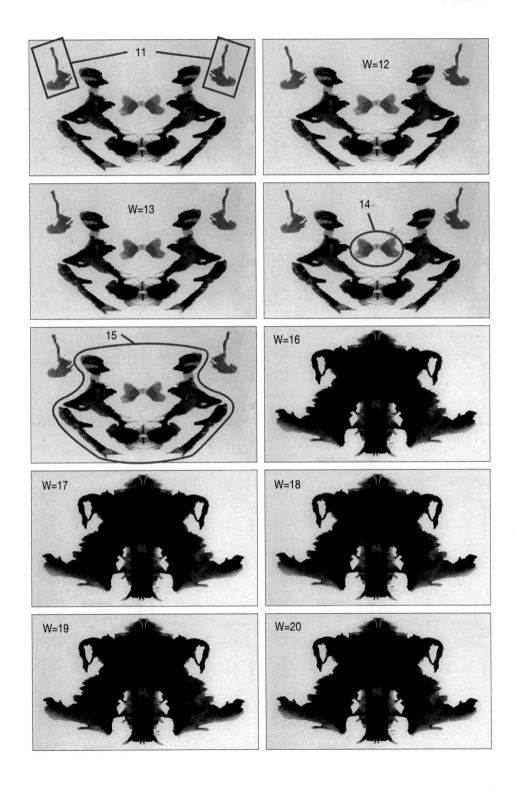

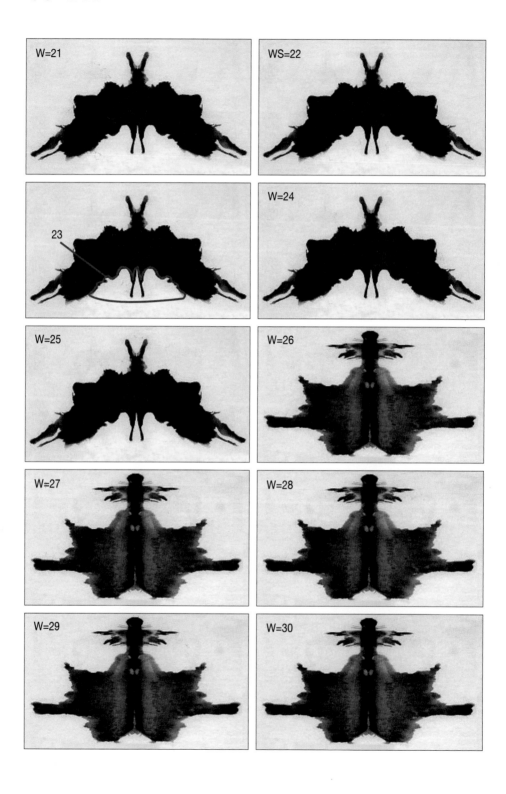

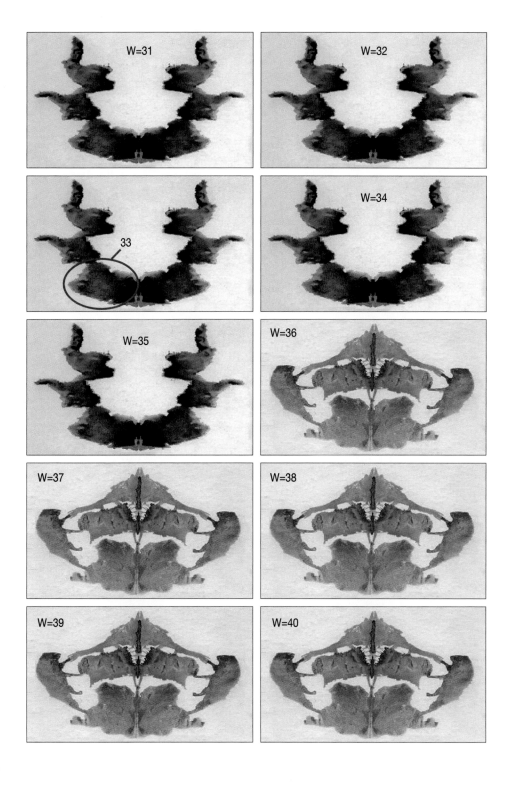

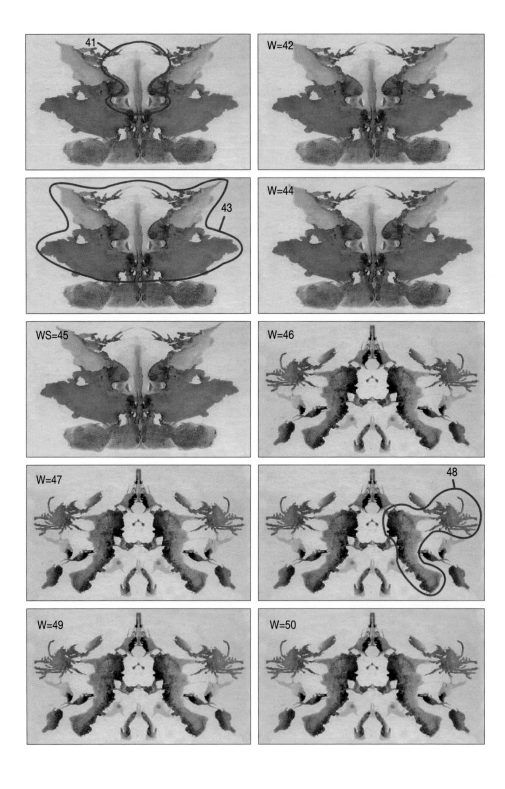

⚠️ 실전문제 정답

| 번호 | 정답 |
|------|------|
| 1 | Wo FM$^p$.C'Fo A P ZW |
| 2 | DdSo99 Fo (Hd) ZS GHR |
| 3 | Wo FVu (A) ZW CONTAM |
| 4 | Wv C'Fu Art PER |
| 5 | WS+ M$^a$− (H),H,Hx ZA AG,MOR,FAB2,PHR |
| 6 | W+ M$^a$.FD.FCo 2 (H),Cg ZW COP,GHR |
| 7 | DS+6 M$^{a-p}$.FC'− 2 H,Cg ZS COP,PHR |
| 8 | D+6 FC'.CF.m$^p$.YFo 2 A,Bl P ZA MOR |
| 9 | Do3 F− An PER |
| 10 | DS+5 m$^{a-p}$.YFo Sc,Na,Fi ZS DV1 |
| 11 | Dv2 m$^a$.FCo 2 Fi |
| 12 | W+ M$^a$.C+ H,Hh,Hx P ZW ALOG,COP,AB,PHR |
| 13 | W+ FC'.M$^a$.CF.m$^a$.FYo 2 H,Hh,Fi,Sx,Art P ZW COP,GHR |
| 14 | Do3 FC− An,Sx |
| 15 | DdSo FC'.M$^p$− Ad ZS INC1,PHR |
| 16 | W+ FC'.FY.FDo (H),Cg P ZA GHR |
| 17 | Wo FTo Ad ZW |
| 18 | Wo FC'o (H) P ZW ALOG,PHR |
| 19 | Wo Fo Bt ZW PER |
| 20 | Wv Fo Bt MOR |
| 21 | Wo FM$^p$o A P ZW |
| 22 | WS+ M$^a$.FY.FC'o A,Na P ZS FAB1,PHR |
| 23 | DdS+99 M$^p$u 2 H GHR |
| 24 | Wo FM$^a$.C'F.YFo A P ZW |
| 25 | Wo F− Bt ZW CP |
| 26 | Wo Fu Sc ZW DV1 |
| 27 | Wo FYo Ad,Hh P ZW |
| 28 | Wv/+ rFo Na ZW |

| | |
|---|---|
| 29 | W+ M$^p$- H,Cg,Hx ZW MOR,PHR |
| 30 | Wo FYu 2 Bt ZW MOR |
| 31 | W+ M$^p$.FT+ 2 (H),Art,Cg P ZW GHR |
| 32 | W+ M$^a$o 2 A,Sc ZW FAB1,COP,GHR |
| 33 | Ddv/+23 YF- Na ZA |
| 34 | Wo FM$^a$.FDu 2 A ZW DR1 |
| 35 | Wo F- A ZW INC2 |
| 36 | Wv/+ CF.m$^p$u Na,Cl ZW |
| 37 | Wv C.T Art |
| 38 | W+ M$^a$.CF.m$^a$o 2 A,Fi,Sc P ZW FAB2,DR2,PSV,PHR |
| 39 | W+ FM$^a$.CF.m$^p$u 2 A,Ls ZW |
| 40 | Wo Fo Art, A P ZW PER |
| 41 | Do8 F- (Hd) PHR |
| 42 | Wv m$^a$.CFo Ex,Fi |
| 43 | Dv2 m$^p$.CFo Fi |
| 44 | Wv CF.YF- Id MOR |
| 45 | WS+ CF.YF.m$^p$- (Hd),Cg,Sc ZW PHR |
| 46 | W+ M$^a$.FCo 2 A P ZW FAB1,PHR |
| 47 | W+ M$^a$.m$^a$.CF.TFo 2 H,Ex,Cg,Art ZW COP,GHR |
| 48 | D+ FM$^a$u A P ZA DR1 |
| 49 | Wv CF.m$^p$u Id PER |
| 50 | Wo M$^a$.C- H,Hx ZW DV2,AB,PHR |

미주

## 제1장 로르샤흐 평가의 실시 절차

1. 신민섭, 김은정, 김지영(2007). **아동 · 청소년 로샤의 이론과 실제**. 서울: 학지사.
2. Exner, J. E., Jr. (2006). **로르샤하 종합체계 워크북** 제5판(김영환, 김지혜, 홍상황 역). 서울: 학지사.

## 제2장 로르샤흐 평가의 채점 I: 반응영역, 발달질, 결정인

1. Exner, J. E., Jr. (2003). *The Rorschach: A comprehensive system: Basic foundations and principals of interpretation* (Vol. 1., 4th ed.). John Wiley & Sons Inc. p. 70.

### 1. 반응영역

2. Exner, J. E., Jr. (2001). *A Rorschach workbook for the comprehensive system* (5th ed.). Rorschach Workshops. p. 28.
3. Exner, J. E., Jr. (2006). **로르샤하 종합체계 워크북** 제5판(김영환, 김지혜, 홍상황 역). 서울: 학지사.

### 2. 발달질

4. Ridley, S. E. (1987). The High Score approach to scoring two Rorschach measures of cognitive development. *Journal of Clinical Psychology, 43*(3), 390–394.

5. Exner, J. E., Jr. (2003). *The Rorschach: A comprehensive system: Basic foundations and principals of interpretation* (Vol. 1., 4th ed.). John Wiley & Sons Inc. p. 80.

6. Exner, J. E., Jr. (2003). *The Rorschach: A comprehensive system: Basic foundations and principals of interpretation* (Vol. 1., 4th ed.). John Wiley & Sons Inc. p. 99.

7. Exner, J. E., Jr. (2003). *The Rorschach: A comprehensive system: Basic foundations and principals of interpretation* (Vol. 1., 4th ed.). John Wiley & Sons Inc. p. 82.

8. Exner, J. E., Jr. (2003). *The Rorschach: A comprehensive system: Basic foundations and principals of interpretation* (Vol. 1., 4th ed.). John Wiley & Sons Inc. p. 80.

9. Exner, J. E., Jr. (2003). *The Rorschach: A comprehensive system: Basic foundations and principals of interpretation* (Vol. 1., 4th ed.). John Wiley & Sons Inc. p. 99.

10. Exner, J. E., Jr. (2003). *The Rorschach: A comprehensive system: Basic foundations and principals of interpretation* (Vol. 1., 4th ed.). John Wiley & Sons Inc. p. 80.

11. Exner, J. E., Jr. (2003). *The Rorschach: A comprehensive system: Basic foundations and principals of interpretation* (Vol. 1., 4th ed.). John Wiley & Sons Inc. p. 82.

## 3. 결정인

12. Exner, J. E., Jr. (2003). *The Rorschach: A comprehensive system: Basic foundations and principals of interpretation* (Vol. 1., 4th ed.). John Wiley & Sons Inc. p. 90.

13. Exner, J. E., Jr. (2001). *A Rorschach workbook for the comprehensive system* (5th ed.). Rorschach Workshops. p. 301.

14. Exner, J. E., Jr. (2003). *The Rorschach: A comprehensive system: Basic foundations and principals of interpretation* (Vol. 1., 4th ed.). John Wiley & Sons Inc. p. 91.

15. Exner, J. E., Jr. (2001). *A Rorschach workbook for the comprehensive system* (5th ed.). Rorschach Workshops. p. 36.

16. Exner, J. E., Jr. (2001). *A Rorschach workbook for the comprehensive system* (5th ed.). Rorschach Workshops. p. 37.

17. Exner, J. E., Jr. (2003). *The Rorschach: A comprehensive system: Basic foundations and principals of interpretation* (Vol. 1., 4th ed.). John Wiley & Sons Inc. p. 97.

18. Exner, J. E., Jr. (2003). *The Rorschach: A comprehensive system: Basic foundations and principals of interpretation* (Vol. 1., 4th ed.). John Wiley & Sons Inc. p. 100.

19. Exner, J. E., Jr. (2001). *A Rorschach workbook for the comprehensive system* (5th ed.). Rorschach Workshops. p. 37.

20. Exner, J. E., Jr. (2001). *A Rorschach workbook for the comprehensive system* (5th

ed.). Rorschach Workshops. p. 39.

21. Exner, J. E., Jr. (2001). *A Rorschach workbook for the comprehensive system* (5th ed.). Rorschach Workshops. p. 40.

22. Exner, J. E., Jr. (2003). *The Rorschach: A comprehensive system: Basic foundations and principals of interpretation* (Vol. 1., 4th ed.). John Wiley & Sons Inc. pp. 105-106.

23. Exner, J. E., Jr. (2001). *A Rorschach workbook for the comprehensive system* (5th ed.). Rorschach Workshops. p. 42.

24. Exner, J. E., Jr. (2003). *The Rorschach: A comprehensive system: Basic foundations and principals of interpretation* (Vol. 1., 4th ed.). John Wiley & Sons Inc. p. 106.

25. Exner, J. E., Jr. (2003). *The Rorschach: A comprehensive system: Basic foundations and principals of interpretation* (Vol. 1., 4th ed.). John Wiley & Sons Inc. p. 106.

26. Exner, J. E., Jr. (2001). *A Rorschach workbook for the comprehensive system* (5th ed.). Rorschach Workshops. p. 43.

27. Exner, J. E., Jr. (2003). *The Rorschach: A comprehensive system: Basic foundations and principals of interpretation* (Vol. 1., 4th ed.). John Wiley & Sons Inc. p. 108.

28. Exner, J. E., Jr. (2003). *The Rorschach: A comprehensive system: Basic foundations and principals of interpretation* (Vol. 1., 4th ed.). John Wiley & Sons Inc. p. 111.

29. Exner, J. E., Jr. (2003). *The Rorschach: A comprehensive system: Basic foundations and principals of interpretation* (Vol. 1., 4th ed.). John Wiley & Sons Inc. p. 113.

30. Exner, J. E., Jr. (2003). *The Rorschach: A comprehensive system: Basic foundations and principals of interpretation* (Vol. 1., 4th ed.). John Wiley & Sons Inc. p. 114.

31. Exner, J. E., Jr. (2001). *A Rorschach workbook for the comprehensive system* (5th ed.). Rorschach Workshops. p. 46.

32. Exner, J. E., Jr. (2003). *The Rorschach: A comprehensive system: Basic foundations and principals of interpretation* (Vol. 1., 4th ed.). John Wiley & Sons Inc. p. 117.

33. Exner, J. E., Jr. (2001). *A Rorschach workbook for the comprehensive system* (5th ed.). Rorschach Workshops. p. 46.

34. Exner, J. E., Jr. (2001). *A Rorschach workbook for the comprehensive system* (5th ed.). Rorschach Workshops. p. 45.

## 제3장  로르샤흐 평가의 채점 II: 형태질, 반응내용, 조직활동

### 1. 형태질

1. Exner, J. E., Jr. (2001). *A Rorschach workbook for the comprehensive system* (5th

ed.). Rorschach Workshops. p. 48.

2. Exner, J. E., Jr. (2001). *A Rorschach workbook for the comprehensive system* (5th ed.). Rorschach Workshops. p. 49.

3. Exner, J. E., Jr. (2006). **로르샤하 종합체계 워크북** 제5판(김영환, 김지혜, 홍상황 역). 서울: 학지사.

4. Exner, J. E., Jr. (2001). *A Rorschach workbook for the comprehensive system* (5th ed.). Rorschach Workshops. pp. 48-49.

5. Exner, J. E., Jr. (2001). *A Rorschach workbook for the comprehensive system* (5th ed.). Rorschach Workshops. p. 51.

6. Exner, J. E., Jr. (2001). *A Rorschach workbook for the comprehensive system* (5th ed.). Rorschach Workshops. p. 50.

7. Exner, J. E., Jr. (2003). *The Rorschach: A comprehensive system: Basic foundations and principals of interpretation* (Vol. 1., 4th ed.). John Wiley & Sons Inc. p. 125.

8. Exner, J. E., Jr. (2003). *The Rorschach: A comprehensive system: Basic foundations and principals of interpretation* (Vol. 1., 4th ed.). John Wiley & Sons Inc. p. 125.

9. Exner, J. E., Jr. (2001). *A Rorschach workbook for the comprehensive system* (5th ed.). Rorschach Workshops. p. 51.

**2. 반응내용**

10. Exner, J. E., Jr. (2003). *The Rorschach: A comprehensive system: Basic foundations and principals of interpretation* (Vol. 1., 4th ed.). John Wiley & Sons Inc. p. 127.

11. Exner, J. E., Jr. (2001). *A Rorschach workbook for the comprehensive system* (5th ed.). Rorschach Workshops. p. 56.

**3. 평범반응**

12. Exner, J. E., Jr. (2003). *The Rorschach: A comprehensive system: Basic foundations and principals of interpretation* (Vol. 1., 4th ed.). John Wiley & Sons Inc. p. 129.

**4. 조직활동 점수**

13. Exner, J. E., Jr. (2001). *A Rorschach workbook for the comprehensive system* (5th ed.). Rorschach Workshops. p. 60.

14. Exner, J. E., Jr. (2001). *A Rorschach workbook for the comprehensive system* (5th ed.). Rorschach Workshops. pp. 60-61.

15. Exner, J. E., Jr. (2006). **로르샤하 종합체계 워크북** 제5판(김영환, 김지혜, 홍상황 역). 서울: 학지사.

## 제4장  로르샤흐 평가의 채점 III: 특수점수

1.  Exner, J. E., Jr. (2003). *The Rorschach: A comprehensive system: Basic foundations and principals of interpretation* (Vol. 1., 4th ed.). John Wiley & Sons Inc. p. 136.

2.  Exner, J. E., Jr. (2001). *A Rorschach workbook for the comprehensive system* (5th ed.). Rorschach Workshops. p. 64.

3.  Exner, J. E., Jr. (2003). *The Rorschach: A comprehensive system: Basic foundations and principals of interpretation* (Vol. 1., 4th ed.). John Wiley & Sons Inc. p. 136.

4.  Exner, J. E., Jr. (2003). *The Rorschach: A comprehensive system: Basic foundations and principals of interpretation* (Vol. 1., 4th ed.). John Wiley & Sons Inc. p. 137.

5.  Exner, J. E., Jr. (2001). *A Rorschach workbook for the comprehensive system* (5th ed.). Rorschach Workshops. p. 66.

6.  Exner, J. E., Jr. (2003). *The Rorschach: A comprehensive system: Basic foundations and principals of interpretation* (Vol. 1., 4th ed.). John Wiley & Sons Inc. pp. 142-143.

7.  Exner, J. E., Jr. (2003). *The Rorschach: A comprehensive system: Basic foundations and principals of interpretation* (Vol. 1., 4th ed.). John Wiley & Sons Inc. p. 144.

찾아보기

저자 소개

**김진영(Kim, Jin-young)**
고려대학교 심리학과 학사, 석사 및 박사
서울대학교 의과대학 소아정신과 인턴 과정 수료
고려대학교 안암병원 정신과 임상심리 인턴 과정 수료
고려대학교 구로병원 정신과 임상심리 레지던트 과정 수료
임상심리전문가, 정신건강임상심리사 1급, 건강심리전문가
현 서울여자대학교 아동학과 교수

**고영건(Ko, Young-gun)**
고려대학교 심리학과 학사, 석사 및 박사
삼성서울병원 정신과 임상심리 레지던트 과정 수료
임상심리전문가, 정신건강임상심리사 1급, 건강심리전문가
현 고려대학교 심리학부 교수

**김근향(Kim, Keun-hyang)**
부산대학교 심리학과 학사 및 석사
고려대학교 심리학과 박사
성균관대학교 의과대학 신경정신과 임상심리 수련과정 수료
임상심리전문가, 정신건강임상심리사 1급, 건강심리전문가
현 대구대학교 심리학과 교수

**김정호(Kim, Jung-ho)**
아주대학교 심리학과 학사 및 석사
전남대학교 심리학과 박사수료
조선대학교병원 정신과 임상심리 레지던트 과정 수료
임상심리전문가, 정신건강임상심리사 1급
현 조선대학교병원 정신건강의학과 임상심리전문가

**민해원(Min, Hae-won)**
고려대학교 심리학과 학사 및 석사
강북삼성병원 정신건강의학과 임상심리전문가 수련과정(3년) 수료
임상심리전문가, 정신건강임상심리사 1급
현 고려대학교 심리학과 박사과정 재학

**이서윤(Lee, Seo-yoon)**
고려대학교 심리학과 학사 및 석사
고려대학교 심리학과 박사수료
한양대학교병원 정신건강의학과 임상심리 레지던트 과정 수료
임상심리전문가, 정신건강임상심리사 1급
현 국립암센터 정신건강의학과 임상심리실 수퍼바이저

**이승진(Lee, Seung-jin)**
고려대학교 심리학과 학사 및 석사
고려대학교 심리학과 박사수료
차의과학대학교 분당차병원 정신건강의학과 레지던트 과정 수료
임상심리전문가, 정신건강임상심리사 1급
현 도토리코리아㈜ 대표

**이원혜(Lee, Won-hye)**
고려대학교 심리학과 학사, 석사 및 박사
용인정신병원 임상심리과 임상심리 수련과정 수료
임상심리전문가, 정신건강임상심리사 1급
현 국립정신건강센터 임상심리과장

**이정애(Lee, Jung-ae)**
이화여자대학교 심리학과 학사
고려대학교 심리학과 석사 및 박사
고려대학교 안암병원 임상심리 수련과정 수료
임상심리전문가, 정신건강임상심리사 1급
현 성균관대학교의과대학 강북삼성병원 임상심리전문가 및 수련감독자

**임유진(Lim, Yoo-jin)**
이화여자대학교 불어불문학과/심리학과 학사
이화여자대학교 심리학과 석사
고려대학교 안암병원 정신과 임상심리 레지던트 과정 수료
임상심리전문가, 정신건강임상심리사 1급
현 국립암센터 정신건강의학과 임상심리실 수퍼바이저
　　국립암센터 호스피스완화의료실 임상심리사

# 로르샤흐 평가: 실시와 채점
Rorschach Assessment: Administration and Scoring

2023년 2월 20일 1판 1쇄 인쇄
2023년 2월 28일 1판 1쇄 발행

엮은이 • 로르샤흐 연구회
지은이 • 김진영 · 고영건 · 김근향 · 김정호 · 민해원
　　　　이서윤 · 이승진 · 이원혜 · 이정애 · 임유진
펴낸이 • 김진환
펴낸곳 • (주) **학지사**
　　　　04031 서울특별시 마포구 양화로 15길 20 마인드월드빌딩
대표전화 • 02)330-5114　　　팩스 • 02)324-2345
등록번호 • 제313-2006-000265호

홈페이지 • http://www.hakjisa.co.kr
페이스북 • https://www.facebook.com/hakjisabook

ISBN 978-89-997-2877-8 93180

정가 17,000원

**출판미디어기업 학지사**

간호보건의학출판 **학지사메디컬** www.hakjisamd.co.kr
심리검사연구소 **인싸이트** www.inpsyt.co.kr
학술논문서비스 **뉴논문** www.newnonmun.com
교육연수원 **카운피아** www.counpia.com